FRIEDRICH FRITZ FRIDERICUS Ein Handbuch zum König

Berlin, Unter den Linden, Denkmal Friedrichs II. von Christian Daniel Rauch.

Herausgegeben von
Kulturland Brandenburg e.V.,
Potsdam

Konzeption und Redaktion:
Simone Neuhäuser
Fotos: Jürgen Hohmuth

Friedrich Fritz Fridericus

Ein Handbuch zum König

KOEHLER & AMELANG

Inhalt

7 Vorwort
Matthias Platzeck

8 Einführung
Frank Göse

20 Alter Fritz
Simone Neuhäuser

23 Antimachiavel
Andreas Pečar

26 Apollo-Tempel
Iris Berndt

29 Barberina
Claudia Terne

32 Bittschriftenlinde
Janine Rischke

35 Brühl
Thomas Miltschus

38 Champagner
Bernd Maether

41 Choral von Leuthen
Stefan Gläser

45 Denkwürdigkeiten zur Geschichte des Hauses Brandenburg
Frank Althoff

48 Ehefrau
Alfred P. Hagemann

51 Feldherr
Jürgen Luh

54 Folter
Janine Rischke

57 Fridericus Rex
Carmen Winkel

60 Garde
Janine Rischke

63 Grab
Annette Dorgerloh

66 Hasardeur
Ullrich Sachse

69 Heinrich
Andreas Pečar

78 Inspektionsreisen
Vinzenz Czech

81 Judensachen
Tobias Schenk

84 Kaffeeriecher
Silke Kamp

87 Kartoffel
Antonia Humm

90 Katte
Jürgen Kloosterhuis

93 Lessing
Sylke Kaufmann

96 Liebe
Robert Horzetzky

99 Maulbeere
Silke Kamp

103 Mirakel des Hauses Brandenburg
Stefan Gläser

106 Müller-Arnold-Fall
Janine Rischke

109 Nachfolger
Ute Christina Koch

112 Neues Palais
Daniela Morgenstern

122 Oderbruch
Reinhard Schmook

125 Polen
Agnieszka Pufelska

128 Porzellan
Samuel Wittwer

131 Potsdam
Ines Elsner

140 Quebec
Stefan Gläser

144 Querflöte
Claudia Terne

147 Quilitz
Carmen Winkel

149 Réfugiés
Silke Kamp

152 Rheinsberg
Iris Berndt

155 Ruhm
Jürgen Luh

158 Sanssouci
Daniela Morgenstern

168 Schatulle
Ralf Zimmer

172 Sterbekittel
Janine Rischke

175 Tafelrunde
Nadja Geißler

178 Testamente
Michael Kaiser

181 Toleranz
Frank-Lothar Kroll

184 Untertan
Wolfgang Neugebauer

188 Vater
Jürgen Luh

191 Voltaire
Ullrich Sachse

194 Wilhelmine
Sylvia Habermann

197 Windspiele
Silke Kamp

200 Zernikow
Gisela Langfeldt

203 Zieten
Carmen Winkel

Personenregister

Autorenverzeichnis

Bildnachweis

Impressum

Vorwort

Liebe Brandenburgerinnen und Brandenburger,
sehr geehrte Leserinnen und Leser,

kaum ein anderer europäischer Herrscher des 18. Jahrhunderts beschäftigt die Menschen so wie Friedrich II von Preußen, auch »Friedrich der Große« oder »Alter Fritz« genannt. Dieser König zog sowohl Bewunderung als auch Kritik auf sich, und jede Generation hatte ihren eigenen Blick auf den so widersprüchlichen Herrscher. Daher werden die unterschiedlichen Veranstaltungen, die das Jubiläum seines 300. Geburtstages begleiten, allen Interessierten die Gelegenheit geben, sich dem Monarchen zwischen Mythen, geschichtlicher Verklärung und aktueller Forschung zu nähern.

Wer war Friedrich II.? Den König in all seinen Facetten zu verstehen, ist nicht leicht. Als junger Regent schaffte er in seinem Land die Folter ab, reformierte die Prozessordnung und förderte Landwirtschaft, Kunst und Wissenschaft. Als »aufgeklärter« Herrscher führte er die Schulpflicht und die Pressefreiheit ein, begünstigte die Zuwanderung und tolerierte religiöses Leben nach dem Motto: »Jeder soll nach seiner Façon selig werden.« Dass er dies ausdrücklich nicht auf die Juden bezog, illustriert die Widersprüche seines Charakters. Als Staatsmann wiederum sorgte er für eine strenge Steuerpolitik, war erfolgreich bei der Kolonisation, d.h. bei der Erschließung bisher nicht nutzbarer Landstriche, und verordnete seinem Land viele gute Wirtschaftsideen aus anderen Staaten, für deren Verwirklichung in Preußen es aber oft an den Rahmenbedingungen mangelte, wie z.B. bei der Seidenindustrie. Als Feldherr und Eroberer war er letztlich siegreich, brachte aber viel Leid und Schmerz über die Bevölkerung.

Im Vorfeld des 300-jährigen Jubiläums wurden zur Persönlichkeit Friedrichs II. und zu seinem Handeln disziplinübergreifend neue Bewertungen vorgenommen. Aktuelle Forschungen zeigen, dass es noch immer manches über Friedrich II. zu entdecken gibt – der »Philosoph auf dem Thron« war ein Mensch, der neben Tugenden auch Schwächen besaß.

Die vorliegende Jahrbuchausgabe spiegelt den Facettenreichtum seiner Persönlichkeit. Zu 52 Stichworten trugen 34 Autoren Wissenswertes wie Informatives zusammen, betrachteten seine Talente, Vorlieben und Schwächen, Freunde und Feinde sowie Themen und Ereignisse seiner Zeit. Der Fotograf Jürgen Hohmuth stellte diesen Texten »Friedrich-Orte« zur Seite. Sie sehen, bei der alljährlichen Kulturland Brandenburg Kampagne, die von der Landesregierung sowie den brandenburgischen Sparkassen gemeinsam mit der Ostdeutschen Sparkassenstiftung seit Jahren unterstützt wird, gibt es auch 2012 wieder Einzigartiges zu entdecken!

Der ehrgeizige preußische König prägte Brandenburg, seine Einflüsse sind noch heute überall im Land erkennbar und erlebbar. Freuen Sie sich auf spannende Einblicke und interessante Erkenntnisse. Ich wünsche Ihnen viel Spaß bei Ihren Erkundungen auf den Spuren Friedrichs II., ob in Neuruppin, im Oderbruch, in Zernikow oder an weiteren Orten.

Matthias Platzeck
Ministerpräsident des Landes Brandenburg

Einführung

Eine Suche nach den Spuren Friedrichs des Großen im heutigen Land Brandenburg dürfte auf den ersten Blick nicht allzu schwerfallen. Schließlich befanden sich hier inmitten der Berlin-Potsdamer Residenzlandschaft die entscheidenden Lebensstationen dieses Königs, sein Geburts- und Sterbeort und viele Belege seines Wirkens für die Landeskultur. Und dennoch erscheint es nicht ganz einfach, genuin brandenburgische Bezüge im Leben und Denken Friedrichs herzustellen, sieht man von dem ihm auch anhaftenden Rang als brandenburgischer Markgraf und Kurfürst einmal ab. Friedrich den Großen gar als überzeugten »Brandenburger« zu etikettieren, hieße, einem falsch verstandenen Lokalpatriotismus zu huldigen. Dies wäre zudem eine nicht zeitgemäße Deutung für einen Monarchen des Ancien Régime, der sich vor allem als Angehöriger einer »nationale« Begrenzungen weitgehend ignorierenden europäischen Fürstengesellschaft verstanden hatte. Allenfalls scheint der Brandenburg-Bezug im dynastischen Denken des Königs auf. Die in den 1740er Jahren niedergeschriebenen *Denkwürdigkeiten zur Geschichte des Hauses Brandenburg* geben einen vielsagenden Einblick in diese Vorstellungswelt.

In diesem »Haus Brandenburg« nun gestaltete sich der 24. Januar 1712 als ein Freudentag, als im Berliner Stadtschloss mit Prinz Friedrich der sehnsüchtig erwartete Stammhalter geboren wurde. Der Jubel war umso größer, weil seine Mutter, die aus der Welfen-Dynastie stammende Sophie Dorothea, zuvor schon zwei Prinzen kurz nach deren Geburt verloren hatte. »Er schreiet brav und ist recht fett und frisch«, ließ der Großvater des Neugeborenen, König Friedrich I., noch am Tage der Geburt die hannoverische Verwandtschaft wissen.

Zunächst gut behütet in Monbijou, im Schlosse seiner Mutter, verliefen die folgenden Jahre der Kinder- und Jugendzeit des Kronprinzen bekanntlich nicht spannungsfrei; zu unterschiedlich gestalteten sich die charakterlichen Anlagen, Interessen und Neigungen zwischen dem Vater, dem seit 1713 regierenden König Friedrich Wilhelm I., und seinem Sohn. Dessen zeitig erkennbare Liebe zur französischen Sprache und Kultur wurde durch das mütterliche Umfeld gefördert. Auch die in die Mark eingewanderten Hugenotten hatten darauf einen gewissen Einfluss genommen und ihm zugleich einen zeit seines Lebens vorhandenen kosmopolitischer Geist vermittelt. Man denke hier etwa an seinen Erzieher Duhan de Jandun. Doch gab es auch mehrere Märker, die seinen Lebensweg künftig begleiteten: Dazu gehörten z.B. junge Adlige aus alten brandenburgischen Geschlechtern (von der Gröben, von der Schulenburg), die dann zeitweilig auch zum engeren Kreis in den freudvollen Ruppiner und Rheinsberger Tagen zählen sollten. Zudem können wir davon ausgehen, dass Friedrich schon als Kronprinz die Mark Brandenburg von allen Provinzen des bald von ihm zu regie-

Antoine Pesne, Kronprinz Friedrich, 1724.

Antoine Pesne, Königin Sophie Dorothea von Preußen, 1737.

renden Königreiches am besten vertraut war. Hier lagen die wichtigsten Schlösser der Berlin-Potsdamer Residenzlandschaft: Neben Potsdam waren Aufenthalte der königlichen Familie auch im Berliner Stadtschloss, in Monbijou, im Schloss Charlottenburg und im – von der Königin und auch von Friedrichs Geschwistern eher ungeliebten – Jagdschloss Königs Wusterhausen an der Tagesordnung Während der Ruppin-Rheinsberger Jahre kam der Kronprinz ebenfalls mehrfach nach Potsdam bzw. Berlin, um den Vater und die anderen Familienmitglieder zu sehen, und mehrere Reisen wurden in die entlegeneren Teile der Mark unternommen. Der König legte darauf Wert, dass der Thronfolger auch die anderen Provinzen persönlich kennenlernte. Seit Mitte der 1730er Jahre hatten Friedrich deshalb mehrere Reisen nach Pommern, Ostpreußen und in das Magdeburger Land, seltener hingegen in die niederrheinischen Provinzen geführt. Im Zusammenhang mit den Besuchen der königlichen Familie in Dresden wurden die südlichen Gefilde der Mark (Zossener Land) durchquert, und der Kronprinz dürfte damals vielleicht auch ein Gespür für die – aus militärischem Kalkül heraus bedenkliche – Nähe der Residenz zur kursächsischen Grenze entwickelt haben.

Carlo Francesco Rusca, Kronprinz Friedrich und seine Brüder, 1737.

Manche Orte in der Mark gewannen für den jungen Prinzen neben Berlin und Potsdam gleichsam schicksalhafte Bedeutung. So etwa Küstrin, wo der schon hundertfach erzählte Vater-Sohn-Konflikt im Jahre 1730 seinem dramatischen Höhepunkt zulaufen sollte. Auf dem Gelände der Festung wurde der Flucht- und Schicksalsgefährte Friedrichs, Hans Hermann von Katte, vor den Augen seines Freundes hingerichtet – ein Kreuz erinnert heute am Ort des Geschehens daran. In Küstrin hatte sich der Kronprinz aber auch einer, zumindest in den Augen des gestrengen Vaters, tätigen Reue hinzugeben, die ihren Ausdruck in der Anstellung als Subalternbeamter in der neumärkischen Kriegs- und Domänenkammer fand. Auch zur aufgezwungenen Heirat mit Elisabeth Christine, einer Prinzessin aus dem Hause Braunschweig-Bevern, machte Friedrich gute Miene zu einem bösen Spiel, ohne gegenüber vertrauten Briefpartnern mit seiner wahren Meinung hinter dem Berg zu halten: »Wenn ich gezwungen werde, sie zu heiraten, werde ich sie verstoßen, sobald ich Herr bin« – eine Drohung, die zumindest in dieser radikalen Konsequenz nicht umgesetzt werden sollte.

Der Lohn für diese »Aussöhnung« mit dem Vater ließ nicht lange auf sich warten. Die folgenden Jahre in Ruppin und Rheinsberg (1732–1740), wo er seinen eigenen Hof halten konnte, gestalteten sich als Zeit der persönlichen Reifung. Hier konnte er seinen vielfältigen Interessen weitgehend ungestört nachgehen. Besonders philosophische und historische Werke hatten seine schier unstillbare Leselust zu befriedigen; zu den bevorzugten Autoren gehörten mit Fénelon, Bayle oder Montesquieu vor allem Franzosen – allen voran natürlich der von ihm bis zur Anbetung bewunderte Voltaire. Am angenehmsten waren ihm in Rheinsberg nach eigenem Bekunden »die Musik, die Aufführung von Tragödien und Komödien, die Maskeraden und die Gastmähler«, die dazu dienten »dem Geiste Erholung zu verschaffen«. Aber auch den vormals so ungeliebten militärischen Aufgaben widmete er sich zunehmend; so kommandierte er das in Ruppin stehende Infanterie-Regiment Nr. 15, das nach seiner Thronbesteigung zum Königsregiment avancieren sollte. Hier in Rheinsberg, das ihm noch viele Jahre später als schönste Zeit seines Lebens erschien, formten sich, unterstützt durch eine intensive Lektüre und Korrespondenz, seine Vorstellungen über sein künftiges Herrscheramt, ohne dass er natürlich schon systematisch in alle Bereiche der Staatsverwaltung eingeführt worden wäre. Unvorbereitet ging Friedrich aber jedenfalls nicht an seine neue Aufgabe, als sein Vater am 31. Mai 1740 die Augen für immer schloss.

Große Hoffnungen verbanden sich mit dem Regierungsantritt dieses jungen Königs, von dem man weitgehende Veränderungen im Herrschaftsstil erwartete. Und tatsächlich schien sich ein Neuanfang anzudeuten, als Friedrich II. nicht wenige finanzielle Mittel investierte, um Maler, Bildhauer, Schauspieler und Sänger in die preußischen Residenzen Berlin und Potsdam zu holen und die daniederliegende Akademie der Wissenschaften zu beleben. Aus dem preußischen »Sparta« sollte wieder ein »Athen« werden – ein Anspruch, der sich besonders auch in einem intensiv betriebenen Bauprogramm widerspiegeln sollte. Nicht nur die Schlossbauten, auch viele Bürgerhäuser belegen, dass vor allem Potsdam zur bevorzugten Stätte der königlichen Bauambitionen avancierte. Einige Zeitgenossen werden indes auch auf eine gewisse Zurücknahme des pronunciert auf alles Militärische setzenden Erscheinungsbildes des preußischen Staates gehofft haben. Grundlos erschien ein solches Ansinnen sicher nicht. Denn hatte der Kronprinz nicht selbst einige Jahre zuvor gegenüber dem Vater seinen Unwillen über den verhassten täglichen Exerzierdienst überdeutlich bekundet? Doch schnell wurde man hier eines Besseren belehrt. Nicht nur, dass er jene missbilligte, die meinten, sich bei ihm durch Kritik an seinem Vater und Vorgänger in besseres Licht zu setzen, vielmehr verstärkte er die Ausrichtung des preußischen Staatswesens zu einer vergleichsweise hochgerüsteten Militärmonarchie. Zwar löste Friedrich die Formation der »Langen Kerls« auf, doch schlossen sich bald darauf Maßnahmen an, die auf eine beträchtliche Vermehrung des preußischen Heeres orientiert waren. Denn die Vorstellung, dass er nicht ein Fürst sein wollte, der sich auf

Antoine Pesne, Kronprinz Friedrich, 1738.

die Rolle des Zuschauers des »europäischen Mächtetheaters« beschränken würde, hatte bei ihm bereits lange vor der Thronübernahme schärfere Konturen angenommen. In einem später berühmt gewordenen, bereits 1731 verfassten Brief an Karl Dubislav von Natzmer, einen ihm vertrauten jungen Offizier, hatte er schon damals recht deutlich einen Vorgeschmack auf seine künftige, auf Landerwerb gerichtete, äußerst ambitionierte Außenpolitik gegeben. Vor diesem Hintergrund erwies sich dann auch jene denkwürdige militärische Aktion am Ende des Jahres 1740 nicht als so überraschend, als er in Schlesien einmarschierte, um gegenüber dem Haus Habsburg seinen Anspruch auf dieses Territorium

Antoine Pesne, König Friedrich II., 1740.

durchzusetzen, ohne sich allerdings sonderlich viele Gedanken um die ohnehin fragwürdige rechtliche Begründung dieser Annexion zu machen.

Nach der Beendigung der ersten beiden Schlesischen Kriege konnte sich der König jenen Projekten zuwenden, die in seinen Ländern die von ihm als notwendig erachteten Veränderungen vorantreiben sollten, auch wenn er diese bereits während der Kriegsjahre nie ganz aus den Augen verloren hatte. Eine intensive Peuplierungspolitik, Verbesserungen in der Landwirtschaft sowie die Justizreform bildeten wichtige Vorhaben in jenen Jahren. Diese Unternehmungen, die im Übrigen in einer mehr oder minder intensiven Kontinuität zur Politik seiner Vorgänger standen, wurden freilich nicht nur um ihrer selbst willen oder aufgrund der aufgeklärten Gesinnung des Königs vorangetrieben. Bei aller Wertschätzung dieser im Kontext der europäischen Aufklärungsbewegung stehenden Ideen bleibt festzuhalten, dass sich bei Friedrich zeit seines Lebens ein eher elitär und konservativ geprägtes Bild von der Gesellschaft verfestigt hatte. Dies bedeutete, dass er an den ständischen Strukturen keine Veränderungen vornehmen lassen wollte und auch kaum eine Notwendigkeit dafür sah. Vielen überlieferten Äußerungen ist zu entnehmen, dass er eine recht abschätzige Meinung vom Bürgerstand hatte, ganz zu schweigen vom »ungebildeten Pöbel«. Somit konnte sich ihm zuweilen schon die Frage stellen, »ob dieses dumme Volk überhaupt verdiene aufgeklärt zu werden«.

Das Eintreten Friedrichs für die erwähnten Reformprojekte ergab sich letztlich auch aus seiner Einsicht, dass nur ein in sich stabiler und auf festen wirtschaftlichen Grundlagen ruhender Staat die Gewähr bot, künftigen militärischen Herausforderungen standzuhalten. Denn dass sich Maria Theresia, seine wichtigste Rivalin auf dem Parkett des europäischen Mächtetheaters, als Oberhaupt des Hauses Habsburg nicht mit dem Verlust einer ihrer reichsten Provinzen abfinden würde, befürchtete er zu Recht.

Im Umfeld dieser weitgespannten innenpolitischen Aktivitäten wurde nun vor allem bei den Nachlebenden das Bild des rastlos für sein Land tätigen, gleichsam »allgegenwärtigen Königs« kolportiert. Und auch Friedrich selbst trug zur Verbreitung dieser Vorstellung erheblich bei. Schon bei seinen Huldigungsfahrten in die Provinzen seines sich vom Niederrhein bis an die Memel erstreckenden Staates wurde dafür ein kleiner Vorgeschmack geliefert. Dabei konnte sich eine Form der »Allgegenwart« des Königs manifestieren, die sich später

Jean Rosenberg, Ansicht des Opernplatzes, 1782.

in Gestalt der jährlichen Inspektionsreisen verstetigen sollte und die bei den auf diese Weise examinierten Amtsträgern in Stadt und Land natürlich nicht nur Hochstimmung ausgelöst hatte. Friedrich wurde deshalb aus der Sicht seiner Untertanen ein mitunter höchst präsenter »König zum Anfassen«. Die Zugänglichkeit gegenüber Suppliken, auch über solche verklärten Formen wie der Potsdamer Bittschriftenlinde hinausgehend, ist quellenmäßig gut überliefert. Mehr aber noch diente das vom Vater übernommene und perfektionierte System der »Regierung aus dem Kabinett« dem Ziel der unmittelbaren und schnellen Einflussnahme auf alle Bereiche des Staates. Der König verkehrte über »Kabinettsordren« – einige zehntausende dieser Dokumente sind in den Archiven überliefert – mit den zuständigen Ministern und Räten in den Verwaltungsbehörden auf Gesamtstaats- und Provinzebene. Ein recht ausgeklügeltes Kontrollsystem sollte die auch im damaligen Preußen vorhandenen Missstände, wie Unterschlagung, Langatmigkeit bei der Durchsetzung von Verwaltungsakten, Nepotismus oder schlicht fachliche Unfähigkeit, eindämmen helfen. Erfolge sind, gerade bei einem vergleichenden Blick über die preußischen Grenzen hinaus, dabei durchaus zu attestieren. Aber natürlich darf man bei einer Gesamtwürdigung des innenpolitischen Wirkens des Königs nicht aus den Augen verlieren, wie damals überhaupt Herrschaft »funktionierte«. Man muss wissen, dass es im friderizianischen Preußen bis zur mittleren Ebene gerade einmal 500 bis 600

Johann Friedrich Meyer, Alter Markt in Potsdam mit Stadtschloss, 1772.

Amtsträger gegeben hatte. Dazu zählten zunächst die Angehörigen des im Berliner Schloss arbeitenden Generaldirektoriums, der zentralen Verwaltungsinstanz der Gesamtmonarchie. Hinzu kamen die Beamten der zehn Kriegs- und Domänenkammern in den einzelnen Provinzen. Für die Mark Brandenburg war die Kurmärkische Kriegs- und Domänenkammer in Berlin und – für die östlich der Oder gelegenen Landesteile – die Neumärkische Kriegs- und Domänenkammer mit Sitz in Küstrin zuständig. Und nicht zuletzt zählten die für die Kontrolle der Städte verantwortlichen Steuerräte sowie die an der Spitze der Kreise stehenden Landräte dazu. Gemessen an der heutigen Ausstattung von Landes- und Kreisverwaltungen lässt diese recht niedrige Anzahl von Amtsträgern auf den ersten Blick den Eindruck entstehen, dass der König selbst einen großen Teil der alltäglichen Arbeitslast getragen hätte. Aufgrund seines überragenden Intellekts hatte Friedrich tatsächlich die Fähigkeit, sich schnell in verschiedene Bereiche der Staatsverwaltung hineinzufinden. Jedoch weiß man heute, dass die Vorstellung von einem rastlos von früh bis spät über Berichten und Suppliken brütenden und permanent Kabinettsordren, Memoranden und Denkschriften entwerfenden Monarchen

Johann Friedrich Meyer, Lustgarten und Stadtschloss in Potsdam, 1773.

nicht der Realität entspricht. Sein Tagesablauf im Potsdamer Stadtschloss oder im Schloss Sanssouci, wo er sich zumeist in den Sommermonaten aufgehalten hatte, lässt sich recht gut rekonstruieren; und dieser wies bekanntlich genügend Zeit für die anderen weitgespannten Interessen des Königs auf.

Somit erscheint das Bild des »allgegenwärtigen« und »allzuständigen« Königs korrekturbedürftig. Dies erklärt sich im Übrigen auch aus einer anderen Perspektive: Denn der erwähnte überschaubare Verwaltungsapparat im friderizianischen Staat ließe sich auch dahingehend deuten, dass den Beamten doch ein recht großer Verantwortungsbereich vorbehalten blieb. Dies wurde auch schon unter den Zeitgenossen der letzten Regierungsjahre des Königs so gesehen: »In der Tat, die Minister sind nicht bloß expedierende Sekretäre des Königs ...; sie sind bei weitem mehr – und dies unbeschadet der unbezweifelten Selbstherrschaft Friedrichs«, hieß es zum Beispiel in einem Beitrag der *Berlinischen Monatsschrift* 1783, einer damals führenden Stimme des aufgeklärten Preußen.

Über die Bereiche des breit gefächerten und sich immer mehr ausdifferenzierenden Verwaltungssystems, die ihm besonders am Herzen lagen, war der König in der Regel auch

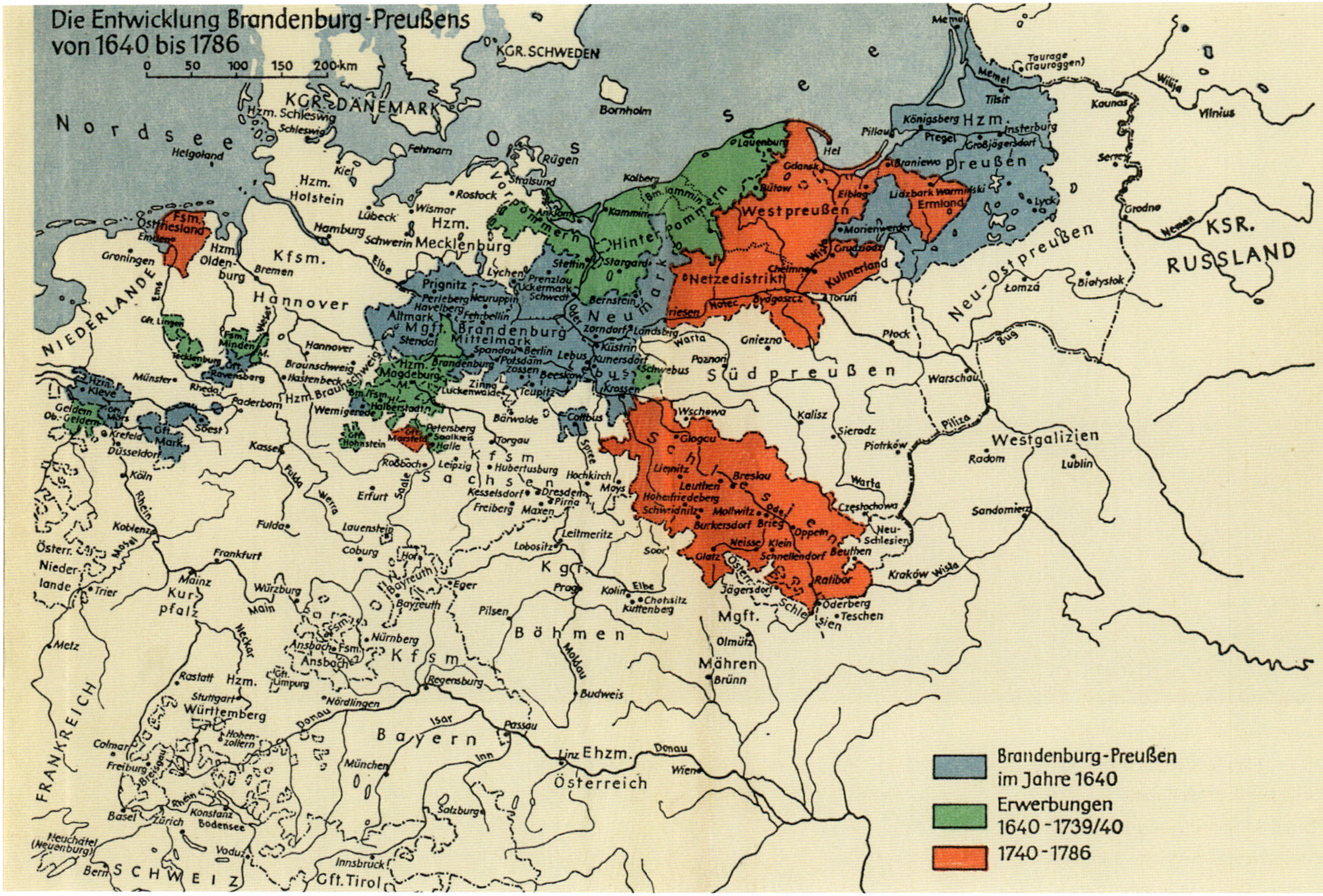

Brandenburg-Preußen von 1640 bis 1786.

gut informiert. Zum Leidwesen der zuständigen Beamten versuchte er allerdings gerade hier unmittelbar auf die Entscheidungsprozesse einzuwirken, mitunter auch bewusst die Zuständigkeitshierarchien übergehend. Einen der spektakulärsten Fälle, der zudem belegt, dass der König selbst gegen die von ihm verfochtenen Grundsätze verstieß, stellte gewiss der berühmt-berüchtigte Müller-Arnold-Prozess dar. Auch hier fällt es schwer, in dem Dickicht der schon zu Lebzeiten Friedrichs entstandenen Mythen die wahre Begebenheit hinter diesem Gerichtsfall freizulegen. Worum ging es dabei im

Kern? In Anlehnung an Montesquieus 1748 erschienenen Essay *Esprit des Lois* (*Vom Geist der Gesetze*) hatte sich Friedrich die Auffassung zueigen gemacht, dass in den Gerichten »die Gesetze zu sprechen, der Herrscher aber zu schweigen« habe. Vor allem richtete sich eine solche Einsicht gegen die in vielen Monarchien, so auch bislang in Preußen, verbreiteten »Machtsprüche«, mit denen der Herrscher unmittelbar in die Urteilsfindung eingreifen oder bereits abgeschlossene juristische Entscheidungen revidieren konnte. Genau dies tat aber Friedrich, als er 1779 die Urteile im Fall des aus der Neumark stammenden Wassermüllers Arnold kassiert und die zuständigen Richter arretiert hatte. Das zeitgenössische Echo dieses Eingriffs war unter den der Aufklärung nahestehenden Persönlichkeiten verheerend, ganz im Gegensatz zu der späteren populären Verklärung des sich für die Belange der einfachen Untertanen einsetzenden Landesvaters.

Dieses Bild des patriarchalisch für das Wohl seiner Lande sorgenden Herrschers gewann besonders markante Konturen im Zusammenhang mit der »inneren Kolonisation«, eines Politikbereiches, der auch tatsächlich eine Erfolgsbilanz aufweisen konnte und dem Friedrich eine vergleichsweise große Aufmerksamkeit zugewandt hatte. Es handelte sich dabei um weitreichende infrastrukturelle Vorhaben, die zugleich den Naturraum der Mark Brandenburg maßgeblich verändern sollten. Häufig ließ sich der König genauestens über den Fortgang der Meliorations- und Siedlungsprojekte unterrichten. Hinter diesen Plänen stand die mehrfach von Friedrich vertretene Auffassung, dass »die wahre Kraft eines Staates in seiner hohen Volkszahl liegt« – eine angesichts der für die meisten Regionen des altpreußischen Staates sehr geringen Bevölkerungsdichte durchaus nachvollziehbare Einsicht. Tausende Hektar Ödland wurden durch ausgedehnte Meliorationsmaßnahmen kultiviert und gaben den aus anderen preußischen Provinzen, aber auch aus verschiedenen deutschen Reichsterritorien hinzuziehenden Siedlern eine neue Existenzgrundlage. Steuerbefreiungen für einige Jahre und die Befreiung vom Militärdienst – zumindest für zwei Generationen – lockten. Die nachhaltigsten Projekte dieser »Staatskolonisation« wurden auf dem damaligen brandenburgischen Gebiet im Oderbruch, im altmärkischen Drömling, im havelländischen Rhinluch und im Warthe- und Netze-Bruch in der Neumark umgesetzt. Doch auch bei der Umsetzung dieser ambitionierten Pläne blitzte immer wieder die notorische Ungeduld des Königs auf, wenn sich der gewünschte Effekt

Johann Georg Ziesenis, Friedrich der Große, 1763.

nicht sofort einstellte. Dem Generaldirektorium nahm Friedrich z.B. im September 1750 dessen angebliche »Nonchalance« wegen der Ansetzung von Kolonisten in der Mark Brandenburg übel. Und trotz der insgesamt imponierenden Erfolgsbilanz blieben dem König missliche Erfahrungen nicht erspart. Klagen über Korruptionen – schließlich waren dabei große Geldsummen im Spiel – gehörten ebenso dazu wie der Unmut über Beamte, durch deren Agieren Kolonisten »verdrießlich gemachet worden und die Hälfte sich wiederumb verlaufen haben«.

Und auch für eines der im populären Bewusstsein am stärksten verankerten Reformprojekte der friderizianischen Zeit, die Durchsetzung des Kartoffelanbaus, fällt es nicht ganz leicht, den tatsächlichen Anteil des Königs an der »Erfolgsgeschichte« dieser im Übrigen schon vor seiner Regierungszeit in brandenburgisch-preußischen Landen bekannten Kulturpflanze zu bestimmen. Aus Kabinettsordren und Edikten weiß man, dass der König für die Ansetzung von Maulbeerbäumen zur Gewinnung der für die heimische Textilindustrie so wichtigen Seide viel mehr Herzblut aufgebracht hatte als für die Durchsetzung des Kartoffelanbaus. Besonders den Dorfpfarrern kam hierbei eine Vorbild- und Mittlerfunktion zu, um die Landbevölkerung zur Nachahmung zu bewegen. Ohnehin hatte es mitunter den Anschein, dass die Fähigkeiten der märkischen Landgeistlichen bei der Seidenraupenzucht in den Augen des Monarchen einen höheren Rang als ihre theologischen Kenntnisse einnahmen. Verwunderlich war dies nicht, denn die distanzierte Haltung des Königs gegenüber vielen christlichen Glaubensgrundsätzen war bekannt und hatte auch schon auf das zeitgenössische populäre Friedrich-Bild einige Schatten geworfen. So manche mit ätzendem Sarkasmus gewürzte Marginalien an die Adresse von allzu bigott daherkommenden Geistlichen kündeten davon. Freilich, Friedrich war kein Atheist, aber grundsätzliche Zweifel an Glaubensdogmen prägten ihn schon, sodass man ihm allenfalls eine deistische Auffassung attestierte, in der Gott immerhin noch einen Platz als »Schöpfer« der Weltordnung behalten konnte.

Demzufolge nahmen wohl nicht wenige seiner Untertanen diesen religiösen Indifferentismus mit gemischten Gefühlen zur Kenntnis. Denn Begriffe wie »Religionsfreiheit« und »religiöse Toleranz« waren in seiner Zeit, wenn auch nicht gänzlich unbekannt, so noch nicht in der Breite der Gesellschaft verankert. Dies sollte man im Blick behalten, um nicht überzogenen Erwartungen zu erliegen. Zudem machte der König schon Unterschiede bei der praktischen Umsetzung seiner Toleranzpolitik. So gibt etwa das »Judenreglement« aus dem Jahre 1750 ein beredtes Zeugnis über Friedrichs sehr selektives Toleranzverständnis.

Die auf verschiedenen Gebieten durchaus respektablen innen- und wirtschaftspolitischen Erfolge hatten gewiss das Prestige des Königs anwachsen lassen, jedoch beruhte sein schon zu Lebzeiten wachsender Ruhm zunächst und vor allem auf seinen militärischen Erfolgen. Der Beiname »der Große« tauchte ja recht zeitig schon während des Zweiten Schlesischen Krieges im Jahre 1745 erstmals auf. Das Feldherrentalent Friedrichs ist gewiss unbestritten, und eine ganze Reihe von Siegen konnte er sich aufgrund seiner strategischen Fortune und taktischen Raffinesse anrechnen lassen. Seine Entschlossenheit, aber auch die nicht selten einem Hasardspieler ähnliche Neigung, unerwartete, überraschende Wendungen in das Schlachtgeschehen zu bringen und damit konventionelle Bahnen zu verlassen, kamen ihm bei nicht wenigen Gelegenheiten zugute. Doch den spektakulären Erfolgen wie etwa bei den Schlachten von Roßbach oder Leuthen standen auch desaströse Erfahrungen mit fürchterlichen Verlusten gegenüber. Denn allzu oft spielte der König auf Risiko. Gerade angesichts solcher katastrophalen Niederlagen, wie sie der *Roi connétable* bei Kunersdorf am 12. August 1759 erleben musste, im Übrigen einer der wenigen auf brandenburgischem Territorium ausgetragenen Schlachten des Siebenjährigen Krieges, wurde dies in aller Schärfe deutlich. Hier hatte der König die militärische Lage falsch beurteilt.

Zugute kam dem König natürlich auch die Tatsache, dass er andere – und darunter sogar ihn mitunter übertreffende – militärische Talente an seiner Seite hatte. Sei es der die erste Schlacht des jungen Königs (bei Mollwitz 1741) noch in einen Sieg verwandelnde Kurt Christoph von Schwerin, der die preußische Kavallerie gründlich reformierende Friedrich Wilhelm von Seydlitz, der im ruppinischen Wustrau begrabene, selbst zum Mythos gewordene Husarengeneral Hans Joachim von Zieten oder sei es in der eigenen Familie sein Bruder Heinrich, dessen Verhältnis zum König sehr ambivalent war. Und nicht unerwähnt sollte bleiben, dass Friedrich anderen Generälen gegenüber höchst ungerecht auftreten konnte, da er sie letzten Endes dafür verantwortlich machte, wenn ein von ihm entworfener Feldzugsplan nicht erfolgreich umgesetzt worden war. Sein Bruder August Wilhelm hat diese Schmach nicht verwinden können und war daran zugrunde gegangen.

Johann Friedrich Gottlieb Unger nach Benjamin Calau, Brustbild Friedrichs II., um 1790.

Schillernd und höchst ambivalent wie sein Wirken als Reformer und Feldherr gestaltete sich auch das Bild des Königs für die nachfolgenden Generationen. Hier stehen bis heute die nicht selten zur Verklärung neigende Würdigung des aufgeklärten Feingeistes und »Alten Fritz'« einerseits und die Ablehnung des skrupellosen Machtpolitikers und misanthropen Zynikers andererseits stets dicht nebeneinander. Auch wenn er mitunter damit kokettierte, dass der Ruhm der Fürsten letztlich von der Gunst der Geschichtsschreiber abhängen würde, wissen wir heute, dass er selbst nicht wenig dazu beigetragen hatte, welches Bild von ihm sich einst bei den Nachlebenden durchsetzen würde. Und auch unter der heutigen brandenburgischen Bevölkerung genießt wohl kein preußischer Herrscher einen so hohen Bekanntheitsgrad wie Friedrich der Große. Gleich, ob man sich nun von diesem Monarchen angezogen fühlt oder sich an ihm reibt – unbeeindruckt von ihm bleiben jedenfalls die an der Geschichte interessierten Zeitgenossen kaum. Lassen wir uns also anlässlich seines 300. Geburtstages ein auf eine erneute intensive Beschäftigung mit einer der schillerndsten Herrschergestalten Alteuropas, deren Lebensmittelpunkt auf dem Territorium des heutigen Landes Brandenburg lag. So manche bislang eher unbeachtet gebliebene Facette seines Lebens gilt es neu auf den Prüfstand zu stellen, so manche Widersprüche in seinem Wirken zu erhellen, zumal er selbst das Räsonnieren doch so liebte. Denn jede Epoche, jede Generation stellt ihre eigenen Fragen an die Geschichte und ihre Protagonisten. Und auch ER hätte dieses neu erwachende Interesse an ihm wohl genossen.

Frank Göse

Alter Fritz

Es war ein Mammutprojekt, das sich über mehr als 70 Jahre hinzog, rund 40 Künstler hatten etwa 100 Entwürfe geliefert. Schließlich enthüllte Friedrich Wilhelm IV. am 31. Mai 1851 das von Christian Daniel Rauch geschaffene Reiterstandbild Friedrichs II. Unter den Linden (Abb. S. 2).

Der Friedrich des Berliner Denkmals entsprach ganz den gängigen Vorstellungen vom »Alten Fritz«. Rauch war es mit seinem von den Zeitgenossen hochgelobten Kunstwerk gelungen, die schon 1836 geäußerte Forderung nach »Realität« der Darstellung zu erfüllen: »Bei dem National-Monumente, bei dem Volksdenkmal, da verlangen wir nicht den idealisirten Heros, da verlangen wir den alten Fritz mit Haarzopf und Krückstock.«[1] Dem entspricht das Denkmal: Es zeigt den König hoch zu Ross, in Uniform mit Band und Stern des schwarzen Adlerordens und hermelingefüttertem Mantel. Selbst Zopf, Dreispitz und Krückstock fehlen nicht.

Noch zu Lebzeiten Friedrichs II. hatte die Legendenbildung um seine Person eingesetzt. Dutzende von Anekdoten entwarfen das volkstümliche Bild vom König als einen in Krieg und Frieden präsenten Landesvater, der seinen Untertanen half und die Nöte seiner Soldaten teilte. Dieser »Mythos der Unmittelbarkeit« bestimmte das Friedrich-Bild der Untertanen.[2] Nach fast vier Jahrzehnten der Herrschaft Friedrichs verwendete Johann Wolfgang von Goethe 1778 vielleicht nicht als Erster die Bezeichnung »alter Fritz«.[3] Der Bauer Callies im Dorf Neuholland (Landkreis Oberhavel) notierte 1786 zum Tod Friedrichs, dass »der Alte König Fritz gestorben« ist,[4] und im deutschsprachigen Danzig, das unter der friderizianischen Zollpolitik litt, freute man sich: »Der alte Fritz ist todt! Endlich!«[5]

Der Radierer und Maler Daniel Chodowiecki hatte bereits einige Jahre zuvor die Bildformel zu diesem »alten Fritz« geschaffen. 1772 entstand »Friedrich, der König von Preußen, zu Pferde«. Streng im Profil sind Ross und Reiter dargestellt, der König mit den wichtigen ikonografischen Elementen: Uniform, Dreispitz, langer Zopf, Krückstock und gekrümmter Rücken. Seit 1777 wurde Chodowieckis Reiterbildnis durch Reproduktionen berühmt.[6]

Im 19. Jahrhundert war es vor allem Adolph Menzel, der mit seinen Gemälden und Grafiken die Vorstellung von Friedrich als dem »gemütlichen alten Fritz« prägte, in dem er ihn als menschenfreundlich handelnden und volksnah regierenden König zeigte. Franz Kuglers *Geschichte Friedrichs des Großen* erschien 1840 mit Menzels Illustrationen. Gemeinsam mit der viel gelesenen Publikation von Friedrich Christoph Förster *Friedrich der Große, geschildert als Mensch, Regent und Feldherr*, war das Buch Kuglers die erste für einen größeren Leserkreis verständliche Biografie. Sie trug dazu bei, das traditionelle, an eine ständische Hierarchie gebundene Fürstenbild durch ein »Herrscherbild von unten« abzulösen.[7]

1 Friedrich Förster in einer Besprechung der Entwürfe der Akademie-Ausstellung 1836.

2 Vgl. dazu Neugebauer.

3 Jürgen Luh: Der Große. Friedrich II. von Preußen, München 2011, S. 161/162.

4 Zit. nach Neugebauer.

5 Zit. nach Hans-Jürgen Bömelburg: Friedrich II. als Erinnerungsort im deutschen und polnischen Bewusstsein: preußische Geschichte und deutsch-polnische histoire croisée, in: Friedrich300 – Colloquien, Friedrich der Große – eine perspektivische Bestandsaufnahme, URL: http://www.perspectivia.net/content/publikationen/friedrich300-colloquien/friedrich-bestandsaufnahme/boemelburg_erinnerungsort <05.01.2012>.

6 Vgl. Rainer Michaelis: Friedrich der Große im Spiegel der Werke des Daniel Nikolaus Chodowiecki, in: Friederisiko – Friedrich der Große. Die Essays, hg. von der Stiftung Preußische Schlösser und Gärten Berlin-Brandenburg, 2012.

7 Rainer Schoch: Das Herrscherbild in der Malerei des 19. Jahrhunderts, München 1975, S. 33.

Dieses Bild Friedrichs II. im liberalen Bürgertum, seine Verklärung zum »alten Fritz«, war eng mit der Kritik an der geistigen Unfreiheit in der eigenen Gegenwart verknüpft. Die Bürger beanspruchten den König für ihre eigenen Ideale. Sie sahen in ihm vor allem den aufgeklärten, bürgerlich-liberalen Herrscher, der für Toleranz und Vernunft eintrat und eine Gesetzes- und Steuerreform einleitete. Sein unermüdliches Schaffen habe allein dem Wohl des Staates gegolten. Friedrich II. erschien als Vorkämpfer für Toleranz und Menschlichkeit, als Gegner gesellschaftlicher Vorurteile und Verfechter eines geläuterten Fürstentums. Er wurde zum Boten liberaler Anschauungen stilisiert und das Friderizianische als aufgeklärte, freigeistige Gesinnung interpretiert. Seine Regierungszeit galt den Liberalen als »gute alte Zeit« des preußischen Staates, dessen fortschrittliche und freiheitliche Prinzipien die Regierungen Friedrich Wilhelms III. (1797–1840) und IV. (1840–1861) verraten hätten.

»Das hätte es unter dem Alten Fritz nicht gegeben!« war ein Satz, der die Kritik an der eigenen Zeit zusammenfasste und den Glauben zum Ausdruck brachte, Friedrichs selbstloser Fürsorge und weiser Voraussicht sei alles Gute der Gegenwart zu verdanken. In der Erinnerung an ihn suchten viele Trost, und je negativer die Gegenwart erschien, umso leuchtender wurde sein Bild. Nach der Einweihung des Rauch'schen Denkmals Unter den Linden 1851 fand man am Fuß des Standbilds die Verse: »Alter Fritz steig Du hernieder/Und regier die Preußen wieder./Laß in diesen schlechten Zeiten/Lieber Friedrich Wilhelm reiten.«[8]

Diese volkstümliche Auffassung vom Alten Fritz existiert zum Teil bis heute. Daneben dominierten – je nach Epoche – unterschiedliche Sichtweisen auf Friedrich II.

Mit der Gründung des Deutschen Kaiserreiches 1871 wurde der Monarch vom preußischen zum deutschen Helden stilisiert, als Staatsgründer und nationaler Held glorifiziert und ganz selbstverständlich in den Rahmen einer deut-

Daniel Chodowiecki, König Friedrich II. zu Pferde, um 1777.

8 Zit. nach Kurt Merckle: Das Denkmal König Friedrichs des Großen in Berlin. Aktenmäßige Geschichte und Beschreibung des Monuments, Berlin 1894, S. 137.

schen Nationalgeschichte eingepasst. In der Weimarer Republik setzte sich die Stilisierung Friedrichs zum Nationalheros fort. Der »Appell an das Preußentum« gehörte zu den wichtigsten Parolen der nationalsozialistischen Propaganda, und Friedrich II. wurde in den Rang der bedeutendsten Persönlichkeit der preußischen Geschichte erhoben. Vor allem nach Kriegsbeginn diente Friedrich als Vorbild und »Garant des Erfolgs« einer expansiven Außenpolitik. In seiner Person sei der »soldatische Geist« des deutschen Volkes verkörpert und seit 1933 das Preußen Friedrichs des Großen wieder auferstanden. Das 150. Todesjahr Friedrichs 1936 wurde zum »Friedrichjahr« proklamiert.

In der DDR galt das Preußentum als Wurzel allen Übels und Friedrichs gängiger Namenszusatz »der Große« wurde getilgt. 1950 wurde gar sein Denkmal Unter den Linden abgetragen, unter anderem mit der Begründung »weil er gegen Osten reitet«. Erst im Dezember 1980, mit der Renaissance des Preußentums in der DDR, konnte das Standbild zurückkehren. Wieder hatte sich die Sichtweise verändert, jetzt war Friedrich II. ein »Reformer von oben« und durfte erneut den Beinamen »der Große« führen.

Das vereinte Deutschland schließlich erfüllte 1991 den ursprünglichen Wunsch des Königs und bestattete seine sterblichen Überreste auf der Terrasse vor Schloss Sanssouci. Spätestens mit diesem Akt endeten auch alle Identifikationsversuche.

Als »Alter Fritz« hingegen ist Friedrich nach wie vor populär – auch wenn heute die meisten nicht mehr wissen, ob es der erste oder zweite preußische König war, der diesen Namen trug.

Simone Neuhäuser

Literatur

Simone Neuhäuser: »Alter Fritz, steig Du hernieder…« – Das Berliner Denkmal für Friedrich II., in: Steinbruch Deutsche Erinnerungsorte, hg. von Constanze Carcenac-Lecomte, Katja Czarnowski, Sybille Frank, Stefanie Frey, Torsten Lüdtke, Frankfurt/Main 2000, S. 219–236

Wolfgang Neugebauer: Friedrich als Risiko? Friedrich der Große in der Sicht von Untertanen und Geschichtsschreibern, in: Friedrich300 – Colloquien, Friedrich und die historische Größe, URL: http://www.perspectivia.net/content/publikationen/friedrich300-colloquien/friedrich-groesse/neugebauer_risiko <05.01.2012>

Antimachiavel

Friedrich II. hatte zu Lebzeiten mehrere Rollen eingenommen: Insbesondere präsentierte er sich als König, als Feldherr und als Philosoph. Um die Philosophenrolle auszufüllen, hatte er sich zu bewähren, das heißt als Autor origineller Ideen in Erscheinung zu treten. Er hatte sich in der Öffentlichkeit als Meister der Feder zu beweisen. Hierzu diente ihm der Traktat mit dem Titel *Antimachiavel*, der 1740 auf dem Buchmarkt erschien.

Die Entscheidung des jungen Kronprinzen, sich als Philosoph zu profilieren, war durchaus ungewöhnlich und bedarf der Erklärung. Was war für einen angehenden Monarchen reizvoll daran, sich mit Personen gemein zu machen, die den Standesgenossen Friedrichs II., den Monarchen und Fürsten, durchaus mit Kritik und Misstrauen begegneten? Wenn Friedrich als Philosoph hervortreten mochte, dann hatte er dabei insbesondere Voltaire vor Augen. Er suchte als Kronprinz gezielt den Kontakt mit Voltaire und pries dessen Rolle im Jahr 1736 mit folgenden Worten: »Die Schriftsteller sind in gewissem Sinne öffentliche Personen; ihre Schriften verbreiten sich in alle Teile der Welt und präsentieren, dem gesamten Weltkreis zur Kenntnis gelangt, den Lesern die sie bestimmenden Ideen. […] Sie formen gute Staatsbürger, treue Freunde, Untertanen, die den Umsturz verabscheuen, für das öffentliche Wohl sich ereifern. Was alles verdankt man ihnen!«[1] Und in einem weiteren Brief: »Ich wünschte, Sie wären Lehrer der Fürsten, […] Sie zeigten ihnen den wahren Lorbeer der Größe und die Pflicht, zum Glück der Menschen beizutragen.«[2]

Diese Worte dienten dazu, Voltaire für sich einzunehmen, weshalb Friedrich sich in seinem Brief aus rhetorischen Gründen seinerseits das Selbstbild des Philosophen als Lehrer der Fürsten und der Menschheit zu eigen machte. Zugleich war der öffentliche Ruhm und die Aura moralischer Überlegenheit aber auch ein symbolisches Kapital, das Friedrich für sich selbst anstrebte, zumal er als Kronprinz in Rheinsberg sonst über keinerlei Möglichkeiten verfügte, sich in Europa einen Namen zu verschaffen. Der *Antimachiavel* sollte Friedrich diesen Ruhm verschaffen.

Der Kronprinz beabsichtigte mit seinem Traktat, sich als zukünftiger aufgeklärter Herrscher zu zeigen, der die Prinzipien der Aufklärung verinnerlicht hatte und dies dadurch dokumentierte, dass er sich in schroffen Worten von den politischen Maximen Machiavellis absetzte. Ähnlich wie im Briefwechsel mit Voltaire bediente er im *Antimachiavel* reichlich die Erwartungshaltung der *philosophes*: »Die Fürsten ehren die Menschheit, wenn sie diejenigen auszeichnen und belohnen, die ihr die größte Ehre machen; und wer anders wäre dies als jene überragenden Geister, die sich damit beschäftigen, unsere Kenntnisse zu vervollkommnen und ihr körperliches Wohlsein zu vernachlässigen, um die Kunst des

1 Briefwechsel, S. 17 f. (4. November 1736).

2 Briefwechsel, S. 65 (6. Juli 1737).

Kronprinz Friedrich, Anti-Machiavel ou essai de critique sur le Prince de Machiavel, publié par Mr. de Voltaire, La Haye 1740.

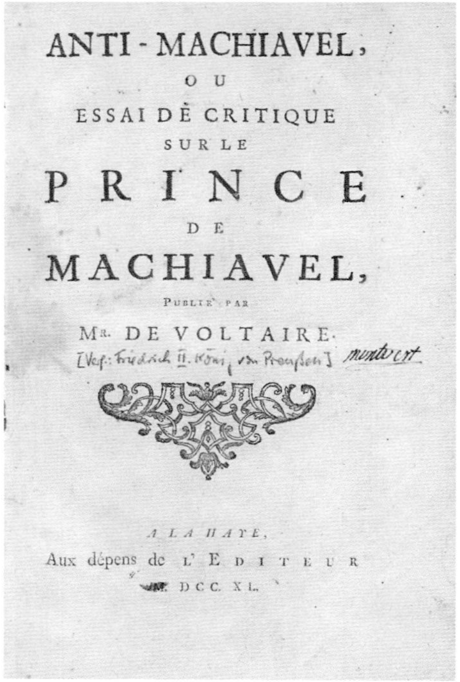
ANTI-MACHIAVEL,
OU
ESSAI DE CRITIQUE
SUR LE
PRINCE
DE
MACHIAVEL,
PUBLIÉ PAR
MR. DE VOLTAIRE.

A LA HAYE,
Aux dépens de L'EDITEUR
M. DCC. XL.

Denkens desto vollkommener herzustellen? Wie solche einsichtsvolle Männer die Welt aufklären, wären sie würdig, deren Gesetzgeber zu sein.«[3]

Wenn Friedrich die *philosophes* zu moralischen Gesetzgebern stilisierte, so bewies er damit zum einen sein Einverständnis mit deren Normen, zum anderen reklamierte er mit seinem Traktat Zugehörigkeit zur Gruppe der Philosophen. Im *Antimachiavel* stellte er dies dadurch unter Beweis, dass er sich in ebenso kritischer wie polemischer Art und Weise Kapitel für Kapitel an Niccolò Machiavellis Schrift *Il Principe* abarbeitete. Er forderte von den Fürsten eine ethische Grundlage für deren Handeln ein, insbesondere die Menschenliebe und die Gerechtigkeit.[4] Und er suchte zu beweisen, dass es auch gemäß den Prinzipien der Staatsräson äußerst unklug wäre, den Lehren Macchiavellis zu folgen.[5]

Widersprüche bleiben dabei nicht aus. So folgert Friedrich aus dem Primat der Staatsräson und der Vaterlandsliebe, dass man Verträge zur Not brechen darf, »falls das Heil seines Volkes es gebietet und eine ernste Notlage es zur Pflicht macht«,[6] oder dass jeder Fürst »die Erhaltung seines Staates« um jeden Preis zu sichern bestrebt sei, »ohne viel nach den Mitteln zu fragen«.[7] An anderer Stelle gibt Friedrich wiederum allgemein sittlichen Prinzipien den Vorzug vor der Staatsräson: So lautet Friedrichs Fazit, dass die Herrscher eher danach trachten sollten, gut zu regieren, als die eigene Herrschaft zu vergrößern.[8]

In der Geschichtswissenschaft wird immer wieder diskutiert, hinter welcher Position – der sittlich-moralischen oder der politisch-interessegeleiteten – sich denn der »wahre Friedrich« verberge, und ob der *Antimachiavel* des Kronprinzen zur Politik des Königs Friedrich im Widerspruch stünde oder nicht. Diese Diskussion geht jedoch an der politischen Zielrichtung des *Antimachiavel* vorbei. Der Traktat sollte nicht als Bekenntnisschrift oder als Selbstzeugnis verstanden werden, sondern als adressatengerechte Inszenierung Friedrichs mit politischer Wirkungsabsicht. Die Frage ist daher nicht, ob Friedrich sich mit dieser oder jener Position identifizierte, sondern ob er mit seiner Inszenierung Erfolg hatte oder nicht.

Zumindest seinen *spiritus rector* Voltaire hatte er mit seiner Schrift ganz für sich eingenommen. Der französische Freigeist verschrieb sich zum Zeitpunkt des Erscheinens des *Antimachiavel* ganz der Public Relations für den jungen, aufgeklärten König. Er verkündete beispielsweise dem Reichsgrafen Matthias von der Schulenburg im Herbst 1740: »Ich ziehe diesen beiden [Karl XII. und Peter dem Großen] einen anderen Fürsten vor, der Menschlichkeit als die erste der Tugenden erachtet, der sich auf Kriege nur im äußersten Notfall vorbereitet, der den Frieden liebt, weil er die Menschen liebt, der alle Künste fördert und der, mit einem Wort,

3 Antimachiavel, S. 90 f.
4 Ebd., S. 10.
5 Ebd., S. 20.
6 Ebd., S. 74.
7 Ebd., S. 51.
8 Ebd., S. 100.

als ein Weiser auf dem Thron sich zu bewähren gewillt ist. Das ists, was ich einen Helden nenne, mein Herr! Glauben Sie nicht, daß das ein erklügeltes Wesen sei. Vielleicht existiert ein solcher Held schon heute in der Person eines jungen Königs, dessen Ruhm bald auch zu Ihnen dringen wird. Sie werden ja sehen, ob er mich Lügen straft.«[9]

Zu diesem Zeitpunkt war Friedrich II. bereits junger König in Preußen und nicht weiter an der Publikation des *Antimachiavel* interessiert. Vielmehr suchte er die Veröffentlichung noch abzuwenden, während Voltaire als Herausgeber bemüht war, die Veröffentlichung in Eigenregie voranzutreiben. Schließlich erschienen im Sommer 1740 zwei unterschiedliche Versionen des *Antimachiavel* anonym auf dem Buchmarkt, doch handelte es sich um ein offenes Geheimnis, dass Friedrich der Autor des Textes war. Damit stand Friedrich vor dem Problem, die nunmehr öffentliche Inszenierung als aufgeklärter Freund der Menschheit sowie als Philosoph mit seiner neuerworbenen Rolle als König und seit Herbst 1740 auch als Feldherr kompatibel zu machen.

Dieser Rollentausch zeigte den König vielen Zeitgenossen nicht als Philosophen, sondern als Heuchler und Intriganten. So urteilte der französische Gesandte in Berlin, Guy Louis Henry Marquis de Valory, im Jahr 1745: »Man darf nicht glauben, der König von Preußen habe die Politik und das Benehmen eines Herrschers nach den Grundsätzen aufgefaßt, die er im Antimachiavell' zum besten gegeben hat.«[10] Und weniger diplomatisch urteilte Rousseau nach Ausbruch des Siebenjährigen Krieges in einem Brief über Friedrich: »[…] ein Mensch ohne Prinzipien, der jedes Menschenrecht mit Füßen tritt, der nicht an die Tugend glaubt, sondern sie als Köder betrachtet, mit dem man die Dummen täuscht und der seinen Machiavellismus begann, indem er Machiavelli widerlegte«.[11] Nicht alle Zeitgenossen waren daher bereit, Friedrich II. aufgrund seines *Antimachiavel* Zugang zum Philosophenhimmel zu gewähren.

Dem publizistischen Erfolg des Werkes tat diese Kritik jedoch keinen Abbruch. Bereits zu Friedrichs Lebzeiten wurde der Traktat in zahlreiche Sprachen übersetzt, ins Englische und Italienische, ja sogar ins Lateinische und Türkische. In Hannover und in Leipzig wurde der *Antimachiavel* seit 1762 auch in deutscher Sprache herausgegeben. In seinem Herrschaftsgebiet hatte Friedrich II. es jedoch untersagt, den Traktat drucken oder übersetzen zu lassen. Die erste Ausgabe des *Antimachiavel* auf preußischem Boden erschien posthum 1789 in Berlin.

Andreas Pečar

Literatur

Friedrich II.: Der Antimachiavell, in: Die Werke Friedrichs des Großen, hg. von Gustav Berthold Volz, 10 Bde., Berlin 1912–1914, hier: Bd. 7, S. 3–114

Wilhelm von Sommerfeld: Die äußere Entstehungsgeschichte des »Antimachiavel« Friedrichs des Großen, in: Forschungen zur Brandenburgischen und Preußischen Geschichte, 29, 1916, S. 457–470

Otto Bardong (Hg.): Friedrich der Große, (=Ausgewählte Quellen zur Geschichte der Neuzeit. Freiherr von Stein-Gedächtnisausgabe 22), Darmstadt 1982

Aus dem Briefwechsel Voltaire – Friedrich der Große, hg. und übersetzt von Hans Pleschinski, Zürich 1992

Martin Fontius: Der Ort des »Roi philosophe« in der Aufklärung, in: ders. (Hg.): Friedrich II. und die europäische Aufklärung, Berlin 1999, S. 9–27

Cornel Zwierlein/Anette Meyer (Hg.): Machiavellismus in Deutschland: Chiffre von Kontingenz, Herrschaft und Empirismus in der Neuzeit (Historische Zeitschrift, Beih. 51), München 2010

Andreas Pečar: Friedrich der Große als Autor. Plädoyer für eine adressatenorientierte Lektüre seiner Schriften, in: Friedrich300 – Eine perspektivische Bestandsaufnahme, URL: http://www.perspectivia.net/content/publikationen/friedrich300-colloquien/friedrich-bestandsaufnahme/pecar_autor <24.10.2011>

Jürgen Luh: Der Große. Friedrich II. von Preußen, München 2011

9 Zit. nach Luh 2011, S. 47.

10 Zit. nach Bardong 1982, S. 551.

11 Zit. nach Fontius 1999, S. 15.

Apollo-Tempel

Auf Friedrichs Küstriner Gefangenschaft folgte im Frühjahr 1732 seine Wiederaufnahme in das Heer. Friedrich Wilhelm I. ernannte ihn zum Oberst und Chef des Neuruppiner Infanterieregiments. Zum Regiment gehörten nach einer Zählung im Jahr 1733 insgesamt 1442 Mann. Friedrichs Hauptaufgaben war die Vorbereitung des Regiments auf die jährliche Exerzierzeit von April bis Juni vor dem König, die Rekrutierung von Soldaten durch europaweit agierende Werber und die Teilnahme an ersten Feldzügen. Die mit ihm seit Juni 1733 verheiratete Elisabeth Christine ist in Neuruppin nie gewesen. Der höfischen Jagd konnte der Kronprinz nicht viel abgewinnen, auch wenn er einige Male daran teilnahm. Also herrschte in Neuruppin nur militärisches Leben, wie Friedrich in den formelhaften Briefen an den Vater glauben machen mochte?

Ja und nein. Er hatte zunehmend Freude daran, Soldat zu sein. Aber er kränkelte in diesen Jahren, litt an Kopfschmerzen und Schlaflosigkeit, was sich erst nach 1740 besserte. Er genoss durchaus die wieder gewonnene Freiheit, wenn auch manche seiner Streiche und Abenteuer, die von den Dörfern der Neuruppiner Umgebung erzählt werden, ihm wohl angehängt sind. Er wohnte bürgerlich in Neuruppin und ließ auf seinem Grundstück auf dem Wall, den er einebnen ließ, nördlich vor der Stadtmauer einen Garten anlegen. Den Garten nannte er nach der griechischen Nymphe Amalthea den Amalthea-Garten, was Hintersinn beweist. Als Ziege verwandelt hat Amalthea den Knaben Zeus heimlich und fernab des Hofes und seines Vaters Kronos aufgezogen. Zeus war dann später derjenige, der sich gegen den Vater empörte, seine Brüder befreite, Kronos tötete und sich selbst zum Göttervater machte. Amalthea hat der Sage nach einmal mit ihren Hörnern den Vater Kronos von dem heimlich aufgezogenen Kind weggestoßen. Ein Stück des Horns brach und ist das bekannte Füllhorn – immer voll mit dem, was sich sein Besitzer wünscht.

Friedrich fand in Neuruppin Freunde fürs Leben, aus denen der geistvolle Freundeskreis des Kronprinzen entstand. Unter den Offizieren des Regiments waren z.B. der weltgewandte Dietrich von Keyserling, der schon seit 1729 zu seinen engsten Vertrauten gehörte, und der Franzose Egmont von Chasôt. 1733 ließ sich der 16 Jahre ältere Georg Wenzeslaus von Knobelsdorff in der Nähe von Neuruppin nieder. Er hatte 1730 dem Militärdienst den Rücken gekehrt und sich in Dresden und Berlin zum Maler und Architekten ausbilden lassen. Knobelsdorff war für die Gestaltung des Amalthea-Gartens verantwortlich.

Auf der großen Revue im Juni 1735 war Friedrich Wilhelm I. mit dem Regiment seines Sohnes sehr zufrieden. Er umarmte ihn vor der Front und beförderte ihn zum Generalmajor. Diese väterliche Anerkennung und die wachsenden Vollmachten haben dem 23-Jährigen sicher gutgetan. In dieser Situation errichtete Knobelsdorff nach gemeinsamen

Nicolas Lancret, Die Tänzerin Maria Sallé, 1732.

Entwürfen mit dem Kronprinzen auf einem Hügel im Amalthea-Garten einen hölzernen Tempel, der zugleich sein architektonischer Erstling war. Darüber schrieb Friedrich am 14. August 1735 an seine Lieblingsschwester Wilhelmine: »Das Gartenhaus ist ein Tempel aus acht dorischen Säulen, die eine Kuppel tragen. Auf ihr steht die Statue Apollos. Sobald er fertig ist, werden wir Opfer darbringen – natürlich Dir, liebste Schwester, als Beschützerin der schönen Künste.«[1] Ihr hat Friedrich Jahrzehnte später, 1769/70, in seiner Sommerresidenz in Sanssouci einen Gedächtnistempel errichten lassen, den sogenannten Freundschaftstempel. Der Apollo-Tempel in Neuruppin ist hierfür das architektonische Vorbild.

Dieser Apollo-Tempel mit seiner Form eines Rundtempels war zur Zeit seiner Errichtung eine absolute Neuheit, bezieht sich aber auf antike Vorbilder und die Architekturtheorie der Spätrenaissance. Ein Tempel ist ein antiker Opfer- und Andachtsort. Geopfert wird hier – natürlich im übertragenen Sinne – Apoll, dem Gott der Künste. Zugleich zeigt

1 Zit. nach Margarete Kühn: Die Gärten Friedrichs des Großen, in: Brandenburgische Jahrbücher, 1939, Heft 14/15, S. 35.

Georg Wenzeslaus von Knobelsdorff, Szene aus dem Amalthea-Garten mit Tempel und Bad, um 1735.

der Bau, ebenso wie der zitierte Brief Friedrichs, dass Freundschaft für ihn allerhöchsten Wert hatte. Der Kronprinz und sein Freundeskreis verehrten, dem Zeitgeschmack folgend, französische Kultur. Doch wählte man als Vorbild für die Anlage des Amalthea-Gartens nicht nur die symmetrischen und beschnittenen Barockgärten etwa des Sonnenkönigs, sondern Gärten mit unbeschnittener Vegetation, auf der sich wie zufällig eine Wiese öffnet und der Mensch so ungezwungen wie die Natur sein darf, tanzt, musiziert oder plaudert. Solche Welten schufen Antoine Watteau und seine Schüler Nicolas Lancret und Jean-Baptiste Pater in ihren Gemälden. In dieser ungezwungenen Heiterkeit zeigt auch eine Zeichnung Knobelsdorffs zwei Damen und einen Kavalier im Amalthea-Garten mit dem Apollo-Tempel und dem Badehaus.

Die Holzarchitektur des Apollo-Tempels war schon einige Jahrzehnte später verfallen. Nur der Einspruch Prinz Heinrichs bewahrte ihn 1788 vor dem Abriss. Der heutige Tempelbau hat zwar noch die gleiche Grundform, jedoch nur noch sechs Säulenvorlagen. Er wurde zwischen 1791 und 1793 in Stein neu errichtet und durch Ausmauerung der Säulenzwischenräume geschlossen. Erhalten blieb aus der Kronprinzenzeit die Lage auf dem Hügel und die darunterliegende Grotte. 1854 wurde der Tempel zur Erinnerungsstätte an Friedrich II. umgestaltet. Eine erste Restaurierung fand 1983/84 statt. Im Juni 2011 konnte der Tempel nach mehrjährigen Erneuerungsarbeiten feierlich wiedereröffnet werden.

Iris Berndt

LITERATUR

Paul Becher: Der Kronprinz Friedrich als Regiments-Chef in Neu-Ruppin von 1732–1740, Berlin 1892 (Originalmanuskript von 1875 im Museum Neuruppin)

Reinhold Koser: Friedrich der Große als Kronprinz, Stuttgart/Berlin 1901

»Zum Maler und zum großen Architekten geboren« Georg Wenzeslaus von Knobelsdorff, 1699–1753, Ausst.-Kat., hg. von der Generaldirektion der Stiftung Preußische Schlösser und Gärten Berlin-Brandenburg, Katalogredaktion: Ute-G. Weickardt, Tilo Eggeling, Berlin 1999

Dieter Radtke: Kronprinz Friedrich und die wahre Liebe zum Soldatenstand. Die ersten 23 Jahre Friedrich des Großen als Soldat (1717–1740), Hildesheim 2011

Barberina

Welcher Art war die Beziehung, die Friedrich II. und die Primaballerina Barbara Campanini (1721–1799), bekannt als La Barberina oder Barbarina, miteinander verband? Diese Frage hat bereits die Fantasie der Zeitgenossen des preußischen Königs und der italienischen Tänzerin angeregt. Sie zu beantworten haben seither auch Romanschreiber, Theater- und Filmschaffende versucht, jedoch das Rätsel nicht zu lösen vermocht. Friedrich II. war nie als Liebhaber schöner Frauen bekannt. Vielmehr ist häufig über die Homosexualität des Königs spekuliert worden. Gegner und Befürworter dieser Vermutung fanden Friedrichs angebliche Verliebtheit in die Barberina deshalb umso bemerkenswerter – sie schien sowohl eine vorhandene körperliche Neigung des Königs zum weiblichen Geschlecht zu bekräftigen als auch das Gegenteil. Die Anspielung Voltaires, Friedrich habe für die Tänzerin geschwärmt, weil sie Beine gehabt habe wie ein Mann,[1] ist deswegen auch von jenen gern zitiert worden, denen die sexuellen Neigungen des Königs zur Charakteristik seiner Persönlichkeit und die Feststellung seiner Homosexualität wichtig erscheinen.

Welcher Motivation die Liaison Friedrichs und der Barberina auch immer entsprang, die schöne und geistvolle Frau ist dem König nicht gleichgültig gewesen. Die skandalträchtigen Umstände ihrer Verpflichtung nach Berlin sorgten in ganz Europa für Gesprächsstoff. Die Barberina galt in London, Paris und ganz Italien längst als gefeierter Star, als der junge Preußenkönig auf sie aufmerksam wurde. Im Herbst 1743 gelang es ihm, sie vertraglich an die Berliner Hofoper zu binden. Als sie einige Monate später wegen einer Liebschaft ihre Zusage jedoch zurückzog, reagierte der König höchst verärgert. Er sandte ein Auslieferungsersuchen an die Republik Venedig, wo sich die Barberina zum Zeitpunkt aufhielt. Mit Nachdruck bestand er darauf, die Tänzerin nach Berlin zu überstellen, was schließlich unter militärischer Bewachung geschah. Ihr Geliebter, der schottische Lord Stuart de Mackenzie, reiste ebenfalls nach Berlin und schrieb dem König flehende Briefe in der Hoffnung, dieser möge seine Geliebte wieder freigegeben. Friedrich lehnte ab.[2] Die Barberina, in Berlin von Anbeginn verehrt und hofiert, arrangierte sich schnell mit ihrer prominenten Rolle an der Hofoper und in der Berliner Gesellschaft.

Mit Charme und Grandezza trug sie dazu bei, das provinzielle Kulturleben der preußischen Hauptstadt zu beleben. Auch abseits der Bühne war sie Mittelpunkt und gern gesehener Gast von Soireen. Friedrich lud sie nicht nur mehrfach zu Soupers bei Hofe, sondern besuchte sie auch im Separee der Oper. Die besondere Wertschätzung, die er der Tänzerin entgegenbrachte, zeigt sich in galanten Bemerkungen, die sich über sie in Briefen des Königs finden, und auch in der beachtlichen Gage, die er der Barberina zahlte. Zwar erhielt

1 Voltaire: Mémoires pour servir à la vie de M. de Voltaire, écrits par lui-même et suivis de lettres a Frederic II., hg. von Jaques Brenner, Paris 1988, S. 48.

2 Friedrich wurde über die Verhandlungen, die Reise und die hohen Kosten des Unterfangens genau informiert. Entsprechende Dokumente bewahrt das Geheime Staatsarchiv in Berlin-Dahlem auf, darunter auch Briefe des unglücklich verliebten Mackenzie. Diese sind teilweise abgedruckt im Anhang von Louis Schneider: Geschichte der Oper und des Königlichen Opernhauses in Berlin, Berlin 1852.

Antoine Pesne, Barbara Campanini, genannt Barberina, 1744.

sie keineswegs die unglaubliche, aber gleichwohl häufig kolportierte Summe von 7000 Talern, dennoch lagen ihre Einkünfte weit über dem, was anderen hoch angesehenen Beschäftigten der Hofoper als Gehalt ausgezahlt wurde. Friedrich ließ die Barberina mehrfach porträtieren. Casanova, der sich 1764 in Preußen aufhielt, behauptete in seinen berühmten Memoiren, er habe im Schlafzimmer des Königs ein Gemälde der Tänzerin gesehen.[3] Zu diesem Zeitpunkt hatte die Barberina Berlin lange verlassen. Schon 1748 war sie beim König in Ungnade gefallen, als sie sich mit einem Sohn des preußischen Justizreformers Samuel von Cocceji vermählte. Ihr Vertrag wurde gekündigt, denn eine Heirat der Tänzerin war dem König unerwünscht. Nach dem abrupten Karriereende folgte die Barberina ihrem Ehemann in die schlesische Provinz, wohin dieser auf Weisung Friedrichs II. versetzt worden war. Durch ihren Weggang verlor nicht nur die preußische Hofoper einen ihrer bedeutendsten Ballettstars. Auch das Berliner Gesellschaftsleben büßte enorm an Glanz ein. In ihrem Haus in der Behrensstraße hatte die Barberina einen Salon unterhalten, der ein Anziehungspunkt für Diplomaten und Künstler gewesen war. Die Grazie und Anmut der schönen Italienerin blieb den Berlinern lange im Gedächtnis.[4] Die Nachfolgerinnen der Tänzerin hatten es schwer gleichermaßen vor dem Publikum zu bestehen. Eine Wiederholung des Pygmalion-Balletts, in welchem die Barberina eine Statue verkörpert hatte, die langsam zum Leben erwacht, eine Darbietung, die für Furore gesorgt hatte, geriet in veränderter Besetzung zum Desaster. Friedrich II. schwieg und bemühte sich umgehend um Ersatz. Die Strahlkraft der Berliner Oper im Kulturleben der preußischen Hauptstadt und darüber hinaus sollte fortbestehen.

Der König hatte den Bau der Oper unmittelbar nach seinem Regierungsantritt und mitten im Ersten Schlesischen Krieg errichten lassen. Von Anbeginn war er bemüht, namhafte Künstler nach Berlin zu verpflichten und einen Operngenuss auf hohem Niveau zu gewährleisten. Um die Wahrung der Kontinuität eines leistungsfähigen Ensembles kümmerte er sich persönlich. Mitunter war er sogar zu Kompromissen bereit, wenn es Ärger wegen der häufigen Forderungen von Gehaltszulagen und der Sonderwünsche der Gesangsstars, Musiker und Tänzer gab. In seinen Briefen machte sich Friedrich darüber Luft: »… es ist Teufels-Krop, ich wollte, dass sie der Teufel alle holte! die Canaillen bezahlet man zum

3 Giacomo Casanova. Chevalier de Seingalt: Geschichte meines Lebens, Bd. 10, Leipzig/Weimar 1985, S. 87.

4 So wurden etwa in Berlin und bei Hofe auch viele Jahre nach dem Weggang der Tänzerin noch Gerichte à la Barberina gekocht. Siehe dazu: Italienerinnen und Italiener am Hofe Friedrich II. (1740–1786), hg. von Rita Unfer Lukoschik, Berlin 2008, S. 124.

Pläsir, und nicht [um] Vexirerei von ihnen zu haben!«[5], oder: »Die Opern-Leute sind solche Canaillen-Bagage, daß ich sie tausendmal müde bin.«[6] Trotz dieser Querelen erhielt der Preußenkönig seine Begeisterung für das Musiktheater aufrecht. Über viele Jahre wirkte er in vielfältiger Weise auch aktiv am Entstehungsprozess und der Gestaltung einzelner Opern mit. Er entwarf Libretti, komponierte selbst einzelne Arien und sinfonische Stücke, und er nahm die Auswahl von Dekorationen und Garderoben vor. Die Gesangsleistung und Darstellungsgabe der Sängerinnen und Sänger wusste Friedrich ebenfalls mit Kennerschaft zu beurteilen. Das bewog ihn schließlich auch, die junge deutsche Sopranistin Elisabeth Schmehling (1749–1833), eine der ganz großen Stimmen der Zeit, zu engagieren, als diese noch am Anfang ihrer Karriere stand. Nach ihrem Vorsingen hat er seine Überzeugung aufgegeben, sich »lieber eine Arie von einem Pferd vorwiehern zu lassen, als eine Deutsche in seiner Oper zur Primadonna zu haben«.[7] Ihre Weigerung, sich dem königlichen Willen zu beugen und auf eine Heirat mit dem Violoncellisten Johann Mara (1744–1808) zu verzichten, führte jedoch zu erheblichen Spannungen und schließlich zur Flucht der Sängerin aus Berlin. Friedrichs zuweilen recht eigenwillige Forderungen und Maßnahmen in der Personalpolitik haben das Auskommen des Monarchen mit den am Hof engagierten Stars oft erschwert, wenn nicht verhindert. Die bekannt gewordenen Geschichten über das ambitionierte Vorgehen und persönliche Eingreifen des Königs haben den Ruhm der betreffenden Künstler wie auch den Ruf Friedrichs als Musenfreund jedoch gerade deswegen enorm gesteigert.

Claudia Terne

Literatur

Louis Schneider: Geschichte der Oper und des Königlichen Opernhauses in Berlin, Berlin 1852

Annegret Gertz: Barbara Campanini »La Baberina«, in: Histoire de Pygmalion et Don Juan oder Le Roi s' amuse, hg. von der Staatsoper Unter den Linden, Berlin 1999, S. 26–34

Rita Unfer Lukoschik (Hg.): Italienerinnen und Italiener am Hofe Friedrich II. (1740–1786), Berlin 2008

Claudia Terne: Friedrich II. von Preußen und die Hofoper, in: Friedrich300 – Friedrich der Große und der Hof, URL: http://www.perspectivia.net/content/publikationen/friedrich300-colloquien/friedrich-hof/Terne_Hofoper <24.10.2011>

5 Friedrich II. an Fredersdorf, 7. Nov. 1753, in: Die Briefe Friedrichs des Großen an seinen vormaligen Kammerdiener Fredersdorf, Berlin 1926, S. 243.

6 Friedrich II. an Fredersdorf, April 1745, in: ders., S. 277.

7 Charles Burney: Tagebuch einer musikalischen Reise, Hamburg 1773 [Reprint: Wilhelmshaven 1980], S. 384 f.

Bittschriftenlinde

Als »Bittschriftenlinde« bezeichnete man eine Holländische Linde vor dem Potsdamer Stadtschloss, die vermutlich zur Zeit Friedrich Wilhelms I. mit weiteren Linden in Schlossnähe gepflanzt worden war. Aufgrund von Bauarbeiten und Wetterschäden waren die übrigen Bäume bis zum späten 19. Jahrhundert gefällt – als letzter Vertreter blieb dann die Bittschriftenlinde übrig. Diese musste allerdings schon 1879 mit einem schmiedeeisernen Gitter zum Schutz umgeben und nach Wetterunruhen zu Beginn des 20. Jahrhunderts wegen Schräglage abgestützt werden.

Da die Linde vor dem Arbeitszimmer Friedrichs des Großen in exponierter Lage am Stadtschloss wuchs, nutzten die Untertanen den Baum, um Bittschriften an den König abzuliefern. Dies führte im 19. Jahrhundert zur Benennung des Baumes als »Bittschriftenlinde« und in der Folge vermischten sich Geschichten um die Linde mit der Legendenbildung um den König.

Die Verlagerung der königlichen Hauptresidenz von Berlin nach Potsdam zur Zeit des »Soldatenkönigs« brachte es mit sich, dass die Bittsteller den obligatorischen Bittgang beim Monarchen in Potsdam abstatteten. Oft hatten sie aber nicht die Gelegenheit, in die Räume des Schlosses zu gelangen und ihre Gesuche persönlich zu überbringen, daher nutzten die Supplikanten die Gelegenheit, wichtige Anliegen in der Nähe der Linde den dort positionierten Wachen zu übergeben. Diese leiteten die Briefe an den Monarchen zur Bearbeitung und Antwort weiter – somit etablierte sich der Treffpunkt unter der Linde als Sammelpunkt für Bittsteller in allen Angelegenheiten.

Die Praxis, in rechtlichen Belangen direkt beim König um Vermittlung oder Hilfe zu bitten, entsprang dem traditionellen Gnadenrecht des Landesfürsten. Bereits seit dem 16. Jahrhundert gestattete dieses Recht den Untertanen, vor allem in Justizangelegenheiten, beim Kurfürsten zu supplizieren und Milderung oder Aussetzung einer Strafe zu ersuchen. Obwohl in der Folge die brandenburgisch-preußische Justiz zunehmend ausgebaut und durch die Anstellung von ausgebildeten Juristen professionalisiert wurde, blieb diese Praxis bis in das 18. Jahrhundert hinein ein wesentlicher Teil der Rechtsprechung und wurde von den Untertanen genutzt. Besonders Angehörige privilegierter gesellschaftlicher Gruppen, wie etwa das Militär, reichten direkt und »immediate« beim König ihr Bittgesuch ein, um ihr Recht zu erhalten oder wenigstens eine Untersuchung in Gang zu setzen.

Soldaten und Offiziere sowie deren Familienangehörige baten beim König jedoch auch um zivile Dienststellen, den besseren Zugang zu den Handwerkszünften oder eine Invaliden-Rente. Diese Schriftstücke nahmen im Verlauf der ersten Hälfte des 18. Jahrhunderts bereits einen enormen Raum in der Kabinettsverwaltung ein und Friedrich Wilhelm I. be-

Die Bittschriftenlinde vor dem Potsdamer Stadtschloss, 1879.

schränkte das Supplikationsrecht immer weiter. Dennoch gelangten die Bittschriften über indirekte Wege in das Kabinett des Königs – unter anderem wurden diese direkt im Schloss abgeliefert. Zu diesem Zweck wurde auch die vor dem Schloss befindliche Linde genutzt, welche als Treffpunkt für Supplikanten aus dem gesamten preußischen Territorium diente. Noch in der Zeit Friedrichs des Großen versammelten sich dort wohl recht häufig Bittsteller, welche den Ausweg aus einer sozialen Notlage durch eine Bitte oder eine Klage beim König suchten. Meist handelt es sich bei Supplizierenden eben nicht um einzelne Personen, sondern um Delegationen verschiedener Berufsgruppen oder der ständischen Vertretung, welche den Weg des Königs nutzen, um auf dem »kurzem Amtsweg« ihre Klagen und Petitionen vorzubringen. Damit wurde die Linde am Schloss zu einem Symbol der Herrschaftspflichten und -rechte des Monarchen. So berichtete der Dichter Johann Ludwig Tieck, sein Vater habe eine Bitte bei Friedrich persönlich vorbringen dürfen, da er unter der Linde mit einer Abordnung gewartet habe.

Dass die Supplikanten meist unverrichteter Dinge wieder gehen mussten, änderte nichts an der Verklärung des Preußenkönigs im 19. Jahrhundert. Das Porträt *Die Bittschrift* von Adolph von Menzel zeigt den heranreitenden Friedrich, dem sogleich ein Bauernpaar in den Weg treten möchte, um ihm eine Bittschrift zu überreichen. Diese Darstellung ist bis weit in das 20. Jahrhundert immer wieder adaptiert und angepasst worden. An der grundsätzlichen Botschaft des Bildes hat sich jedoch nichts geändert: Der »aufgeklärte« König und bürgernahe Monarch nimmt die Bitten und Klagen der Bevölkerung sogar persönlich entgegen und kommt somit der Fürsorge für seine Bevölkerung nach.

Damit wurde die Bittschriftenlinde zu einem Topos der »gerechten« Herrschaft in Preußen und in dieser Funktion bis in das 20. Jahrhundert hinein stark verklärt. Tatsächlich suchten die Monarchen immer neue Wege, um die Flut an Eingaben und Klagen durch die Untertanen einzudämmen. Doch die Wirkmächtigkeit des Ortes zeigte sich bis zum Ende des 18. Jahrhunderts hinein durch die dort angesteckten Zettel und Briefe, welche von den Schlosswachen abgenommen und an die Kabinettssekretäre übergeben wurden. Gerade die Anhänger eines politischen Umbruches griffen 1848 die Figur des preußischen Königs Friedrich als Ideal auf, vor dem sich der regierende König Friedrich Wilhelm IV. politisch rechtfertigen musste. So wurde Friedrich auch über das Bittschriftenwesen und den persönlichen Zugang des einzelnen Untertanen zu ihm zu einem »Bürgerkönig« – diese Verbindung machte die Bittschriftenlinde auch nach außen deutlich sichtbar.

Am 9. Januar 1949 wurde der symbolträchtige Baum als Überrest vermeintlich preußisch-revisionistischer Traditionen schließlich gefällt und die Bittschriftenlinde nach über 200 Jahren selbst Geschichte. Im Jahr 2004 erinnerte eine Sonderaktion des Potsdam-Museums im ehemaligen Kutschstall in Potsdam an diese Form der Supplikationspraxis, indem die Besucher der Ausstellung vorbereitete Postkarten mit Wünschen und Bitten ausfüllen und an eine Nachbildung der einstigen Bittschriftenlinde anstecken konnten.

Janine Rischke

Brühl

Der königlich polnische und kurfürstlich sächsische Premierminister und Reichsgraf Heinrich von Brühl (1700–1763) war eine der wichtigsten und zugleich umstrittensten Personen im augusteischen Sachsen. Nicht zuletzt aufgrund der Bemühungen des preußischen Königs Friedrich II. wurde von ihm im Laufe der Geschichte ein verzerrtes, negatives und zuweilen hasserfülltes Bild überliefert, das sich bis heute bewahrt hat. Friedrich II. sah in Brühl nicht nur eine politische Bedrohung, sondern betrachtete ihn zudem als seinen persönlichen Feind. Aus zahlreichen Briefen Friedrichs geht hervor, dass er Brühl und seine auf Repräsentation bedachte Lebensart verachtete. Er spottete über dessen Perücken, bezichtigte ihn des Betruges, warf seiner Politik Systemlosigkeit und Frivolität vor und bezeichnete den Grafen wiederholt als Lügner und Verleumder.[1] Im Siebenjährigen Krieg (1756–1763) ließ er anonym eine Reihe von Schmähschriften verbreiten, in denen Brühl als ein »Günstling des Hofes«, ein Intrigant, ein »Aufwandmacher« und »Ränkeschmied« dargestellt wurde, der nichts mehr liebe, als seiner Verschwendungssucht zu frönen, und der letztlich für den Siebenjährigen Krieg und dem daraus resultierenden Leid Sachsens verantwortlich sei.[2]

Brühls Vater war Oberhofmarschall am Sachsen-Weißenfelser Hof. Mit 13 Jahren wurde Brühl dort Page und erhielt eine konsequent höfische Erziehung bei der die Unfehlbarkeit des Landesherrn außer Frage stand. Nachdem er 1719 zum Silberpagen Augusts des Starken (1670–1733) an den Dresdner Hof bestellt wurde, gelang es ihm durch sein gewinnendes Wesen, sein rasches Urteilsvermögen, durch Ehrgeiz, Fleiß und Loyalität das Vertrauen des Königs zu gewinnen und eine außergewöhnliche Karriere zu starten. Diese war eng mit den Bestrebungen Augusts II. verbunden, den sächsisch-polnischen Unionsstaat verfassungsmäßig und militärisch für eine erfolgreiche unabhängige Europapolitik vorzubereiten. Innerhalb kürzester Zeit wurde es Brühl durch die stetige Ämterzuweisung seines Landesherren ermöglicht, seinen Einfluss auf und die Verantwortung für alle finanz-, kultur-, wirtschafts- und innenpolitischen Bereiche auszuweiten.[3]

Da sich Heinrich von Brühl als unverzichtbarer Berater bewiesen hatte, bestätigte ihn 1733 auch König August III. (1696–1763) in all seinen Ämtern und machte ihn zum einflussreichsten Politiker Sachsens. Gleichzeitig hatte er die Verantwortung für die Hofoper, das Ballett, das Grüne Gewölbe und die königlichen Kunstsammlungen und verhalf Sachsen auch auf dem Gebiet der Künste zu europäischem Ruhm. So konnten Brühls in ganz Europa tätige Kunstagenten zahlreiche Gemälde erwerben, die die königliche Galerie bedeutend erweiterten, darunter die Sixtinische Madonna Raffaels. Die Sammeltätigkeit Brühls für den sächsischen Hof

1 Vgl. dazu Politische Correspondenz Friedrichs des Großen, Bde. XIV–XVII; Walter Fellmann: Heinrich Graf Brühl. Ein Lebens- und Zeitbild, München/Berlin 2000, S. 11.

2 Anonymer Verfasser: Leben und Charakter des Königl. Pohlnischen und Churfürstl. Sächß. Premier-Ministre Grafen von Brühl in Vertrauten Briefen entworfen, 1760/1761/1764.

3 Zur Abfolge der politischen Karriere bis 1738 vgl. Dagmar Vogel: Heinrich Graf von Brühl. Eine Biografie, Bd. 1 (1700–1738), Hamburg 2003.

Jean-Joseph Balechou nach Louis de Silvestre, Graf Heinrich von Brühl, 1750.

war eng verbunden mit dem Aufbau seiner privaten Kunstsammlung. Neben einem umfangreichen Gemäldebestand, dem auf der Brühlschen Terrasse in Dresden erstmals ein eigenes Gebäude erbaut wurde, besaß der Graf eine umfangreiche Bibliothek und Grafiksammlung.[4] Allein die Bibliothek umfasste 1763, zum Tode des Grafen, mehr als 63.000 Bände. Dazu kamen 1076 Zeichnungen und ca. 30.000 Stichwerke nahezu aller europäischen Schulen.[5]

Als Oberaufseher der Königlichen Porzellanmanufaktur Meissen erreichte Brühl deren ökonomischen Aufschwung. Nicht zuletzt infolge des ihm vom Kurfürsten gewährten Privilegs des unentgeltlichen Bezuges von Porzellan, aus dem eine Reihe von privaten Bestellungen von Tafelservice und anderen Porzellangegenständen resultierten, verhalf er der Porzellanmanufaktur im zweiten Viertel des 18. Jahrhunderts ebenso zu einem künstlerischen Höhepunkt.

Auch auf dem Gebiet der Architektur bewies sich Heinrich von Brühl als Förderer der Künste. Unter der Federführung des sächsischen Oberlandesbaumeisters Johann Christoph Knöffel (1686–1752) entstanden in Dresden und auf den zahlreichen Gütern Brühls prunkvolle Palais- und Schlossbauten. Mit ihren großzügigen und modern gestalteten Gartenanlagen zählen sie zu den bedeutendsten Ensembles des sächsischen Rokoko.

Heinrich von Brühl war ab 1738 alleinverantwortlicher Minister Sachsens und damit wichtigste und tonangebende Person des sächsisch-polnischen Unionsstaates. Dabei rückten vor allem außenpolitische Aktivitäten in den Vordergrund der politischen Bestrebungen des Grafen. Wichtigstes Ziel war die machtpolitische Stärkung des bis dato in der europäischen Außenpolitik unbedeutenden Sachsens. Die Mittel dafür sah Heinrich von Brühl nicht im Militärischen; Brühl war ein geschickter Diplomat. Die auf seiner Initiative beruhende diffizile und teilweise undurchsichtige antipreußische Bündnispolitik zwischen den Großmächten Frankreich, Russland, England und Österreich scheiterte jedoch. Der Siebenjährige Krieg brachte für Sachsen den Verlust der polnischen Königskrone, das Ende der machtpolitischen Bedeutung und den ökonomischen Ruin.[6]

Das politische Scheitern wirkte sich unmittelbar auf die persönlichen Verhältnisse des Grafen aus. Die beabsichtigte Schwächung Preußens und die während des Siebenjährigen Krieges durch die mit Sachsen verbündeten Truppen in Preußen verübten Gräueltaten veranlassten Friedrich II. zu persönlichen Racheakten gegenüber Heinrich von Brühl, in welchem er den Verursacher all dessen sah. Brühl selbst war unerreichbar, denn er war mit dem Kurfürsten-König nach

4 Als unersetzlicher Berater und Triebfeder in allen Fragen der Erweiterung der Brühl'schen aber auch der königlichen Kunstsammlungen muss Karl Heinrich von Heineken (1706–1792), der persönliche Sekretär und Verwalter des Grafen von Brühl, genannt werden.

5 Zu den Gemälde-, Bücher- und Grafiksammlungen des Grafen von Brühl vgl. die Beiträge von Ute Koch, Dimitri Ozerkow und Alexei Larinov, in: Volkmar Billig/Birgit Dalbajewa/Gilbert Lupfer/Yulia Vashchenko (Hg.): Bilder-Wechsel. Sächsisch-russischer Kulturtransfer im Zeitalter der Aufklärung, Köln/Weimar/Wien 2009.

6 Vgl. dazu René Hanke: Brühl und das Renversement des alliances. Die antipreußische Außenpolitik des Dresdener Hofes 1744–1756, Berlin 2006.

Warschau geflohen. Aber beinahe alles, was in Sachsen an Brühl erinnerte, ließ der preußische König zerstören: Zum Teil auf Friedrichs direkten Befehl wurden die besetzten und beschlagnahmten Güter des Grafen entweder ausgeplündert (so geschehen in Dresden, Nischwitz, Oberlichtenau) oder auch gänzlich niedergebrannt (Grochwitz, Pförten). Auf dem Brühl'schen Landschloss in Grochwitz, wo Friedrich vom 20. bis zum 24. Oktober 1757 Quartier nahm, erfolgte die erste Plünderung und anschließende Verwüstung des Schlosses in dessen unmittelbarem Beisein.

Aus all diesen Geschehnissen während des Siebenjährigen Krieges wird deutlich, wie tief die Abneigung Friedrichs gegenüber Heinrich von Brühl war und wie gründlich er diesen in vielerlei Hinsicht ebenbürtigen Gegner vernichten wollte.

Thomas Miltschus

LITERATUR

Woldemar Lippert: Friedrichs des Großen Verhalten gegen den Grafen Brühl während des Siebenjährigen Krieges, in: Niederlausitzer Mitteilungen, Bd. 7, 1903, S. 91–136

Aladár von Boroviczény: Graf von Brühl. Der Medici, Richelieu und Rothschild seiner Zeit, Zürich/Leipzig/Wien 1930

Ulrich Pietsch (Hg.): Schwanenservice. Meissener Porzellan für Heinrich Graf von Brühl, Ausst.-kat. der Porzellansammlung der Staatlichen Kunstsammlungen Dresden, Dresden 2000

Jürgen Luh: Vom Pagen zum Premierminister. Graf Heinrich von Brühl (1700–1763) und die Gunst der sächsisch-polnischen Kurfürsten und Könige August II. und August III., in: Der zweite Mann im Staat. Oberste Amtsträger und Favoriten im Umkreis der Reichsfürsten in der Frühen Neuzeit, hg. von Michael Kaiser und Andreas Pečar (= Zeitschrift für Historische Forschung, Beiheft 32), Berlin 2003, S. 121–135

Tomasz Torbus (Hg.): Barocke Repräsentation in der Ära des sächsischen Ministers Heinrich Graf von Brühl (1738–1763), Ostfildern 2012 (in Vorbereitung)

Champagner

Der Champagner sei, behauptete Friedrich, das allergesündeste Getränk überhaupt. Sogar seinen Kaffee ließ der König ab und zu damit zubereiten. Und während sich seine Tafelgewohnheiten im Laufe der Zeit wandelten, blieb er dieser Vorliebe bis zuletzt treu. Auch war das königliche Getränk zusammen mit Austern ein Ausdruck seiner königlichen Repräsentation.

Bereits in seiner Neuruppiner Zeit (1732–1736) frönte der Kronprinz verschiedensten Tafelgenüssen. Trotz strenger Erziehung durch seinen Vater waren ihm die königlichen Menüs und die höfische Kochkunst in guter Erinnerung geblieben. Das Vorbild seiner von der französischen Kultur geprägten Mutter, Sophie Dorothea, wirkte nachhaltig auch auf Friedrichs Tischgewohnheiten. »Ich hoffe, wenn er [Graf Seckendorff, B.M.] nach Dänemark reist, wird er mir zwischen hier und Hamburg die Freude machen, bei mir zu speisen; alle Delikatessen, die ich habe, sollen reichlich aufgetragen werden. Ich werde weder Rebhühner noch Rehbraten sparen, und der rote Champagner soll strömen.«[1]

In den Rheinsberger Jahren (1736–1740) war Friedrich zum ersten Mal für seine Hofhaltung verantwortlich, hatte seine Tafelgewohnheiten aus den engen Einfriedungen väterlicher Vorschriften befreien können. Hier konnte er fernab der Repressalien des Vaters ein selbstständiges Leben führen, selbstbestimmt darüber entscheiden, wie er den Tag gestaltete, wen er als Gast empfing und wie er diesen bewirtete. Friedrich lud etwa um zwei Uhr am Nachmittag zur Mittagstafel, an der man für gut anderthalb Stunden speiste und parlierte. Die kulinarischen Wünsche des Kronprinzen und seiner Gäste befriedigten französische Köche, die u.a. ihre Kochkunst durch die Zubereitung frischer Seefische und Austern unter Beweis stellten. Auch Pasteten erfreuten die Gaumen der Hofgesellschaft. Dazu trank der Kronprinz natürlich Champagner, manch Gast hingegen lieber Bier. Den Nachmittag verbrachte der Hof gerne an den Spieltischen im Vorzimmer der Kronprinzessin Elisabeth Christine. Gegen sieben Uhr am Abend lauschte man den Konzerten in der Musikkammer.

Der Herrschaftsantritt 1740 veränderte auch den kulinarischen Tagesablauf des Königs. Nachdem Friedrich gewöhnlich um fünf Uhr aufgestanden war, trank er einige Gläser Wasser und kleine Tassen Kaffee. Nach dem Frühstück erledigte der König seine Staatsgeschäfte, hielt Revuen, Manöver und Inspektionen ab, erledigte seine private Post, spielte Musik und las. Punkt zwölf Uhr fanden sich die geladenen Gäste zur königlichen Mittagstafel, die mit sieben bis zehn Personen besetzt war und an der acht Schüsseln in zwei Gängen serviert wurden. Im ersten Gang servierte die Hofküche Suppe, Gemüse, Pasteten, Fisch, Ragouts und Frikassee. Der zweite Gang bestand aus Braten, Geräuchertem, Gebackenem und gebratenem Fisch. Als Dessert gab es meistens Kuchen

1 Die Briefe Friedrich des Großen, hg. von Max Hein, Bd. 1, Berlin 1914, S. 43.

Pietro Luigi Lioncodre, Tafelrunde Friedrich II. von Preußen im Feld, 1762.

und frisches Obst, das Friedrich liebte und mit dessen Anbau er sich seit seiner Jugend in Theorie und Praxis befasst hatte. Die kalten Treibmauern des Weinberges von Sanssouci, die nach 1740 errichtet wurden, waren für den Anbau von Wein, Feigen, Kirschen und Pfirsichen gut geeignet. Auch Aprikosen und Pflaumen wurden auf den Terrassen geerntet und waren ausschließlich für die königliche Tafel bestimmt. Dennoch bezahlte der König auch schon mal zwei Taler für eine Kirsche im Dezember.

Gespeist wurde gewöhnlich zwei Stunden. Wenn dem König die Konversation gefiel, konnte die Tafel auch bis zu fünf Stunden dauern. Die Abendtafel fand in der Regel gegen neun Uhr, jedoch ab 1757 oft ohne den König statt. Während des Siebenjährigen Krieges (1756–1763) und in den folgenden Jahren wurden nur noch vier bis sechs Gänge zum Mittag serviert.

Die Menüfolge für den kommenden Tag legte der erste Hofküchenmeister dem König vor. Trotz seiner Sparsamkeit und Kontrolle präsentierte sich der König als Feinschmecker. Die Speisen waren ausgesucht und delikat. Er rechnete aber auch schon mal die Ausgaben nach, korrigierte diese, veränderte ganze Menüfolgen oder vergab für besonders schmackhafte Speisen des Vortages ein Kreuz. Der jährliche Etat betrug für die Küche 12.000 und für die Kellerei 6.000 Reichstaler. Bei zusätzlichen Ausgaben, z.B. für Hoffeierlichkeiten, bemühte Friedrich seine Privatschatulle. Für den gesamten Küchenbetrieb war sein Kammerdiener Fredersdorff verantwortlich.

Besondere Tafelkultur, Tafelkunst und Tafelfreuden boten die Hoffeierlichkeiten wie der jährlich stattfindende Karneval in Berlin, die Vermählungen der Prinzen oder Prinzessinnen, die Geburtstage, der Besuch von Familienmitgliedern oder von ausländischen Hoheiten und anderen Gästen. Diese Festlichkeiten konnten auch schon mal mehrere Wochen andauern. Zu den Lustbarkeiten gehörten Bälle, Redouten (Opern mit anschließendem Ball, z.B. im königlichen Opernhaus in

Berlin), Theaterspiele, Konzerte und große Illuminationen. Zu solchen Anlässen wurden manchmal bis zu je 29 Gerichte in zwei Gängen aufgetragen.

Auch während seiner Reisen und Feldzüge verzichtete Friedrich anfangs nicht auf die gewohnte Tafelkultur und kulinarischen Genüsse. In seinem Kutschentross befanden sich unter den fünfzehn Wagen drei Küchenwagen, zwei Wagen der Silberkammer mit dem Tischgerät und zwei Wagen der Hofkellerei. Während der Reise bekam der König eine kalte Küche serviert, die meist aus Braten, Geflügel, Butter und Brot bestand. Es blieb freilich nicht bei einer kalten Küche, wenn Friedrich dauerhaft außerhalb seiner Residenzen weilte. Besonders während seiner Feldzüge sollte die Küche durchaus an die Gepflogenheiten heranreichen, die in Sanssouci üblich waren. Erst im Verlauf des Siebenjährigen Krieges wurden dann weniger üppige Mahlzeiten serviert.

Bis in das hohe Alter bevorzugte Friedrich besonders würzige und opulente Speisen, deren Verzehr ihm jedoch zunehmend Beschwerden bereiteten. Seine Ärzte rieten ihm, die »üppigen Eß- und Trinkgewohnheiten zu ändern«. Er dachte nicht daran. »Der König«, erzählte General Görtz dem hannoverschen Leibarzt Johann Georg von Zimmermann »hatte heute, den 30. Juni [1786], sehr viel Suppe zu sich genommen und diese bestand wie gewöhnlich in der allerstärksten und aus den hitzigsten Sachen gepreßten Bouillon. Zu der Portion Suppe nahm er einen großen Eßlöffel voll von gestoßenen Muskatblüten und gestoßenem Ingwer. Er aß sodann ein gutes Stück Boeuf à la Russe – Rindfleisch, das mit einem halben Quart Branntwein gedämpft war. Hierauf setzte er eine Menge von einem italienischen Gericht, das zur Hälfte aus türkischem Weizen besteht und zur Hälfte aus Parmesankäse: dazu gießt man den Saft von ausgepreßtem Knoblauch und dieses wird in Butter solange gebacken, bis eine harte, eines Fingers dicke Rinde umher entsteht. Und diese von Lord Marschall in Sanssouci zuerst angegebene, aber von dem König emendierte und korrigierte Lieblingsschüssel hieß Polenta. Endlich beschloss der König, indem er den herrlichen Appetit lobte, den ihm der (von Zimmermann angeratene) Löwenzahnsyrup machte, die Szene mit einem ganzen Teller von einer Aalpastete, die so hitzig und so würzhaft war, daß es schien, sie sei in der Hölle gebacken. Noch an der Tafel schlief er ein und bekam Konvulsionen. Zu anderer Zeit aß der König wieder eine Menge von fühlenden und blähenden Früchten, besonders Melonen, und allerlei Zuckerwerk. Die Köche waren seine gefährlichen Feinde!«[2]

Erst in den letzten Tagen seines Lebens nahm er merklich reduzierte Mengen zu sich: »Bis Sonntag den 13. August aß der König ordentlich zu Mittag. Montag am 14. nahm er nur ein wenig Suppe und Boeuf a la Russienne und zu Abend eine halbe Seespinne. [...] Der König aß am Morgen des 15. wieder die Hälfte einer Seespinne, unterschrieb gegen Abend noch die ausgefertigten Kabinettsbefehle und Briefe, war dann aber auch wieder fast gar nicht bei Bewußtsein [...]«.[3] Friedrich starb am 17. August 1786.

Bernd Maether

LITERATUR

Bernd Maether: Kochen für den König – Der friderizianische Hof im Spiegel der Speisezettel und Hofrechnungen, perspectiva.net, in: Friedrich300 – Hof und Familie, URL: http://www.perspectivia.net/content/publikationen/friedrich300-colloquien/friedrich-hof/Maether_Kochen <15.12.2011>

Jürgen Luh: Der Große. Friedrich II. von Preußen, München 2011

2 Johann Georg Zimmermann: Ueber Friedrich den Großen und meine Unterredungen mit Ihm kurz vor seinem Tode, Wien/Ofen/Diepold 1788.

3 Karl Eduard Vehse: Berliner Hofgeschichten. Preußens Könige privat, Köln 2006, S. 233 f.

Choral von Leuthen

Am Abend des 5. Dezember 1757 neigte sich in Niederschlesien die Schlacht bei Leuthen ihrem Ende entgegen. Die erschöpften preußischen Soldaten besetzten eroberte Stellungen und zogen weiter, um die fliehenden Österreicher zu verfolgen. Friedrich August von Retzow, der als Offizier an der Schlacht teilgenommen hatte, berichtete: »Dieser Marsch geschah in einer Stille, die nur das Bewusstsein, diesen großen blutigen Tag überlebt zu haben, dem Nachdenken einflößen konnte; plötzlich aber unterbrach solche ein Grenadier, indem er das bekannte Lied *Nun danket alle Gott* anstimmte. Wie aus einem tiefen Schlaf erwacht, fühlte sich jeder zum Dank gegen die Vorsicht für seine Erhaltung hingerissen, und mehr als 25.000 Menschen sangen diesen Choral einstimmig bis zu Ende.«[1]

Dieses evangelische Kirchenlied, 1630 von dem Geistlichen Martin Rinckart geschrieben, ging als »Choral von Leuthen« in die Geschichte ein.

Es ist verständlich, dass der preußische Sieg in jener Schlacht den meist sehr religiösen Soldaten als Gnadenerweis Gottes erschien. Friedrich II. selbst hatte mit einem Desaster gerechnet, in seiner verzweifelten Lage aber keinen anderen Ausweg gesehen, als das Unmögliche zu wagen. Tags zuvor hatte er seine Generale auf das Bevorstehende eingestimmt: »Ich werde gegen alle Regeln der Kunst die beinahe dreimal stärkere Armee des Prinzen Karl angreifen [...] Ich muss diesen Schritt wagen, oder es ist alles verloren! Wir müssen den Feind schlagen oder uns alle vor seinen Batterien begraben lassen. [...] Sollte aber einer unter Ihnen sein, der davor zurückschreckt, die letzte Gefahr mit mir zu teilen, der kann noch heute seinen Abschied erhalten, ohne den geringsten Vorwurf von mir zu erleiden. [...] Nun leben Sie wohl, meine Herren! In kurzer Zeit haben wir den Feind geschlagen, oder wir sehen uns niemals wieder!«[2]

Nach Friedrichs Niederlage bei Kolin im Juni 1757 war Preußen strategisch in die Defensive gedrängt. In Böhmen und Mähren sammelten sich österreichische Armeen, im Osten rückten russische Streitkräfte auf Königsberg, im Westen Franzosen und die Reichsarmee auf Leipzig vor. In dieser Situation setzte Friedrich alles auf eine Karte: Einen Teil seines Heeres ließ er unter dem Kommando des Herzogs von Bevern zur Deckung Schlesiens zurück und wandte sich mit dem Rest gegen die französisch-deutsche Koalitionsstreitmacht, die er trotz zahlenmäßiger Unterlegenheit am 5. November 1757 bei Rossbach besiegte.

Friedrichs Abwesenheit wiederum nutzen die Österreicher aus, indem sie in Schlesien einfielen, die dort stehenden preußischen Truppen schlugen und die Festungen Schweidnitz und Breslau nahezu kampflos besetzten.

Friedrich reagierte prompt: In Eilmärschen führte er seine Armee von Rossbach nach Niederschlesien, wo er sie

1 Friedrich August von Retzow: Charakteristik der wichtigsten Ereignisse des Siebenjährigen Krieges, 2 Bde., Berlin 1802, zit. nach Duffy 2009, S. 272.

2 Zit. nach Uhle-Wettler 2000, S. 13 f.

am 2. Dezember mit den Resten der Bevern'schen Streitmacht vereinigte.[3] Der König verfügte nun über etwa 32.000 Soldaten. Sein Ziel war es, die etwa 66.000 Mann starke österreichische Armee des Prinzen Karl von Lothringen anzugreifen und zum Rückzug aus Schlesien zu zwingen, dessen Besitz Friedrich als kriegsentscheidend ansah.

Die Österreicher hatten bei Lissa eine etwa neun Kilometer lange Stellung in Nord-Süd-Ausrichtung mit Front nach Westen bezogen. Einen Angriff erwarteten sie angesichts ihrer numerischen Überlegenheit nicht. Diese Fehleinschätzung rettete Friedrich.

Am 5. Dezember 1757 führte der König seine Armee von Westen frontal auf die österreichische Stellung zu, um sich dann – gedeckt durch einen Scheinangriff auf die gegnerische Nordflanke – nach Süden zu wenden. Hinter Hügeln verborgen marschierte das preußische Heer parallel zur feindlichen Front bis zu deren Ende, bog nach Osten ab und umging so Karls Flanke. Mit einer nahezu rechtwinklig zu den Österreichern verlaufenden Schlachtlinie, der sogenannten »schiefen Schlachtordnung«, griff Friedrich an. Durch ein brillantes, aber auch gewagtes Manöver hatte der König seine zahlenmäßige Unterlegenheit ins Gegenteil verkehrt und stand nun mit der Masse seiner Armee nur dem südlichsten Kontingent des feindlichen Heeres gegenüber, dessen Frontstellung noch dazu in die falsche Richtung zeigte.

Die österreichische Stellung wurde aufgerollt und Gegenangriffe, vor allem der wenigen hier stationierten Kavallerieverbände, durch die preußische Reiterei abgewehrt.

Im Dorf Leuthen, wo sich österreichische Soldaten auf dem ummauerten Kirchhof verschanzt hatten, kam es zu erbitterten Kämpfen. Gegen 17 Uhr jedoch brach der letzte organisierte Widerstand der Österreicher zusammen, die sich nun in heilloser Panik zu retten versuchten. Prinz Karl musste seine Niederlage eingestehen und den Rückzug anordnen. Wenige Tage später kapitulierte die Festung Breslau mit ihrer 17.000 Mann starken österreichischen Besatzung.

Die Verluste waren auf beiden Seiten beträchtlich. Die Preußen hatten etwa 7000 Mann, die Österreicher 21.000–22.000 Mann – darunter mindestens 12.000 Gefangene – zu beklagen.

Die Schlacht bei Leuthen war und ist die berühmteste der friderizianischen Zeit. Sie begründete zwar nicht Friedrichs Ruf als »genialer Feldherr«, manifestierte diesen aber schon zu dessen Lebzeiten. In der öffentlichen Wahrnehmung überdeckt der Mythos Leuthen bittere Niederlagen wie die von Kolin, Hochkirch oder Kunersdorf. Kein Geringerer als Napoleon schrieb Jahrzehnte später: »Die Schlacht bei Leuthen ist ein Meisterwerk, was Bewegungen, Manöver und Entschlossenheit angeht; sie allein würde genügen, um Friedrich unsterblich zu machen und ihm einen Platz unter den größten Feldherrn zu sichern.«[4] Friedrich II. und die »schiefe Schlachtordnung« waren seit Leuthen untrennbar miteinander verbunden und prägten in der späteren Geschichtsschreibung das Bild des Siebenjährigen Krieges. Dass dieses taktische Manöver nur ein einziges Mal erfolgreich angewandt wurde – eben an jenem 5. Dezember 1757 –, blieb im Grunde bis in die Gegenwart unberücksichtigt.

Mit dem aufkeimenden Nationalbewusstsein im 19. Jahrhundert und dem wieder erwachenden Dualismus zwischen Preußen und Österreich einher ging die Glorifizierung Friedrichs. Sein Sieg im Siebenjährigen Krieg im Allgemeinen und bei Leuthen im Besonderen galt als Triumph Davids über Goliath, Friedrich selbst als Wegbereiter der deutschen Einigung und des Kaiserreiches. Schon bald avancierte der *Choral von Leuthen* von einem allgemein bekannten Kirchenlied zur preußischen Dankes- und Siegeshymne mit propagandistischem Hintergrund. Selbstverständlich durfte Rinckarts Lied daher auch bei der Zeremonie der Kaiserproklamation 1871 nicht fehlen, und in der Zeit des Kaiser-

3 Der Herzog von Bevern selbst war zuvor in österreichische Gefangenschaft geraten.

4 Napoleon I.: Darstellung der Kriege Caesars, Turennes, Friedrichs des Grossen; hg. von Hans E. Friedrich, Berlin 1938, S. 388.

reiches war der *Choral von Leuthen* fester Bestandteil eines jeden öffentlichen Ereignisses, waren es nun Denkmalseinweihungen wie am Kyffhäuser oder in Leipzig oder militärische Erfolge wie bei Tannenberg.

Mit der Niederlage von 1918 wuchs in Deutschland die Sehnsucht nach patriotischer Erbauung, die u.a. durch die seit 1920 mit großem Aufwand gedrehten Fridericus-Filme gestillt wurde. 1932/33 entstand unter der Regie Carl Froelichs mit *Der Choral von Leuthen,* der wohl berühmteste dieser Streifen, ein Monumental- und Propagandafilm mit Starbesetzung, darunter Veit Harlan, Olga Tschechowa und – natürlich – Otto Gebühr als Preußenkönig. Mit dem neuen Medium Film erreichte die Friedrich-Glorifizierung ungeahnte Höhen; sie nahm in der Darstellung des unbeugsamen Herrschers unbeabsichtigt die Durchhalteparolen der Jahre 1944/45 vorweg.

Wilhelm Camphausen, Choral von Leuthen, 1864.

Den Höhepunkt der propagandistischen Ausbeutung des Leuthen-Mythos bildete ohne Frage der »Tag von Potsdam« am 21. März 1933, an dem sich Reichspräsident von Hindenburg und der neu ernannte Reichskanzler Hitler unter den Klängen des Chorals gegenseitig die Ehre erwiesen, um so die Symbiose des alten Preußen-Deutschland mit dem neuen nationalsozialistischen Staat zu suggerieren. Das kam vor allem Hitler entgegen, der sich selbst als Vollender des vermeintlich von Friedrich begonnenen Werkes betrachtete.

Auch nach 1945 geriet der *Choral von Leuthen* nicht in Vergessenheit. 1955 wurden die letzten aus der Sowjetunion heimkehrenden deutschen Kriegsgefangenen im Lager bei Friedland mit Rinckarts Kirchenlied begrüßt, im Dezember 1994 – auf besonderen Wunsch des damaligen Bundeskanzlers Helmut Kohl – die in Berlin einrückenden Bundeswehrverbände.

Stefan Gläser

LITERATUR

Olaf Groehler: Die Kriege Friedrichs II., Berlin (Ost) 1989

Franz Uhle-Wettler: Höhe- und Wendepunkte deutscher Militärgeschichte, Hamburg/Bonn/Berlin 2000

Christopher Duffy: Friedrich der Große, Düsseldorf 2001

Siegmar Keil: Der »Choral von Leuthen«. Ein preußisch-deutscher Mythos, in: Die Tonkunst (2007), Nr. 4, S. 442–449

Christopher Duffy: Friedrich der Große und seine Armee, Stuttgart 2009

Johannes Kuhnisch: Friedrich der Große. Der König und seine Zeit, München 2009

Marian Füssel: Der Siebenjährige Krieg. Ein Weltkrieg im 18. Jahrhundert, München 2010

Denkwürdigkeiten zur Geschichte des Hauses Brandenburg

An der »Brandenburgischen Geschichte« begann der König nach Beendigung des Ersten Schlesischen Krieges 1742 zu arbeiten. Einen Anstoß für dieses Vorhaben lieferte Voltaire mit seinem *Essai sur les mœurs et l'esprit des nations*, in dem dieser einen Abriss der Weltgeschichte bot. Der König verspürte nach dem Breslauer Frieden zudem ein starkes Bedürfnis, die Geschichte des soeben beendeten Krieges darzustellen, handelte es sich doch aus seiner Sicht um einen mächtepolitisch epochalen Einschnitt, der über die Zukunft der »beiden mächtigsten Häuser des christlichen Europa« – Österreich und Preußen – entscheiden werde. Friedrich teilte Voltaire am 15. November 1742 mit, dieser habe ihm so großen Gefallen an der Arbeit eingeflößt, dass er gegenwärtig eine Epistel, eine Komödie und Memoiren schreibe. Mit den »Memoiren« meinte er allerdings zunächst nur die »Geschichte des Ersten Schlesischen Krieges«. Nach dem Dresdener Friedensschluss 1745 folgte umgehend die »Geschichte des Zweiten Schlesischen Krieges«. Diese beiden Abhandlungen bezeichnete der König als den zweiten und dritten Teil der »Brandenburgischen Geschichte«, die er unter dem Titel *Histoire de mon temps* zusammenfasste.

Den eigentlichen ersten Teil, die *Denkwürdigkeiten zur Geschichte des Hauses Brandenburg*, nahm der König erst 1746 in Angriff. Im Februar 1748 waren sie abgeschlossen. Dass er die *Denkwürdigkeiten* dem Thronfolger, seinem Bruder August Wilhelm (1722–1758), widmete und gleichzeitig dafür Sorge traf, sie in den Œuvres zu veröffentlichen, zeigt, worin der eigentliche Zweck ihrer Ausarbeitung bestand. Die Beschäftigung mit der Geschichte des eigenen Landes sollte einerseits den politisch Verantwortlichen eine Bestandsanalyse erleichtern, um ihren Blick in die Zukunft zu schärfen und die vor ihnen stehenden Herausforderungen in Angriff nehmen zu können. Da ihm die Geschichte als »Schule der Fürsten« galt, diente sie andererseits auch dazu, die Identifikation der gesellschaftlichen Elite Preußens mit ihrem »Vaterland« zu befördern. Vielleicht spielte auch das Motiv eine Rolle, sich für die Mit- und Nachwelt als Geschichtsschreiber zu verewigen, doch scheint das Pflichtgefühl seiner Verantwortung um den Fortbestand und die glückliche Zukunft seines Staates über den eigenen Tod hinaus deutlich zu überwiegen.

Inspiriert von Voltaire sollte die von ihm dargelegte Geschichte seines Hauses auch nicht aus einer bloßen Abfolge von Ereignissen bestehen. Von dieser Art Chronisten, zu denen er Christoph Hartknoch, Samuel von Pufendorf und Elias Lockelius rechnete, wollte er sich absetzen. Wie Voltaire vertrat er die Auffassung, dass Geschichtsschreibung Philosophie der Geschichte zu sein habe. So zerfallen denn auch seine *Denkwürdigkeiten* in zwei Teile: Eine historisch-politische Geschichte, die sich an den regierenden Markgrafen, Kurfürsten und Königen orientiert, und eine zweite, die sich erstmals

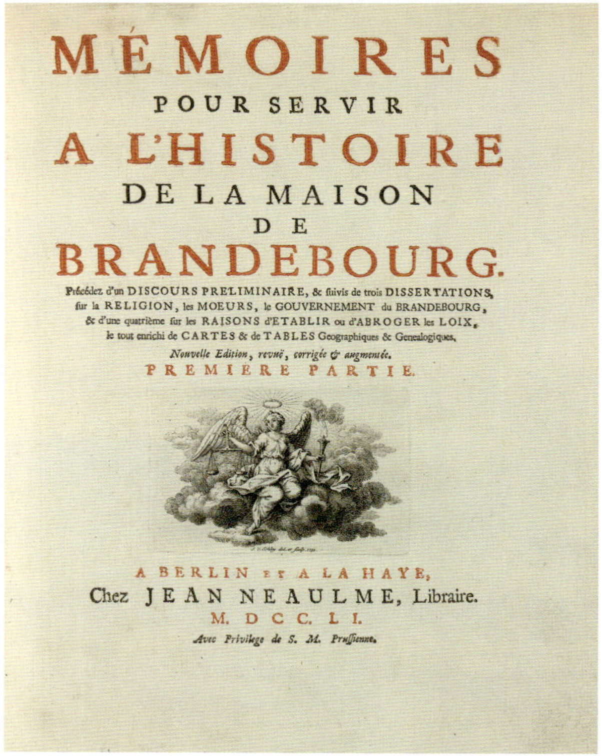

MÉMOIRES
POUR SERVIR
A L'HISTOIRE
DE LA MAISON
DE
BRANDEBOURG.

Précédez d'un DISCOURS PRELIMINAIRE, & suivis de trois DISSERTATIONS, sur la RELIGION, les MOEURS, le GOUVERNEMENT du BRANDEBOURG, & d'une quatrième sur les RAISONS d'ETABLIR ou d'ABROGER les LOIX, le tout enrichi de CARTES & de TABLES Geographiques & Genealogiques.

Nouvelle Edition, revuë, corrigée & augmentée.

PREMIERE PARTIE.

A BERLIN ET A LA HAYE,
Chez JEAN NEAULME, Libraire.
M. DCC. LI.
Avec Privilege de S. M. Prussienne.

Titelblatt der ersten Ausgabe der Mémoires pour servir à l histoire de la Maison de Brandenbourg, Berlin 1751.

Verfassungsfragen, der Wirtschafts-, Heeres- und Kirchengeschichte zuwandte, aber auch geistige und kulturelle Entwicklungen Brandenburg-Preußens (wie z.B. im Abschnitt *Aberglauben und Religion*) berücksichtigte.

Der König widmete sich darüber hinaus ernsthaftem Quellenstudium. Per Kabinettsordres an das Münzdepartement, an die Domänenkammer, an das Generaldirektorium und an die Minister der auswärtigen Angelegenheiten ließ er sich von seinen Beamten entsprechende Akten zustellen. So konnte er in seiner 1748 verfassten Vorrede folgerichtig festhalten: »Für die urkundliche Richtigkeit der Tatsachen, die mein kleines Werk anführt, kann ich mich verbürgen. Archive, Chroniken, auch Schriftsteller, die ihrerseits schon über mein Gebiet gearbeitet haben, das sind meine Quellen gewesen.«

Zum Anspruch des Königs gehörte es darüber hinaus, möglichst unparteiisch die Geschichte der hohenzollernschen Fürsten zu schildern, was natürlich von vornherein problematisch sein musste, da der König selber ein politisch handelnder Dynast war und blieb. Die politischen Entscheidungsträger nehmen in den Betrachtungen des Königs einen zentralen Platz ein, deren jeweiligen Handlungsspielraum er zwischen menschlichen Leidenschaften, von denen sie fortgetrieben werden, und den Zwängen einer höheren Notwendigkeit verortet.

Ohne Zweifel sah sich der König unverrückbar in der Tradition seines Urgroßvaters, des Großen Kurfürsten, dem seine ganze Bewunderung galt. Besonders deutlich wird dies durch dessen direkten Vergleich mit Ludwig XIV. Beiden sprach er historische Größe zu, die er vor allem an ihren persönlichen Eigenschaften und Leistungen zu messen sich bemühte. Kurfürst Friedrich Wilhelm hatte die Wunden des Dreißigjährigen Krieges mittels einer klugen Diplomatie, Erbschafts- und Heiratspolitik sowie über erfolgreiche Kriege geheilt. In dessen wirtschaftlich motivierter Toleranzpolitik erblickte der König den Beginn einer Ära, der er sich selbst zutiefst verpflichtet fühlte. Dem ersten und einzigen Helden der Geschichte des Hauses Brandenburg folgte mit deutlicher Akzentverschiebung die Charakterisierung seines Großvaters, der als zutiefst »ambivalente« Persönlichkeit gezeichnet wird, sich von Prestigevorhaben wie dem Krönungsprojekt leiten ließ, sich dem Prunk hingab und bei dem ohnehin vielfach Fragen vergleichsweise inhaltsleerer Außenwirkung im Vordergrund standen. Die Darstellung dieses Kontrasts war vom König durchaus beabsichtigt und sollte die künftigen Herrscher Preußens auf rationelle

F. von Schley, Le genie de la Maison de Brandebourg recoit la plume des mains de l'Histoire pour en écrice les Annaless (Die Geschichte überreicht die Schreibfeder, damit sich der Genius Brandenburg einschreiben kann …), 1751.

Methoden tatsächlicher statt vermeintlicher Machtbewahrung und -erweiterung orientieren. Seinen eigenen Vater wiederum beschrieb er als würdigen Nachfolger des Großen Kurfürsten, dessen Maßnahmen der inneren Konsolidierung, vor allem im Hinblick auf die Staatsfinanzen und die Heeresverwaltung, ausdrücklich hervorgehoben werden. Die bekannten innerfamiliären Konflikte wurden dabei diskret ausgespart.

Nicht zuletzt, bei allen Abstrichen gegenüber einzelnen Herrschern Brandenburgs bzw. Brandenburg-Preußens, präsentierte der König die Geschichte seiner Dynastie als Erfolgsgeschichte. Dabei verwies er mit Nachdruck auf die Notwendigkeit, streng den Gesetzen der Primogenitur zu folgen, um einen Verfall des eigenen Hauses und dessen politischer Macht auch künftig zu verhindern.

Frank Althoff

Archivarische Quelle

GStA PK, VI. HA Preußen, Friedrich II. A Nr. 2: »Première partie de l'histoire de Brandenbourg«

Literatur

Max Posner: Zur literarischen Thätigkeit Friedrichs des Großen. Erörterungen und Actenstücke, in: Miscellaneen zur Geschichte König Friedrichs des Großen, hg. auf Veranlassung und mit Unterstützung der Königl. Preuß. Archiv-Verwaltung, Berlin 1878, S. 205–494

Gustav Berthold Volz: Friedrich der Große am Schreibtisch, in: Hohenzollernjahrbuch. Forschungen und Abbildungen zur Geschichte der Hohenzollern in Brandenburg-Preußen, hg. von Paul Seidel, Heft 13 (1909), S. 1–56

Theodor Schieder: Roi-Philosophe. Historiker seiner Zeit, in: ders.: Friedrich der Große. Ein Königtum der Widersprüche, Frankfurt a.M./Berlin/Wien 1983, S. 365–374

Brunhilde Wehinger: Denkwürdigkeiten des Hauses Brandenburg. Friedrich der Große als Autor der Geschichte seiner Dynastie, in: Vom Kurfürstentum zum »Königreich der Landstriche«. Brandenburg-Preußen im Zeitalter von Absolutismus und Aufklärung, hg. von Günther Lottes, Berlin 2004, S. 137–174

Ehefrau

Es ist nicht viel, was im kollektiven Gedächtnis über Königin Elisabeth Christine, die Ehefrau Friedrichs II., verankert ist: Friedrich habe sie nicht geliebt und sie sei nach Schloss Schönhausen abgeschoben worden.

Das alles ist nicht ganz falsch, aber es ergibt ein völlig verzerrtes Bild dieser Frau. Befasst man sich direkt mit den Quellen, trifft man auf eine Frau, die mehr war als das Opfer einer unglücklichen Ehe, mehr als eine Fußnote im Leben des berühmten Königs.

Elisabeth Christine wurde 1715 in das Haus Braunschweig-Wolfenbüttel-Bevern geboren, eine Seitenlinie der Welfen. Vor allem die Tatsache, dass Elisabeth Christines Mutter die Schwester der Kaiserin war, gab den Ausschlag für Friedrich Wilhelm I. von Preußen, diese Prinzessin als Braut seines Thronfolgers auszuwählen.

Die vom König erzwungene Eheschließung 1733 war für Friedrich ein Symbol der Unterwerfung unter den Vater nach den dramatischen Ereignissen von Küstrin. So geriet Elisabeth Christine ohne eigenes Zutun ins Zentrum dieses preußischen Familienkrieges.

In dieser Situation hatten daher beide Ehepartner guten Grund, alles daran zu setzten, Friedrich Wilhelm einen Thronfolger zu präsentieren. Nur so konnte Elisabeth Christine ihre schwierige Position am preußischen Hof verbessern und wirklich als Familienmitglied anerkannt werden. Nur so konnte Friedrich seinen Vater endgültig versöhnen und auf größere finanzielle Möglichkeiten hoffen. Dennoch blieb die Ehe in den wenigen gemeinsamen Jahren in Rheinsberg (1736–1740) kinderlos.

Nur wenige Jahre nach der Thronbesteigung sorgte Friedrich in dieser Hinsicht für klare Verhältnisse. 1744 ernannte er seinen ältesten Bruder August Wilhelm offiziell zum Prinzen von Preußen und damit zum Thronfolger. So machte er unmissverständlich deutlich, dass von ihm keine Nachkommen mehr zu erwarten waren.

Das ist insofern bemerkenswert, als er sich aufgrund der Kinderlosigkeit ohne Weiteres von Elisabeth Christine hätte scheiden lassen können, um mit einer anderen Frau seiner Wahl noch Nachkommen zu zeugen. Doch Friedrich zog es vor, den Erhalt der Dynastie seinem Bruder zu überantworten. Er selbst setzte die Ehe mit Elisabeth Christine freiwillig fort, weil es ihm offenbar sehr recht war, das Thema Familie und Kinder mit 32 Jahren ad acta zu legen.

Für Elisabeth Christine war das eine zwiespältige Situation. Sie war sicherlich erleichtert, dass ihr die Erniedrigung einer Scheidung wegen – angeblicher – Unfruchtbarkeit erspart blieb. Andererseits isolierte sie ihre Kinderlosigkeit am preußischen Hof ebenso, wie das offensichtliche Bemühen Friedrichs, ihr aus dem Weg zu gehen, sie demütigte.

Friedrich zog sich zunehmend nach Potsdam zurück, wo es in Schloss Sanssouci und im Stadtschloss nicht einmal pro forma eine Wohnung für die Königin gab. Elisabeth Christine hingegen baute sich Stück für Stück ein selbstständiges Leben zwischen dem Berliner Schloss und Schloss Schönhausen auf.

Keine Königin Preußens verfügte im Berliner Schloss jemals über Räumlichkeiten von solcher Größe wie Elisabeth Christine. Ihre Repräsentationsräume im zweiten Geschoss des Spreeflügels enthielten den Thronsaal, in dem die Königin unter einem roten Baldachin mit goldbestickten preußischen Wappen offizielle Gäste des Königreiches empfing. Zum König nach Potsdam hingegen wurden nur ausgewählte Diplomaten gerufen.

Der nach ihr benannte Elisabethsaal wurde für Konzerte, aber auch für Staatsbankette genutzt, da die Wohnung des Königs im Geschoss darunter für größere Gesellschaften zu klein war. Elisabeth Christine übernahm hier die alltägliche Repräsentation des Königreiches. Woche um Woche empfing sie den Hofadel, die Minister und Gesandten bei ihrer Cour.

So ergibt sich die auf den ersten Blick überraschende Situation, dass die Königin gerade weil sie vom König getrennt lebte, eine ganz zentrale Rolle bei der Aufrechterhaltung der höfischen Repräsentation Preußens spielte. Da der König in Berlin häufig nicht zugegen war, »hielt [die Königin] den eigentlichen und wahren Hof des Landes. […] Die Etiquette war ganz an ihren Hof geknüpft«, wie der Zeitgenosse Thiébault schreibt.

Man muss also festhalten, dass Elisabeth Christine alles andere als nach Schönhausen abgeschoben war. Richtig ist allerdings, dass sie aus Friedrichs persönlicher Umgebung ausgeschlossen war. Die beiden sahen sich nur zu wenigen offiziellen Anlässen, vor allem während der Ballsaison im Dezember und Januar, wenn Friedrich in Berlin weilte.

Schloss Schönhausen hingegen war Elisabeth Christines persönliches Refugium. Doch verbrachte sie hier aufgrund

Frédéric Reclam, Königin Elisabeth Christine von Preußen, um 1765.

ihrer vielfältigen Verpflichtungen in Berlin nur etwa drei Sommermonate im Jahr. Auch dann empfing sie wöchentlich den Hof und das diplomatische Corps. Davon abgesehen aber widmete sie sich ihren eigenen Interessen.

Neben ihrem leidenschaftlichen Engagement für den Garten in Schönhausen hegte sie zunehmend ein großes Interesse für die Literatur. Seit ihrem fünfzigsten Lebensjahr übersetzte sie deutsche Literatur ins Französische und publizierte zwischen 1776 und 1789 elf Bücher. Es handelte sich vor allem um theologische Werke aus dem Umfeld des Berliner Pietismus.

Es ist auffällig, dass ihre Arbeit in die Zeit fällt, als Friedrich sich in seiner Schrift *De la litterature allemand* (1780) darüber äußert, dass Deutsch (noch) keine Literatursprache sei und nur durch fleißiges Übersetzen der französischen Autoren dahin gebracht werden könne. Wenn nun Elisabeth Christine gleichzeitig deutsche Literatur für würdig erachtet, ins Französische übersetzt zu werden, so zeigt sich hier eine Form der Opposition gegen Friedrichs festgefügtes Weltbild, die ganz dem ruhigen aber gewitzten Wesen dieser Königin entspricht. So erhält Elisabeth Christines Persönlichkeit eine neue, feste Kontur.

Sie sah Friedrich mit einem ungewöhnlich klaren Blick. Nach seinem Tod fasste sie ihre Meinung mit Distanz und ruhiger Gelassenheit zusammen. 1796 schreibt sie: »Friedrich, der aus sich selbst so groß war, wäre seiner Eigenschaften wegen angebetet worden, wenn er nicht so wunderlich gewesen wäre. Alle großen Fürsten liefern dieses Beispiel.«

Elisabeth Christine zweifelte also nicht an Friedrichs Größe, ja sie bewunderte ihn ohne Zweifel. Doch ganz klar benennt sie seinen Mangel an menschlichen Qualitäten. Sie ordnet seine Mängel mit dem Verweis ein, dass Größe und soziale Kompetenz selten Hand in Hand gehen. Auf dieser Ebene gelingt es ihr, Friedrichs Verhalten nicht als persönliche Beleidigung, sondern als Ausdruck eines für »große Männer« typischen Verhaltens zu verstehen. Diese Verweigerung sich als bloßes Opfer eines Mannes, sondern vielmehr als ein notwendiger Teil der Größe Friedrichs zu verstehen, ebnete ihr den Weg, nach über fünfzig Ehejahren ihre elf Witwenjahre in heiterer Zufriedenheit zu verleben.

Alfred P. Hagemann

LITERATUR

Friedrich Wilhelm von Hahnke: Elisabeth Christine, Königin von Preußen, Gemahlin Friedrichs des Großen, Berlin 1848

Eufemia von Adlersfeld-Ballestrem: Elisabeth Christine, Königin von Preußen, Herzogin von Braunschweig-Lüneburg. Das Lebensbild einer Verkannten, Berlin 1908

Franziska Windt: Die Königin und ihr Schloss – Elisabeth Christine in Schloss Schönhausen, in: zeitenblicke 7 (2008), Nr. 1, [05.06.2008], URL: http://www.zeitenblicke.de/2008/1/windt/Abbildung-2, URN: urn:nbn:de:0009-9-13199

Alfred P. Hagemann, Detlef Fuchs und Alexandra Schmöger: Schönhausen. Rokoko und Kalter Krieg. Die bewegte Geschichte eines Schlosses und seines Gartens, hg. von der Generaldirektion der Stiftung Preußische Schlösser und Gärten Berlin-Brandenburg, Berlin 2009

Alfred P. Hagemann: Der König, die Königin und der preußische Hof, in: Friedrich300 – Friedrich der Große und der Hof, URL: http://www.perspectivia.net/content/publikationen/friedrich300-colloquien/friedrich-hof/Hagemann_Zeitung

Alfred P. Hagemann: Im Schatten des großen Königs, in: Friedrich300 – Friedrich und die historische Größe, URL: http://www.perspectivia.net/content/publikationen/friedrich300-colloquien/friedrich-groesse/hagemann_schatten

Feldherr

Friedrich gilt als einer der bedeutendsten Feldherren des 18. Jahrhunderts. Der König, so sagt man, habe neuartige Grundsätze geschaffen, die den Krieg fortan entscheidend prägten. Friedrich hätte »große Pläne« gehabt und sei von dem Wunsche beherrscht und durchdrungen gewesen, »im Kriege möglichst rasch und vollständig zu wirken«. Er habe danach gestrebt, »den Gegner nicht nur zu schlagen, sondern zu vernichten.«[1]

Wirklich schrieb Friedrich in seinen 1755 niedergelegten *Gedanken und Regeln für den Krieg* über die politisch-militärische Situation nach 1648: »Da sich Europa bei all unsern Kriegen in zwei große Parteien spaltet, so entsteht daraus ein gewisses Gleichgewicht der Kräfte, und die Folge ist, daß man auch nach vielen Erfolgen nicht weitergekommen ist, wenn der allgemeine Frieden geschlossen wird.« Aufgrund dieser Entwicklung seien fast alle Staaten des Kontinents gezwungen, ihre Armeen zu zergliedern – was deren Effizienz natürlich erheblich mindere, »um nach allen Seiten, wo man Feinde hat, Front zu machen«. Und so suchte Friedrich, wie alle anderen Regierungen und Generäle, nach einem Vorgehen, das bei einer Auseinandersetzung zumindest einen kleinen Gewinn garantierte. Seine Überlegungen gingen in verschiedene Richtungen, doch legte er sich rasch fest, dass nur ein offensiv geführter Krieg einen Sieg versprach, und dass es am besten sei, »sich nur mit einem Feinde ein[zu]lassen und alle seine Kräfte gegen ihn [zu] richten«.[2] »Große Feldzugspläne« müssten deshalb auf der Maßgabe beruhen, das Ziel möglichst zu erreichen, bevor der Gegner kriegsbereit war oder mit anderen Mächten eine schlagkräftige Koalition bilden konnte. Jeder Konflikt, den man anfing, sollte daher, so Friedrich, im Idealfall »kurz und vif sein«, weil »der einzige Zweck des Kriegführens ist, den Gegner baldmöglichst zum Abschluß eines vorteilhaften Friedens zu zwingen«.[3]

Als der König jedoch zu Beginn des Siebenjährigen Krieges versuchte, in Böhmen die Österreicher »von den Enden der Provinz nach der Mitte« hin zusammenzutreiben, um durch eine einzige Schlacht »das Schicksal des ganzen Krieges [zu] entscheiden«, büßte er bei Kolin 1757 nicht nur den Nimbus der Unbesiegbarkeit ein, den er bei Mollwitz und Chotusitz im Ersten, Hohenfriedberg und Soor im Zweiten Schlesischen Krieg erworben hatte, sondern auch einen großen Teil seiner kampferfahrenen, alten Truppen. An einen schnellen Sieg war nun nicht mehr zu denken.

Aber war Friedrichs Vorstellung von einem den Krieg entscheidenden Schlachtenerfolg vor dem Hintergrund der Strukturprobleme der Kriegsführung im 18. Jahrhundert überhaupt umsetzbar? Wesentlich für den Erfolg im Feld war, ob es gelang, die Armee zu verpflegen oder nicht, denn »eine Armee ist ein Körper, dessen Grundlage der Magen bildet«.[4] Das Gelingen garantierte in der Regel nur die Versorgung der

1 Friedrich der Große: Friedrich des Großen Anschauungen vom Kriege in ihrer Entwickelung von 1745 bis 1756, hg. vom Großen Generalstabe, Berlin 1899 (= Kriegsgeschichtliche Einzelschriften, Heft 27), S. 372.

2 Friedrich der Große: Die Werke Friedrichs des Großen. In deutscher Übersetzung, hg. von Gustav Berthold Volz, Bd. 6, Militärische Schriften, Berlin 1913, S. 107.

3 Ebd., S. 77, 202.

4 Ebd., S. 202.

Joseph Bader, Friedrich II. in der Schlacht bei Torgau 1760, Mitte 19. Jh.

Truppen aus grenznahen Depots. Eine Armee, die sich von diesen Magazinen weit entfernt hatte, konnte kaum regelmäßig versorgt werden. Der Unterhalt der Truppen durch Quartierwirte oder Requisitionen und Fouragierungen kam nur für kurze Zeit und in Ausnahmefällen infrage wegen der Gefahr, ein Gebiet vollständig zu erschöpfen und dadurch dort den weiteren Aufenthalt der Truppen ganz und gar unmöglich zu machen. Weitreichende Ziele ließen sich deshalb nur selten verfolgen. Auch sollte die Armee, die das Kapital der Fürsten im Krieg und bei den Friedensverhandlungen darstellte, nicht unnötig auf das Spiel gesetzt werden.

Aus beiden Punkten ergab sich im Feld eine Vorgehensweise, die darauf abzielte, durch kluge Manöver die Versorgung des Gegners zu unterbrechen, um auf diese Art – ohne dass man das Heer durch die Unwägbarkeiten einer Schlacht riskierte – entscheidende Erfolge zu erzielen, »denen auf lange Sicht durchaus strategische Bedeutung zukommen konnte«.[5] Die Armee musste dazu eine Stellung beziehen, von der aus die eigenen Versorgungswege und Magazine gedeckt, die des Gegners jedoch bedroht bzw. zerstört werden konnten. Diese Position musste außerdem so gewählt werden, dass sie für die feindlichen Truppen unangreifbar war. Friedrichs Bruder Prinz Heinrich und Ferdinand von Braunschweig fochten im Siebenjährigen Krieg auf diese Weise überaus erfolgreich.

Auch Friedrich waren diese Grundsätze bekannt. Dennoch gab er sich bis zur Schlacht bei Torgau 1760 der Hoffnung hin, seine Feinde durch eine siegreiche Schlacht politisch beeindrucken, d.h. zum Friedensschluss bewegen zu können. Für dieses Ziel riskierte Friedrich ein ums andere Mal seine Truppen – was er im Gegensatz zu seinen Gegnern konnte, weil er Feldherr und Landesherr war. Doch das einzige Ergebnis, das Friedrich durch diese Strategie erzielte, war der Verlust vieler geübter Soldaten und fähiger Offiziere. Denn der Krieg ging nach jeder Schlacht, die er schlug, weiter. Prinz Heinrich fasste diese Art, Krieg zu führen, später in die süffisanten Worte: »Mein Bruder konnte nur batailliren. Das war seine einzige Kriegskunst.«[6]

Das war aber nur bis Torgau richtig. Nach dieser fast verlorenen Schlacht am 3. November 1760 focht Friedrich nur noch notgedrungen. Von nun an vermied er jedes Risiko. Im verschanzten Lager bei Bunzelwitz wurde der König zum Feldherrn im Zelt. Dort konnte er sich mit seinen Truppen den gesamten Sommer 1761 gegen die Armeen Russlands und Österreichs behaupten – ohne sich schlagen zu müssen. Nur bei Burkersdorf kämpfte Friedrich im Sommer 1762 noch einmal. Es war eine Defensive in Gestalt einer Offensive, soll er gesagt haben. Es war seine letzte Schlacht.

Friedrichs Ambition, »große Pläne« zu verwirklichen, scheiterte an der Realität des Zeitalters: an der Möglichkeit, die lebenden Soldaten regelmäßig zu versorgen und die toten während eines Krieges zunächst gleichwertig, später überhaupt zu ersetzen. 1775 resümierte der König desillusioniert: »Ich bemerke, daß Kriege, die man fern von seinen Grenzen unternimmt, nicht den gleichen Erfolg haben wie die in der

5 Johannes Kunisch: Das Mirakel des Hauses Brandenburg. Studien zum Verhältnis von Kabinettspolitik und Kriegführung im Zeitalter des Siebenjährigen Krieges, München 1978, S. 63.

6 Zit. nach Theodor Schieder: Friedrich der Große. Ein Königtum der Widersprüche, Frankfurt a.M./Berlin/Wien 1983, S. 351.

Joseph Bader, Friedrich II. in der Schlacht bei Zorndorf 1758, Mitte 19. Jh.

Nähe des Vaterlandes geführten.« Der Gründe seien, so Friedrich, »die Schwierigkeit […], weitab von der Landesgrenze für Lebensmittel zu sorgen, rechtzeitig Ersatz der Mannschaft, Pferde, der Kleidungsstücke und des Kriegsbedarfs herbeizuschaffen.«[7] Wie allen anderen Heerführern des Zeitalters blieb deshalb auch Friedrich nichts anderes übrig, als sich nach seinen Mitteln zu richten und »einen ausführbaren Plan einem glanzvollen vorzuziehen«.[8] Anders als seine späten Verehrer hat Friedrich eingesehen, dass er als Feldherr seiner Zeit nicht voraus war. Er hat sogar zugegeben, hinter seinem Bruder Heinrich zurückzustehen. Dieser, nicht er selbst, sei der einzige Feldherr ohne Fehler gewesen.[9]

Jürgen Luh

LITERATUR

Christopher Duffy: Friedrich der Große. Ein Soldatenleben, Zürich 1986

Jürgen Luh: Der Große. Friedrich II. von Preußen, München 2011

7 Friedrich der Große: Die Werke Friedrichs des Großen. In deutscher Übersetzung, hg. von Gustav Berthold Volz, Bd. 2, Geschichte meiner Zeit, Berlin 1913, S. 15.

8 So schreibt der König bereits 1748 in den »Generalprinzipien des Krieges«, in: Friedrich der Große: Die Werke Friedrichs des Großen. In deutscher Übersetzung, hg. von Gustav Berthold Volz, Bd. 6, Militärische Schriften, Berlin 1913, S. 9, 11.

9 Friedrich August von Retzow: Charakteristik der wichtigsten Ereignisse des Siebenjährigen Krieges. In Rücksicht auf Ursachen und Wirkungen, 2., mit Zusätzen vermehrte Auflage, Berlin 1804, S. 333.

Folter

Die Folter gehörte seit dem 13. Jahrhundert zu den Mitteln der Beweiserhebung innerhalb eines Prozesses. In besonders schweren Verdachtsfällen, etwa bei Ermordung, schwerem Raub, Vergewaltigung und Zauberei mit schädlichen Folgen, auch bei Kindsmord, diente die systematische Folterung der »Wahrheitsfindung«. Ein ausgebildeter Handwerker, meistens der Scharfrichter, welcher später auch die Hinrichtung durchführen sollte, nahm diese Form der »peinlichen«, körperlichen Befragung vor. Das Geständnis galt im Sinne des römischen Rechtes als wichtigstes und eindeutiges Beweismittel und sollte daher mit allen Mitteln erforscht werden, um eben »Unschuldige« vor einem möglichst grausamen Tod zu bewahren. Dieses Vorgehen fußte auf der Annahme, dass die fälschlicherweise Angeklagten ein reines Gewissen besäßen und daher kein Geständnis liefern konnten. Wie irrig diese Mutmaßung war, zeigten die Fälle von Geständnissen unter der Folter, die durch spätere Gegenbeweise widerlegt werden konnten.

Als Mittel der Beweisführung definierte zuerst die Peinliche Gerichtsordnung Kaiser Karls V. (Carolina) 1532 die systematische Vorgehensweise beim Foltern eines nicht geständigen Verdächtigen. Die »Tortur« bezeichnete somit einen Prozess in verschiedenen Stufen, wobei die erste Stufe der »Territion« oder Abschreckung das Vorzeigen und Erläutern der Folterwerkzeuge bezeichnete und erst in der zweiten Phase, der tatsächlichen Folterung, die körperlichen Schmerzen zugefügt wurden. Zu diesem Zweck wurden Instrumente wie Daumenschrauben, Fesseln, oder die besonders im Alten Reich gebräuchliche »Streckbank« (umgangssprachlich als »Folter« bezeichnet) genutzt.

Bereits seit Einführung der peinlichen Befragung wurden jedoch Stimmen laut, die eine eindeutige Beweiskraft, vor allem innerhalb der ohnehin umstrittenen »Hexenprozesse«, bezweifelten. Dennoch befürworteten vor allem Juristen bis ins 18. Jahrhundert hinein die Durchführung der Folter als einziges Mittel zur Erzwingung eines Geständnisses. Mit der Verbreitung der aufklärerischen Ideale in Europa wurden nun aber zunehmend die Vor- und Nachteile sowie die Einflüsse des »Marterns« auf den menschlichen Körper und die Seele des Angeklagten durch die gelehrte Elite diskutiert. Die Kritik an der Entwürdigung durch die Folter, u.a. von Pierre Bayle oder Christian Thomasius, beeinflusste die Debatte der Aufklärer und über die Rezeption dieser Streitschriften auch die Rechtsauffassung des Kronprinzen Friedrich.

Bereits kurz nach seinem Regierungsantritt erließ König Friedrich II. eine Verordnung, um »in Dero Landen bei denen Inquisitionen die Tortur gänzlich abzuschaffen«.[1] Ausgenommen davon waren lediglich das Verbrechen der Majestätsbeleidigung, das »crimen laesae majestatis«, sowie Morde mit einer hohen Opferzahl und jene Fälle, denen eine Verschwö-

1 Kabinettsorder vom 3. Juni 1740 an Minister von Cocceji, in: Acta Borussica. Denkmäler der Preußischen Staatsverwaltung im 18. Jahrhundert – Behördenorganisation und allgemeine Staatsverwaltung, Bd. 6, 2. Hälfte, Berlin 1901, S. 8. Die Verordnung ist zu jener Zeit nicht publiziert worden.

rung zum Mord durch mehrere Beteiligte zugrunde lag. Die Aufgabe der Beweisführung wurde somit den Gerichten und der Befragung von Zeugen übertragen und sollte nunmehr unter Anwendung der bestehenden Gesetze geschehen. Die Folgen dieser Reform wurde in juristischen Kreisen mit einem vielfältigen Echo bedacht, selbst der Minister und Großkanzler Samuel von Cocceji zweifelte, ob die Abschaffung der »peinlichen Befragung« im Falle des Kindsmordes oder der besonders heimtückischen »Verabredung« zum Mord durch mehrere Personen, wirklich folgerichtig sei.

Schon als Kronprinz hatte sich Friedrich, wenn er in Vertretung seines Vaters bei Amtsgeschäften auftrat, gegen die Anwendung der Tortur zur Beweisführung ausgesprochen. So wurde der Einsatz dieser harten Befragung in den folgenden Jahren nach 1740 sukzessive eingeschränkt, jedoch noch nicht endgültig abgeschafft. Im Jahr 1752 bestätigte der König sogar die Anwendung der Tortur in einem besonders grausamen Raubmord an einem Schäfer im Amt Oschersleben: die zwei Angeklagten waren der Tat von Augenzeugen weitestgehend überführt worden, verweigerten jedoch ein Geständnis. Die Anfrage des Justizministeriums beim Monarchen ergab dann auch eine Bestätigung für die Anwendung der Folter, allerdings nur in Form der Vorführung der Instrumente und mit dem Verweis auf die Gründe für die Einstelung der Tortur.[2] Nach erneuten Anfragen seiner Minister betonte Friedrich in seinen Ordren die grundsätzliche Ablehnung der Folter als Untersuchungsmethode innerhalb des inquisitorischen Prozesses. Die wirkliche Abschaffung der peinlichen Befragung erfolgte dann in der Friedenszeit 1754 und wurde den Behörden durch ein Rescript am 8. August bekannt gemacht, in welchem Friedrich konstatierte »Ob diejenigen Inquisiten, welche einen rechtlichen Verdacht gegen sich haben, und dennoch die That leugnen, nicht durch die Tortur zur Bekenntniß gebracht werden sollen.«[3]

Den Anweisungen zur Abschaffung der Tortur zwischen 1740 und 1754 lagen demnach nur zum Teil juristische Überlegungen zur Zweckmäßigkeit des Folterns zugrunde. Vielmehr machte sich bereits der Wandel des Menschenbildes in Folge der Säkularisierung der Lebensbereiche und mit der rationalen Bewertung von Verbrechen und Strafe im Zuge der »Aufklärung« bei Friedrich bemerkbar. Demnach gehörten die Maßnahmen der Tortur zu den besonders grausamen und auch ungewissen Mitteln, die Wahrheit über den Verlauf der Tat und die Täterschaft des Angeklagten zu erfahren. Die Einsicht, dass erpresste Geständnisse durchaus nicht der Wahrheit entsprechen mussten, sondern vielmehr Folge der Androhung oder Durchführung physischer Schmerzen am Körper des Delinquenten waren, setzte sich bei einem Großteil der Juristen bereits durch. Friedrich trug diesen Gedanken mit der Ablehnung der scharfen Befragung als erster Landesfürst Rechnung und erklärte Justizminister Levin-Friedrich von Bismarck in der Ordre vom 27. Juni 1754, dass der Delinquent aufgrund der hohen Beweiskraft von Tatzeugen und gegen ihn sprechenden Indizien ohne Anwendung der Tortur verurteilt werden könne.[4]

An die Stelle der Todesstrafen traten in den kommenden Jahren außerdem zunehmend die Verurteilungen zu lebenslangen Arbeits- und Festungsstrafen. Das verwies auf ein grundsätzliches Umdenken in der Strafjustiz, bei den Behörden und beim König. Die zeitgenössische gelehrte Diskussion zeigte dann auch, dass die Suche nach den Motiven und Umständen für schwere Verbrechen wie Raub, Vergewaltigung und Mord zunahm und damit auch die Auseinandersetzung mit sozialen und gesellschaftlichen Problemen, welche die Tortur weder offenlegen noch lösen konnte. Als archaisches Instrument wurde sie durch Friedrich den Großen abgeschafft.

Janine Rischke

2 Vgl. Koser 1893, S. 579.

3 Allgemeines Archiv für die Geschichtskunde des preußischen Staates, hg. von Leopold von Ledebur, Bd. 5, Berlin 1831, S. 59 f.

4 Acta Borussica, Bd. 10, S. 96.

Literatur

Reinhold Koser: Die Abschaffung der Tortur durch Friedrich den Großen, in: Forschungen zur Brandenburgischen und Preußischen Geschichte 6 (1893), S. 575–581

Dieter Baldauf: Die Folter. Eine deutsche Rechtsgeschichte, Köln 2004

Jan Zopfs (Hg.): Quellen zur Aufhebung der Folter. Die Aufhebung der Folter in Baiern (1806) von Paul Johann Anselm Feuerbach sowie die Verordnungen Friedrichs II. aus den Jahren 1740–1756 zur Abschaffung der Folter, Münster 2010

Fridericus Rex

Fridericus Rex (lat. »König Friedrich«) hieß das erste große UFA-Filmprojekt der Weimarer Zeit, das Friedrich II. zum Thema hatte – eigentlich eine vierteilige Spielfilmreihe, bestehend aus *Sturm und Drang* und *Vater und Sohn* (1922) sowie *Sanssouci* und *Schicksalswende* (1923). Regie führte Arzen von Cserépy. Aber auch die zwölf weiteren bis 1942 gedrehten Filme rund um die Person des Monarchen werden als Fridericus-Filme bezeichnet.

Wie kein anderer sollte der Schauspieler Otto Gebühr (1877–1954) das Bild des Königs prägen. Gleich mit seiner ersten Fridericus-Darstellung – 1920 in Carl Boeses *Die Tänzerin Barberina* – war ihm der Durchbruch auf der Leinwand gelungen. Bis 1942 übernahm er in 16 Filmen diese Rolle. Immer wieder trat Gebühr zudem in der Öffentlichkeit mit dem blauen Uniformrock auf und spielte seine Paraderolle auf Festen und diversen Veranstaltungen, unter anderem als Wahlpropaganda für rechte Parteien. 1938 von Goebbels mit dem Titel »Staatsschauspieler« ausgezeichnet, gab er vier Jahre später in dem kriegerischen Durchhalteepos *Der große König* letztmalig den Fridericus.

Die ersten Fridericus-Streifen – noch Stummfilme – strickten eifrig an der Legende des Feldherrengenies, ließen aber noch Spielraum für verschiedene Deutungen der bis heute schwer zu greifenden Persönlichkeit des Königs. In der Hauptsache stillten sie die Sehnsucht der Deutschen nach patriotischer Erbauung, nach einem starken Herrscher und einer ruhmreichen Vergangenheit, eine Sehnsucht, die nach der Niederlage von 1918 gewachsen war.

In den 1930er Jahren erreichte die Friedrich-Glorifizierung dann vor allem auch in dem noch neuen Medium Film ungeahnte Höhen und nahm mit der Darstellung des unbeugsamen Herrschers unbeabsichtigt die Durchhalteparolen der Jahre 1944/45 vorweg. Friedrich war nun ausschließlich der »Alte Fritz«, der als heroischer Verteidiger des Vaterlandes und genialer Schlachtenlenker Preußens Schicksal vollendete. In Gustav Ucickys *Flötenkonzert von Sanssouci* von 1930 – dem ersten Fridericus-Tonfilm – ist er zunächst der Friedensfürst, der in den Siebenjährigen Krieg getrieben wird, um sich dann in einen trotzigen Heroen zu verwandeln, der gegen den »fünfmal stärkeren Feind« marschiert. Diese geballte Ladung Preußen-Kitsch und Verherrlichung traf nicht nur auf Begeisterung. So kam es bei der Uraufführung 1930 zu Krawallen und Demonstrationen. In Arbeiterkreisen und der linken und liberalen Presse galt der Streifen als Provokation, wurde doch gleichzeitig die Aufführung des pazifistischen Lewis Milestone-Films *Im Westen nichts Neues*, nach dem Remarque-Bestseller, in Deutschland verboten.

Nach der Machtergreifung durch die Nationalsozialisten wurde der Friedrich-Mythos zum Bestandteil der Staatsideologie. Die in den folgenden Jahren gedrehten Filme wie

Otto Gebühr in »Der Alte Fritz«, 1927/28.

Der alte und der junge König (1935) oder *Fridericus* (1937) sollten nicht nur die Heldenverehrung des »Alten Fritz« weiter betreiben, sondern enthielten deutliche Anklänge an nationalsozialistische Filmpropaganda. Preußen, umzingelt von einer übermächtigen Phalanx an Feinden, wurde zur Parabel des Dritten Reiches. Friedrich nahm damit – bar jeder historischen Authentizität – die Rolle des Vaterlandsverteidigers ein, der das Volk letztlich unter selbstloser Aufopferung rettete. Ihren Höhe- und zugleich Endpunkt erreichte die Friedrich-Reihe mit Veit Harlans Verfilmung *Der Große König*, der 1942 in die Kinos kam.

Danach sollte in Deutschland kein reiner Friedrich-Film mehr entstehen, bis heute. Zu sehr hatten Harlan und seine Vorgänger die Figur des »großen Königs« unter ideologischem und weltanschaulichem Ballast begraben. Harlan setzte nicht nur künstlerisch und ästhetisch den Schlussstrich unter dieses Kapitel der Filmgeschichte, sondern schuf ein Werk, das mit seiner düsteren Heldenverehrung ein Stück deutscher Geschichte vorwegnehmen sollte.

Geradezu gespenstisch wirkt die Szene, in der eine Abordnung von Stadtbürgern den König bittet, Frieden zu schließen. Als Antwortet auf das Gesuch poltert nicht mehr Otto Gebühr, sondern ganz klar ein anderer, der den Bürgern drohte »Am Sieg zu zweifeln ist Hochverrat!«[1] Was mit Verrätern geschah, zeigte sich spätestens 1944 bei der blutigen Rache an den Widerstandskämpfern bzw. an den vielen Deserteuren in den letzten Kriegstagen 1945. Dass Harlan »seinem« Friedrich den Satz »Kommen muss ein Deutsches Reich – und Preußen muss es führen«[2] in den Mund legt, ist als vorauseilende Erfüllung eines staatlichen Propagandaauftrages zu verstehen. Wahlplakate und Postkarten zeigten seit 1933 Hitler in einer Reihe mit Friedrich, Bismarck und Hindenburg und legten damit den Grundstein für das Bild vom Führer als legitimem, politischem Enkel des großen Königs, der die deutsche Geschichte vollenden sollte.

Das die braunen Machthaber ihrer selbstgesponnenen Legende letztlich selbst auf den Leim gegangen sind, zeigt die Hoffnung Hitlers, ähnlich wie Friedrich II. von einem »Mirakel« aus der politisch und militärisch ausweglosen Situation gerettet zu werden. Aber das »Mirakel des Hauses Brandenburg«, das Preußen im Siebenjährigen Krieg vor der sicheren Niederlage bewahrt hatte, sollte sich nicht wiederholen.

Carmen Winkel

Literatur

Helmut Regel: Die Fridericus-Filme der Weimarer Republik, in: Preußen im Film. Eine Retrospektive der Stiftung Deutsche Kinemathek, hg. von Axel Marquardt und Heinz Rathsack (Preußen. Versuch einer Bilanz, Bd. 5), Berlin 1981, S. 124–134

Andreas Kilb: Der Mann aus Marmor. Friedrich der Große als Heldenfigur in den Filmen der Weimarer Republik und des Nationalsozialismus, in: Friedrich300 – Friedrich und die historische Größe (URL: http://www.perspectivia.net/content/publikationen/friedrich300-colloquien/friedrich-groesse/kilb_mann), 28.6.2011

1 Zit. nach: Kilb, 2011.

2 Ebd.

Garde

Im Allgemeinen werden die militärischen Einheiten, welche direkt der Befehlsgewalt und dem Aufgabenbereich des Landesfürsten unterstehen, als »Gardetruppen« bezeichnet. Zum einen nehmen diese die Aufgabe des direkten Wachschutzes für den Fürsten oder Monarchen wahr. Zum anderen bilden die Garden nicht selten eine militärische Eliteeinheit mit gut ausgebildeten Soldaten und speziellen Aufgabenbereichen.

In Brandenburg hatte es bereits seit dem späten 16. Jahrhundert eine Trabanten-Garde zu Fuß gegeben, im 17. Jahrhundert übernahmen dann die »Gardes du Corps«, eine nach französischem Vorbild »berittene« Garde, diese Funktion. War die Garde noch in der Regierungszeit Friedrichs I. als Haustruppe des Monarchen eingesetzt worden, so schaffte sein Nachfolger Friedrich Wilhelm I. nicht nur die militärische Einheit an sich ab, sondern verwarf den Gardebegriff als Symbol der höfischen Dekadenz des Vaters vollkommen. Stattdessen bildete er ein Regiment von großgewachsenen Grenadieren als Eliteeinheit des preußischen Heeres und in der Bedeutung als neue »Garde« heraus. Die ablehnende Haltung zu dem höfisch-repräsentativen Verständnis, das sich nach Meinung des »Soldatenkönigs« hinter der berittenen Garde verbarg, suchte der Monarch auch seinem Nachfolger Friedrich nahezubringen.

Doch dieser brach nach seinem Regierungsantritt 1740 ebenfalls mit den Vorstellungen seines Vorgängers und löste nicht nur die vormalige Eliteeinheit seines Vaters auf. Die Kosten für die Rekrutierung, Verwaltung und Versorgung der Riesen-Grenadiere waren so immens gewesen, dass die Bataillone getrennt und schließlich anderen Regimentern zugeteilt wurden.

Darüber hinaus führte er eine Einheit der Garde du Corps als Garde wieder ein, welches in der alten Stammliste später als 13. Kürassierregiment geführt wurde. Das Korps diente nicht nur als Leibgarde des Königs, sondern wurde darüber hinaus zur Mustereinheit für die Kavallerie, deren Verbesserung und Ausbau Friedrich sofort nach dem Regierungsantritt zu einem obersten Ziel erhob. Seit 1753 stand die Garde in Potsdam in Garnison und wurde vom König persönlich exerziert. Auch nach außen boten die Kürassiere einen beeindruckenden Anblick, da diese eine Mindestgröße von 1,75 m auf den entsprechend hochgewachsenen Pferden vorwiesen. Der repräsentative Charakter der Uniformen zeigte sich gut erkennbar an dem spezifischen Kürass (Brust- und Rückenpanzer), welcher im Gegensatz zu den Kürassen der übrigen Regimenter schwarz poliert war.

Die Gardetruppe war militärisch gut ausgebildet und beteiligte sich an den Feldzügen im österreichischen Erbfolgekrieg und während des Siebenjährigen Krieges. Zur Ergänzung der Einheit wurden 1756 zwei weitere Eskadrons aufgestellt, in den Kriegseinsätzen wurde das Regiment je-

Daniel Chodowiecki, Friedrich der Große mit Gefolge zur Parade des 2. Bataillons Leibgarde reitend (Die Wachtparade), 1777.

doch mit dem Regiment Gens d'Armes (10. Kürassierregiment) zusammengelegt.

Dem Denken Friedrichs von der Förderung der militärischen Elite entsprechend, stieg sein unterhabendes Regiment zu Fuß ebenfalls in den Rang eines Garde-Regimentes auf. Das vormalige Regiment Kronprinz (Nr. 15) war bereits 1688 vor allem aus Kompanien des hugenottischen Regiments Varenne gebildet worden. Friedrich hatte das Regiment 1732 als Chef übernommen und das I. Bataillon in Neuruppin persönlich geführt und exerziert. Mit dem Regierungsantritt formierte er aus dem vormaligen Infanterie-Regiment und ehemaligen »Langen Kerls« das neue »Königsregiment« und ergänzte dies noch um ein neu aufgestelltes III. Bataillon.

Friedrich forderte in seinen Instruktionen und Reglements die jährliche Abgabe von jungen Männern mit einer Größe von über 1,80 m von allen preußischen Einheiten an das königliche Battaillon Garde. Die Soldaten und Offiziere wurden zudem nach Befähigung, Leistungsbereitschaft und Ansehen ausgesucht. Dabei war die Herkunft der gemeinen Soldaten nicht erheblich, es dienten Preußen neben Hessen, Ungarn und Polen – das Offizierkorps der Garde hingegen setzte sich zu einem Großteil aus Angehörigen des einheimischen Adels zusammen, die somit einen engen Kontakt und Zugang zum König pflegten. Die Ausstattung und Uniformierung seines Leibbataillons übernahm Friedrich selbst und ließ Soldaten wie Offiziere in regelmäßigen Abständen mit einer neuen Montur versehen. Diese repräsentative Funktion, mehr aber das häufige Exerzieren durch den König und die Auswahl der gut ausgebildeten und körperlich hervorragend geeigneten Männer für die Einheit, führten zu einem enormen Prestige des Leibbataillons innerhalb der Armee. Die Angehörigen der Eliteeinheiten, egal ob Offiziere oder Soldaten, pflegten in der Folge eine besondere Regimentskultur, indem sie das Selbstverständnis und das Ansehen der Garde als persönlichen Anreiz zu militärischen Leistungen und als Aushängeschild der Verbundenheit vor allem des I. Bataillons mit Friedrich nutzten.

Darüber hinaus erhielten die Soldaten und Offiziere der Leibgarde zahlreiche Privilegien innerhalb der Armee und konnten zum Beispiel ihre Bitten und Klagen direkt an den König richten. Friedrich stand in stetem Briefwechsel mit dem Kommandeur der Einheiten und ihm mussten alle Vorkommnisse und Anliegen berichtet werden. Diesen Posten übernahm 1740 Oberstleutnant Dietrich Reichhard von Meyerinck. Über die Neubesetzung von Offiziersstellen und freie Stellen im Unterstab, etwa eines Regimentsfeldschers oder Auditeurs, entschied der König in letzter Konsequenz selbst, wenn auch der kommandierende Offizier einen geeigneten Anwärter vorschlagen konnte.

Neben dem hohen gesellschaftlichen Ansehen brachte der Dienst in der Garde einen wesentlich höheren Lohn und eine Bevorzugung in der Rangfolge bei Beförderungen in der preußischen Armee mit sich. Da viele Angehörige des niederen und mittleren Adels den Aufstieg im Militär als legitimen Karriereweg erkannten, waren Stellen im I. Bataillon Leibgarde durchaus beliebt und begehrt. Im Gegenzug für die gute ökonomische Versorgung und gesellschaftliche Position verlangte Friedrich im Krieg vollen Einsatz von Gemeinen und Offizieren. Das I. Bataillon war während der Feldzüge nicht nur für den Schutz des Monarchen zuständig, sondern hatte mit gutem Beispiel in den Kampfhandlungen voranzugehen. Dieses Verständnis, das von den Angehörigen der Garde mitgetragen wurde, zeigte sich auch im Siebenjährigen Krieg in der verlustreichen Schlacht bei Kolin, welche als größte Niederlage Friedrichs in die Geschichtsbücher einging. Bei dem Versuch, den Rückzug der preußischen Armee zu decken, wurde das I. Bataillon Garde nahezu aufgerieben, bewies aber Mut und Durchhaltewillen.

Diese Standhaftigkeit in einer aussichtslosen Gefechtssituation wurde später vom König in Schriftwechseln mit seinen Obristen immer wieder hervorgehoben und als Ideal des soldatischen Einsatzwillens formuliert: »Alles was man aus einem Soldaten machen kann, ist ihm Corpsgeist zu geben, d.h. eine höhere Meinung von seinem Regiment, als von allen anderen Truppen des Erdreichs.« Friedrich hatte beim Antritt seiner Regierung die Garden als Eliteeinheiten wiederhergestellt bzw. neu formiert, diese aber von einem Verständnis als höfische »Leibwachen« abgelöst und in den Schlesischen Kriegen als gut ausgebildete, spezialisierte und mit dem durch die Nähe zum König gestützten Kampfwillen ausgestattete Einheiten der preußischen Armee im Gefecht militärisch eingesetzt.

Janine Rischke

Literatur

Martin Guddat: Grenadiere – Musketiere – Füsiliere. Die Infanterie Friedrichs des Großen, Herford, Bonn 1986

Volker Schobeß: Die Leibgarde Friedrichs des Großen. Statusdenken und Sozialprestige – Geschichte einer preußischen Elite, Berlin 2006

Grab

Frühzeitig hatte sich Friedrich II. dafür entschieden, nicht wie seine Vorfahren in einem Kirchenraum bestattet zu werden, sondern seine letzte Ruhestätte in seinem Garten zu finden. Als geeigneten Ort bestimmte er einen Platz auf der obersten Terrasse des Schlosses Sanssouci, der nach Osten wies. Wie Friedrich Nicolai bestätigte, war »dies Begräbnisgewölbe schon angeleget, ehe die Erde von der Terrassierung auf die oberste Anhöhe heraufgekarrt war.«[1] Die Grabstätte gab der Schossanlage ihren Namen: Erst wenn er hier ruhte, dann würde der König »sans souci«, also ohne Sorgen sein.

Die Entscheidung des jungen Königs für einen solchen Begräbnisort war kühn, weil sie der jahrhundertealte Traditionen der Hohenzollernherrscher außer Kraft setzte. Seit 1542 befand sich deren Grablege im Berliner Dom. Die Voraussetzung dafür hatte Kurfürst Joachim II. geschaffen, indem er die Dominikanerkirche auf dem Schlossplatz im Jahre 1536 zur Domkirche erheben und unter dem Chor eine Gruft anlegen ließ. Nach der Verlegung und Neuerrichtung des Berliner Doms durch Jan Boumann ab 1747 im Lustgarten wurden auf Friedrichs Geheiß auch die 49 Särge der Hohenzollern in die Gruft des Neubaus überführt. Alleinige Ausnahmen bildeten der Vater des Großen Kurfürsten, Georg Wilhelm, der nach seinem Tod 1640 im Dom zu Königsberg beigesetzt wurde, und Friedrichs Vater, der Soldatenkönig Friedrich Wilhelm I., dessen Sarg auf seinen Wunsch hin 1740 in der Potsdamer Garnisonkirche Aufstellung gefunden hatte. Dessen Gemahlin Sophie Dorothea hingegen hatte testamentarisch festgelegt, in der Domgruft zu ruhen, sodass der für sie vorgesehene Platz in der Gruft der Garnisonkirche frei blieb. Wie aber kam es nun zu dem ungewöhnlichen und für einen regierenden Herrscher europaweit singulären Plan eines Gartenbegräbnisses? Die Antwort liegt in dem komplexen Feld eines neuen Natur- und Landschaftsverständnisses, das sich in mehrfacher Hinsicht an der Antike orientierte und diese auf eine spezifische Weise aktualisierte. Mit der Gestaltung des unmittelbaren Grabumfeldes, aber auch seines Schlosses Sanssouci, zeigte Friedrich, dass er die Tradition der antiken Heroengräber in einer arkadischen Landschaft für sich produktiv zu erneuern suchte. Dass ein Gartengrab für eine derart hochgestellte Persönlichkeit überhaupt möglich war, hatte Johann Moritz von Nassau-Siegen (1604–1679) mit seiner bereits 1663 errichteten Grabanlage in Bergendael bei Kleve gezeigt. Für sein Grabmal – eine gusseiserne Tumba, die von einer mit Antiken geschmückten Exedra hinterfangen wurde – hatte Johann Moritz die Genehmigung des Großen Kurfürsten einholen müssen. Friedrich II. berief sich in seinem Testament direkt auf diesen innovativen Vorgänger, der als erster Fürst nördlich der Alpen ein Grabmal aus dem Geist der Antike in seinen Gartenanlagen realisiert hatte und hier 1679 zunächst auch bestattet wurde.

1 Zit. nach Giersberg/Krüger 1991, S. 19.

Charles Sylva Dubois, Ansicht des Schlosses Sanssouci mit den Weinbergterrassen, Supraporte im Konzertzimmer von Schloss Sanssouci, um 1746/47.

Anfänglich dachte Friedrich noch gar nicht an Potsdam, sondern an eine Grablege im Rheinsberger Schlossgarten. Während des Ersten Schlesischen Krieges verfügte er im März 1741: »Falle ich, so ist mein Wille, dass mein Leib nach Römerart verbrannt und meine Urne in Rheinsberg beigesetzt werde. Knobelsdorff soll mir ein Grabdenkmal errichten, wie das des Horaz [...].«[2] Horaz und Vergil – die Dichter der Landschaft und der Bukolik – sollten auch künftig die Fixpunkte des Königs bleiben. Friedrich orientierte sich aber auch an den Vorstellungen Ciceros: Anlässlich des Todes seiner frühverstorbenen Tochter Tullia hatte Cicero einen idealen Begräbnisplatz skizziert. Dieser solle, so der trauernde Vater, ein *locus amoenus* (ein schöner Ort) sein, der die Zeit als geweihte Stätte überdauert. Er wünschte sich aber auch einen belebten Ort, der offen für Besucher ist und über eine schöne Aussicht verfügt. Die Grabstätte sollte nicht zu teuer, gleichwohl nicht zu klein sein und zugleich – eine bemerkenswerte Forderung – nicht an die üblichen Grabbauten erinnern.

Alle diese Forderungen erfüllt auch Friedrichs Gruft auf der obersten Terrasse des Potsdamer Weinbergschlosses in geradezu vorbildlicher Weise. Sein Entschluss, sich unmittelbar neben seinen Hunden bestatten zu lassen, hatte nichts mit seiner Misanthropie im Alter zu tun, die ihn die Tiere mehr als die Menschen lieben ließ, sondern ebenfalls eine antike Quelle. Es ist das kynische Denkmodell, in dem der Hund im Bettler den wahren König, nämlich den zurückgekehrten Odysseus erkennt.[3]

Im Gegensatz zu seinem Vorbild Johann Moritz verzichtete Friedrich zwar auf eine Grabtumba, nicht aber die Einbeziehung antikischer Skulpturen: Die Kaiserbüsten und die Skulpturengruppen – Flora und Zephir als Pendant zu Kleopatra auf der gegenüberliegenden Terrassenseite – sprechen für ein bewusstes Anknüpfen Friedrichs an die römische Antike als Heldengeschichte. Der Bezugsrahmen der Grablege bleibt imperial, wie die im Halbrund auf Postamenten aufgestellten Kaiserbüsten signalisieren.

Die Skulpturengruppe der Flora und Zephyr von François Gaspard Adam (1749) verkörpert die anonyme Wiedergeburt in der Natur im Kreislauf der Jahreszeiten.[4] So verweist die Grabanlage mit ihrem Monument auf den Vorstellungskreis eines heiteren, gefassten Verhältnisses zu Tod und Leben. Die 1750 von Adam geschaffene Pendantgruppe einer Kleopatra mit trauerndem Amor thematisiert das Recht auf einen selbst gewählten Tod – ein Recht, das Friedrich während seiner Kriege mehrfach ernsthaft in Erwägung zog. Nur Feiglinge würden sich, so Friedrich, unter das Joch beugen und Ketten tragen.

Durch die Grabanlage erhielt der neu geschaffene Park von Sanssouci seine Prägung als eine arkadische Landschaft. Seit den *Et in Arcadia ego*-Gemälden des Malers Nicolas

2 Friedrich II. König von Preußen: Die Werke Friedrichs des Großen, hg. von Gustav Berthold Volz, Berlin 1913, Bd. 7, S. 273 f.

3 Auf diesem Begräbnisplatz ruhen insgesamt elf Windspiele des Königs mit folgenden Namen: Alcmene, Thisbe, Diane, Phyllis, Biche, Pax, Superbe oder Hasenfuß, Amourette, zwei weitere ruhen im westlichen Halbrondell. Vgl. Bauten und Bildwerke im Park Sanssouci, bearb. von Saskia Hüneke, hg. von der Generaldirektion der Stiftung Preußische Schlösser und Gärten Berlin-Brandenburg, 2000, S. 129 f.

4 Adrian von Buttlar: Sanssouci und der »Ewige Osten«. Freimaurerische Aspekte im Garten Friedrichs des Großen, in: Die Gartenkunst (1994), Nr. 2, Jg. 6, S. 219–226.

Poussins (um 1620) gehört das Grabmonument, dessen Inschrift von Hirten entziffert wird, zum Signum des Arkadischen. Diesen Gedanken bestätigt die um 1745 von Charles Sylva Dubois geschaffene Vedute im Konzertzimmer des Schlosses Sanssouci eindrucksvoll: Hier ist die konkrete Topografie von Sanssouci eingebunden in eine antikische Erinnerungslandschaft, in der eine Hirtin im Vordergrund auf die Inschrift eines Grabsteins verweist. Das Bild erweist sich als ein Schlüssel zum Verständnis der Anlage: Sanssouci wurde als ländliches Paradies konzipiert, in dem artifiziell Einfaches und traditionell Kunstvolles ebenso wie Geschichte und Gegenwart in einem Gleichklang zusammengehen. Das Grab bildet darin den ideellen Höhepunkt. Friedrichs Wunsch nach einer Grablege in der Natur entsprach seiner materialistischen Grundhaltung: »Gern und ohne Klage gebe ich meinen Lebensodem der wohltätigen Natur zurück, die ihn mir gütig verliehen hat, und meinen Leib den Elementen, aus denen er besteht.«[5]

Als Friedrich II. am 17. August 1786 starb, ordnete jedoch sein Nachfolger, König Friedrich Wilhelm II., ein Begräbnis in der Gruft der Garnisonkirche an. Was Friedrich sein Leben lang vermeiden wollte, neben seinen Vorfahren in einem Kirchenraum zu ruhen, wurde auf diese Weise durchgesetzt. Da die Garnisonkirche beim Luftangriff auf Potsdam am 14. April 1945 weitgehend zerstört wurde kamen beide Sarkophage zunächst in die Marburger Elisabethkirche, ehe sie 1952 auf Initiative von Louis Ferdinand Prinz von Preußen in die Kapelle der Burg Hohenzollern gebracht wurden.

Erst 1991, nach der Wiedervereinigung der beiden deutschen Staaten, konnte Friedrichs letzter Wille erfüllt werden: Die Särge wurden nach Potsdam überführt[6] und Friedrich II. in der Gruft auf der obersten Terrasse des Schlosses Sanssouci neben seinen Hunden bestattet.

Dem Wunsch des Königs, nachts nur mit kleinstem Gefolge und beim Schein einer Laterne beigesetzt zu werden, wurde nicht nachgekommen, da ihm eine Art Staatsbegräbnis zuteil wurde.

Grab Friedrichs II. mit der Flora-Zephir-Gruppe im östlichen Halbrondell auf der oberen Terrasse des Schlosses Sanssouci.

Annette Dorgerloh

LITERATUR

Hans-Joachim Giersberg/Rolf Herbert Krüger: Die Ruhestätte Friedrichs des Großen zu Sanssouci, Berlin 1991

Hans-Peter Hilger: Bergendael. Eremitage und Grabmal des Fürsten Johann Moritz von Nassau-Siegen, in: An den Wassern zu Cleve. Studien und Beiträge zur Garten- und Badegeschichte Kleves, Kleve 1994, S. 23–39

Annette Dorgerloh: Strategien des Überdauerns. Das Grab- und Erinnerungsmal im frühen deutschen Landschaftsgarten, Düsseldorf 2012

5 Aus dem Testament Friedrichs II. vom 8. Januar 1769, zit. nach Giersberg/Krüger 1991, S. 47.

6 Da es die Garnisonkirche mit ihrer Gruft nicht mehr gab, wurde der Sarg Friedrich Wilhelms I. im Kaiser Friedrich-Mausoleum an der Friedenskirche beigesetzt.

Hasardeur

»Ich habe den Rubicon überschritten«, schrieb Friedrich II. am 16. Dezember 1740 nach dem Einmarsch seiner Soldaten in das habsburgische Schlesien. Der Rubicon verdankt seine Berühmtheit einer der bekanntesten Persönlichkeiten der Weltgeschichte: Cäsar hatte das kleine Flüsschen bei Ravenna im Jahre 48 v. Chr. mit seinen Legionen auf dem Weg nach Rom überquert und damit den Bürgerkrieg ausgelöst. Seine folgenschwere Entscheidung war endgültig: Es gab nur Sieg oder Untergang.

Dieser eine große Moment des rücksichtlosen Glückspiels, der zugleich über das Leben des Akteurs und die Existenz des Staates entscheiden und die Geschichte verändern sollte, von Cäsar selbst in seinem Werk über den Bürgerkrieg festgehalten, sicherte ihm die Unsterblichkeit seines Namens in der Erinnerung der Menschen.

Friedrich hatte die Metapher vom Rubicon, die er euphorisch vortrug, deshalb mit Bedacht gewählt. Er wiederholte sie immer wieder, wenn er in seinen Briefen und historiographischen Schriften das schlesische Abenteuer Revue passieren ließ. Sie fasst in einem Wort den Moment des größten Risikos und Abenteuers Cäsars, der größten Ungewissheit und des größten Egoismus zusammen. Mit ihr wollte der junge König seine erste große militärische Tat in den ersten Rang der weltgeschichtlichen Ereignisse heben.

Friedrich hatte aus der Lektüre früh gelernt, dass nicht die leise Kontinuität, sondern der effektvolle Moment, das Unerwartete und scheinbar Unmögliche Ruhm und Unsterblichkeit versprechen. Resümierend und zugleich mit dem Anspruch, große Taten vollbracht zu haben, schrieb er 1772 in seinem Werk *Über den Nutzen der Künste und Wissenschaften für den Staat:* »Gewöhnliche Handlungen entschwinden dem Gedächtnis, aber die Taten, Entdeckungen und Fortschritte der Großen hinterlassen bleibenden Eindruck.« Je größer das Risiko und der Einsatz waren, umso größer würde auch der Gewinn ausfallen. Und Friedrich riskierte viel – ohne Rücksicht auf andere und ohne Rücksicht auf sich und den preußischen Staat.

»Wenn alle meine Hilfsquellen, alle meine Unterhandlungen, in einem Worte, alle Konjunkturen gegen mich ausfallen, so will ich lieber mit Ehren untergehen, als für mein ganzes Leben Ruhmes und Rufes verlustig sein. Ich habe mir eine Ehrensache daraus gemacht, mehr als irgendein anderer zum Aufstieg meines Hauses beigetragen zu haben, ich habe unter den gekrönten Häuptern Europas eine hervorragende Rolle gespielt. [...] Ich will meine Macht aufrecht erhalten, oder ich will, daß alles zu Grunde gehe, und selbst der Name Preußen mit mir begraben sei.«[1] Kein Wort zur Zukunft des Staates, zu politischen Alternativen im Fall der Niederlage, allein die Inszenierung seines heroischen Todes – ein Topos

1 Zit. nach Max Posner: Die Montesquieu-Noten Friedrichs II., in: Historische Zeitschrift (1882), Heft 47, S. 193–288, 247.

Daniel Berger nach Ludwig Wolf, Friedrich II. in der Schlacht bei Kunersdorf, 1804.

seit der Antike – für den Fall des Scheiterns: ein letzter großer Moment! Die Worte klingen nicht nach denen eines kühl kalkulierenden Staatsmannes, der besonnen seine Optionen abwägt, nach einem »ersten Diener seines Staates« – vielmehr nach denen eines Glücksspielers, der alles auf eine Karte setzt. Der Staat soll das Schicksal seines Königs teilen.

Zu diesem Zeitpunkt hatte Friedrich das Glück bereits mehrfach herausgefordert und damit in Europa auf sich aufmerksam gemacht: Zuerst bei seinem Fluchtversuch 1730. Glück, die Fürsprache des Kaisers und die Angst des Vaters um die wackelige Reputation der jungen Monarchie retteten Friedrich Leben und Thron. Den Preis des Spiels zahlte Friedrichs Begleiter Hermann von Katte mit seiner Hinrichtung. Denn für Friedrich war es ein Spiel. Der Kronprinz wollte Aufmerksamkeit, aber gewiss nicht fliehen.[2] Dafür war sein Verhalten vor der Flucht zu auffällig, seine Spur zu leicht zu verfolgen und die Konsequenz wäre zu bitter gewesen: Verzicht auf den Thron! Für Friedrich undenkbar. Friedrich

2 Vgl. Jürgen Luh: Der Große. Friedrich II. von Preußen, München 2011, S. 17 f.

hätte lieber sein Leben verloren, wie die Verhörprotokolle aus Küstrin nahelegen, als auf die Macht im Staat verzichtet.

Als Friedrich die preußische Armee in den Ersten Schlesischen Krieg führte, tat er dies für seinen Ruhm. »Da fiel ein Strahl des Ruhmes in meine Jugend; / Mein Herz vom Anblick hoher Taten schwoll, / Und jenes hehren Rausches voll, / Wollt' ich der Größte sein an Heldentugend« dichtete er am 16. April 1741 für Voltaire. »Ich liebe den Krieg um des Ruhmes willen«, »der Ruhmesdurst [...] hat mich [...] der Ruhe entrissen«, »meinen Namen in den Zeitungen und später in der Geschichte zu sehen, hat mich verführt«, heißt es in Briefen am 24. Februar und 3. März an Jordan.[3] Ruhm konnte nur erhoffen, wer Taten vollbrachte, die der Überlieferung wert waren. »Mit uns [den Staatsmännern] lebt man nicht mehr, sobald ein wenig Erde unsere Asche deckt; dagegen unterhält man sich mit allen Schöngeistern des Altertums, die durch ihre Bücher zu uns sprechen,« schrieb er einsichtig und in der Überzeugung, solche Taten vollbracht zu haben, am 31. Januar 1773 an Voltaire. In die Bücher der Dichter und Geschichtsschreiber seiner Zeit wollte er es schaffen. Dafür war Friedrich bereit gewesen, alles zu riskieren. Denn sein Abenteuer mit dem Ruhm dauerte länger, als Friedrich und viele Geschichtsschreiber zugeben wollten: »[...] was sind Strapazen, Mühen und Gefahren im Vergleich zum Ruhme!«[4], notierte er Ende August 1744 wieder an Jordan. Die ersten beiden Kriege hatte Friedrich, der als Feldherr die Armee selber führte, trotz mancher Rückschläge gewonnen, und er ließ sich bei seinem – von ihm und vom Hof geschickt choreografierten – Einzug in Berlin im Dezember 1745 als »der Große« feiern.[5] Der Preis des Spiels war hoch: die dauerhafte Konkurrenz mit dem habsburgischen Kaiserhaus im Reich, die Friedrich für seinen Ruhm in Kauf genommen hatte. Erst Jahre später folgte die Einsicht, dass der preußische Staat fortan vom Willen des habsburgischen Kaiserhauses zur Rückgewinnung Schlesiens bedroht war.

In späteren Lebensjahren, in der Zeit des Siebenjährigen Krieges, den Friedrich 1756 mit dem Einmarsch seiner Truppen in Sachsen begonnen hatte, wurde er vorsichtiger. In der Vergangenheit hatte er immer wieder die entscheidende Schlacht gesucht, darauf basierte sein Ruhm als Feldherr. Zwar kommandierte er die Armee noch immer selbst, doch seit der Schlacht bei Torgau 1760 verzichtete er auf riskante Schlachten: Zu groß waren die Verluste der ersten vier Kriegsjahre, zu wenig erfahrene Soldaten und Offiziere waren ihm verblieben.

Spätestens seit dem glücklichen Ausgang des Siebenjährigen Krieges wusste Friedrich, dass auf den Schlachtfeldern für ihn nichts mehr zu gewinnen war. Auf riskante politische oder militärische Abenteuer verzichtete er nun, suchte Kontinuität und wollte der sorgende Landesvater sein, der den Wiederaufbau des Staates förderte, sich um Wirtschaft, Künste, Wissenschaften und Aufklärung bemühte. Der Erhalt des Status quo wurde jetzt zur zentralen Botschaft in seinem Handeln und seinen Schriften. Denn jedes neue Risiko bedeutete Gefahr für das Erreichte, und diese schien ihm größer zu sein, als der mögliche Gewinn.

Ullrich Sachse

LITERATUR

Max Posner: Die Montesquieu-Noten Friedrichs II., in: Historische Zeitschrift 47 (1882), S. 193–288

Briefe Friedrichs des Großen, hg. von Max Hein, deutsch v. Friedrich von Oppeln-Bronikowski und Eberhard König, 2 Bde., Berlin 1914

Jürgen Luh: Der Große. Friedrich II. von Preußen, München 2011

Michael Kaiser: Friedrichs Beiname »der Große« – Ruhmestitel oder historische Kategorie, in: Friederisiko – Friedrich der Große. Die Essays, hg. von der Generaldirektion der Stiftung Preußische Schlösser Berlin-Brandenburg, München 2012

3 Briefe Friedrichs des Großen. In deutscher Übersetzung, hg. von Max Hein, 2 Bde., Berlin 1914, Bd. 1, S. 186

4 Ebd., S. 219.

5 Vgl.: Michael Kaiser: Friedrichs Beiname »der Große«. Ruhmestitel oder historische Kategorie, in: Friederisiko – Friedrich der Große. Die Essays, hg. von der Generaldirektion der Stiftung Preußische Schlösser Berlin-Brandenburg, München 2012.

Heinrich

Heinrich war 1726 als dritter Sohn des Königs Friedrich Wilhelm I. geboren worden. Dieser Umstand war bedeutsam für sein ganzes Leben. Vor allem war damit entschieden, dass Heinrich wenig Aussicht hatte, selbst als Regent in Erscheinung zu treten. Sein Vater hatte keinen Versuch unternommen, durch Herrschaftsteilung auch den jüngeren Brüdern Friedrichs II. eigene Herrschaften zu ermöglichen. Und Friedrich II. hielt mit seiner Meinung über die jüngeren Brüder als potenzielle Mitregenten nicht hinterm Berg. In seinem politischen Testament von 1752 äußerte er über die »Prinzen von Geblüt«, sie seien »Zwitterwesen, die weder Herrscher noch Privatleute sind und die sich gelegentlich sehr schwer regieren lassen. Ihre hohe Abstammung flößt ihnen einen gewissen Hochmut ein, den sie Adel nennen, der ihnen den Gehorsam unerträglich und jede Unterwerfung verhaßt macht«. Friedrichs Vorschlag, mit ihnen zu verfahren, lautete, »den ersten, der die Fahne der Unabhängigkeit erhebt, energisch in die Schranken zu weisen, alle mit der ihrer hohen Herkunft gebührenden Auszeichnung zu behandeln, sie mit allen äußeren Ehren zu überhäufen, von den Staatsgeschäften aber fernzuhalten und ihnen nur bei hinreichender Eignung ein militärisches Kommando anzuvertrauen«.[1] Diese Worte beschreiben exakt, worunter Heinrich nicht nur unter Friedrich II., sondern auch unter dessen Nachfolgern, seinem Neffen Friedrich Wilhelm II. und dessen Sohn Friedrich Wilhelm III., zu leiden hatte.

Die einzige Heinrich von Friedrich II. zugestandene Möglichkeit, sich auszuzeichnen, das militärische Kommando, erhielt Heinrich im Siebenjährigen Krieg mit dem Oberbefehl über die preußischen Truppen in Sachsen. Es herrschte unter den Zeitgenossen Einigkeit darüber, dass Heinrich der ihm übertragenen Aufgabe auf geradezu furiose Art und Weise nachkam. Er gewann das Vertrauen seiner ihm unterstellten Soldaten und Offiziere und beherrschte es meisterhaft, Stellungen zu besetzen und die Nachschubmöglichkeiten des Gegners zu zerstören. Damit konnte er seine Truppen schonen und zugleich seine Gegner in Schach halten, obwohl er nach der Zahl seiner Truppen den österreichischen Truppen sowie der Reichsarmee deutlich unterlegen war. Sein Meisterstück lieferte Heinrich aber mit der Schlacht von Freyberg im Herbst 1762. Er wählte in Reaktion auf das Gelände eine Taktik gegen alle etablierten Prinzipien der damaligen Kriegsführung und hatte damit durchschlagenden Erfolg: Es war die Schlacht mit den geringsten Verlusten auf preußischer Seite, erfochten zu einer Zeit, als Preußen sich weder eine Niederlage noch einen weiteren verlustreichen Sieg mehr hätte leisten können. Damit war Sachsen für den bevorstehenden Winter gesichert und Österreich überzeugt worden, nicht weiter die Unterwerfung Preußens anzustreben, sondern den Waffenstillstand anzubieten und in Friedensverhandlungen einzutreten.

1 Zit. nach Dietrich 1986, S. 317.

Johann Heinrich Tischbein d. Ä., Prinz Heinrich von Preußen (als Sieger der Schlacht von Freiberg 1762), 1769.

Diese militärischen Erfolge trugen keineswegs zur Verbesserung der Beziehung beider Brüder bei, im Gegenteil. Zwar ernannte Friedrich seinen jüngeren Bruder im Dezember 1758 zu seinem Stellvertreter im Oberbefehl und sah ihn auch im Fall seines eigenen Todes als Oberbefehlshaber der preußischen Truppen vor, ferner stellte er rückblickend anerkennend fest, dass Heinrich im Krieg »nie einen Fehler« begangen habe, doch war er gleichwohl bestrebt, dem Bruder die Grenzen seiner Unabhängigkeit stets präsent zu halten. Das Amt des Feldmarschalls beispielsweise blieb Heinrich zeit seines Lebens versagt, während es Ferdinand von Braunschweig von Friedrich II. und dessen Neffe Karl Wilhelm Ferdinand von Braunschweig später von Friedrich Wilhelm II. beide für ihre Leistungen in der preußischen Armee verliehen bekamen – der preußische Prinz von Geblüt empfand diese Zurücksetzung gegenüber Angehörigen eines benachbarten Herrscherhauses als Angriff auf seine Ehre.

Heinrich konnte ferner anhand des Schicksals seines älteren Bruders August Wilhelm erkennen, dass Friedrich II. keinerlei dynastische Solidarität kannte, sondern sich als Feldherr auch auf Kosten seiner Brüder und deren Reputation profilierte, wenn es galt, für Misserfolge einen Schuldigen zu suchen. Hinzu kamen sachliche Differenzen nicht nur über den Krieg als solchen, sondern auch über die Art der Kriegsführung. Heinrich profilierte sich im Krieg als Kritiker des Königs und warf Friedrich dessen Lust aufs »Bataillieren« vor, was Tausende Soldaten und zahlreiche Offiziere mit ihrem Leben bezahlen müssten. Diese Kritik stieß in der Armee durchaus auf Resonanz und zwang den König noch im Nachhinein, sein militärisches Handeln zu rechtfertigen, was er in seiner Geschichte des Siebenjährigen Krieges wortreich tat – eine Schrift, die von Heinrich mit bissigen Fußnoten und Anmerkungen annotiert worden ist. Heinrich seinerseits bemühte sich um eine eigenständige Erinnerungspolitik an den Siebenjährigen Krieg, als er 1791 bei seinem Domizil in Rheinsberg einen Obelisken mit Gedenkmedaillen für die – von Friedrich in seiner Geschichtsschreibung meist übergangenen – Helden dieses Krieges errichten ließ, vor allem aber als Erinnerung an den vom König beleidigten Bruder August Wilhelm.

Angesichts dieser seit dem Siebenjährigen Krieg existierenden Spannungen zwischen König Friedrich II. und Prinz Heinrich verwundert es nicht, dass Heinrich im Bayerischen Erbfolgekrieg nach erneuten Querelen seinen Abschied einreichte und sich nach Rheinsberg zurückzog. Allerdings hatte er sich damit auch alle Möglichkeiten der Mitsprache und des politischen Einflusses endgültig genommen. So hatte Friedrich II. ihm bislang zumindest sporadisch anlässlich diplomatischer Missionen nach Schweden (1770) oder nach Russland (1770/71 und 1776) Möglichkeiten des Auftritts auf der politischen Bühne verschafft, ohne dabei auf sein Prinzip zu verzichten, ihn wie alle anderen Brüder von der politischen Entscheidungsfindung fernzuhalten. Nach Heinrichs Demission indes gelang es dem Prinzen nur unter Vorspiegelung falscher Tatsachen, im Jahr 1784 eine Privatreise nach Frankreich genehmigt zu bekommen. Allein an der Apanagierung eines standesgemäßen Lebens hat es Friedrich II. nach dem Siebenjährigen Krieg nie fehlen lassen, was sich am stattlichen Prinz-Heinrich-Palais in Berlin ebenso zeigt wie an der jährlichen Apanage von 100.000 Talern.

Der Tod Friedrichs II. und der Herrschaftsantritt Friedrich Wilhelms II. verbesserten die Entfaltungsmöglichkeiten Heinrichs nicht. Sein Antrag auf Wiedereintritt in die preußische Armee wurde ihm verwehrt; trotz oder vielleicht gerade wegen seiner langjährigen Dienste für das Land und seiner unzweifelhaften militärischen Erfolge. Auch politische Mitsprache wurde ihm weitgehend verwehrt. Zwar setzte sich der Prinz in zahlreichen Denkschriften für ein Bündnis mit Frankreich ein, während des Ancien Régime ebenso wie nach der Französischen Revolution, sogar in Zeiten der schlimmsten Terrorherrschaft der Jakobiner. Erfolg war diesen Schriften indes nicht beschieden. Nur während der Aushandlung des Basler Friedens (1794–95) hatte er an den politischen Beratungen größeren Anteil. Aber schon bald darauf sah sich Heinrich wieder von der Entscheidungsfindung ausgeschlossen, klagte er im Mai 1795 in einem Brief an Struensee: »Es ist das letzte Mal, daß ich ein Schriftstück einsende, ich lasse den Vorhang nieder, denn es ist weder meinem Charakter, noch meinem Alter, noch meiner Denkweise angemessen, ein einfacher Schreiber zu sein«.[2] Auch wenn sich Heinrich nicht an die Botschaft seines Briefes gehalten und weiterhin zahlreiche Denkschriften verfasst hat – eine andere Rolle als die eines privaten Autors war ihm in Brandenburg-Preußen nicht mehr vergönnt.

Andreas Pečar

Literatur

Richard Krauel: Prinz Heinrich von Preußen als Politiker, Berlin 1902

Chester Verne Easum: Prinz Heinrich von Preußen, Bruder Friedrichs des Großen, Göttingen, Berlin, Frankfurt a.M. 1958

Richard Dietrich (Hg.): Die politischen Testamente der Hohenzollern, Köln/Wien 1986

Eva Ziebura: Prinz Heinrich von Preußen, Berlin 1999

Prinz Heinrich von Preußen. Ein Europäer in Rheinsberg, Ausst.-Kat. hg. von der Stiftung Preußische Schlösser und Gärten Berlin-Brandenburg, München/Berlin 2002

2 Schreiben Prinz Heinrichs an Struensee, zit. nach Krauel 1902, S. 111.

Schloss Königs Wusterhausen – Lieblingsort Friedrich Wilhelms I., hingegen für Kronprinz Friedrich das »Fegefeuer«.

Küstrin an der Oder (Kostrzyn nad Odrą) mit der Festungsanlage, 1731/32 Inhaftierungsort des Kronprinzen.

Neuruppin, Apollo-Tempel. Der ursprünglich offene, hölzerne Tempel wurde von Georg Wenzeslaus von Knobelsdorff 1735 für Kronprinz Friedrich errichtet.

Schloss Rheinsberg – Lieblingsort des Kronprinzen Friedrich.

Berlin, Bebelplatz, der ehemalige Opernplatz mit dem Opernpalais links,
der Hedwigskirche mit hoher Kuppel und der Königlichen Bibliothek rechts.

Kloster Zinna (Stadt Jüterbog) – Wirtschaftsförderung nach dem Siebenjährigen Krieg. Mit der »Planstadt Zinna« ließ Friedrich II. zwischen 1764 und 1777 eine Kolonistensiedlung für sächsische Weber und Spinner anlegen.

Inspektionsreisen

»Der König auf Reisen« gehört zu den bekannten Topoi im Geschichtsbild Friedrichs II. Ohne Zweifel war Friedrich häufig und regelmäßig im Land unterwegs. Allerdings hatten diese Reisen fast ausschließlich einen Beweggrund – die Inspektion und Kontrolle der preußischen Armee. Ziel der Reisen war in erster Linie die Besichtigung der Truppen in den verschiedenen Ländern und Provinzen. Bereits Friedrich Wilhelm I. hatte sich häufig bei der Armee aufgehalten, bei seinem Sohn sollten sich diese Inspektions- bzw. Revuereisen jedoch zu einem festen Bestandteil seiner Herrschaftspraxis ausweiten.

Nach den ersten beiden Schlesischen Kriegen und dann wieder nach dem Ende des Siebenjährigen Krieges folgten die alljährlichen Fahrten einem weitgehend festen Muster. Der König brach gewöhnlich Ende Mai, Anfang Juni zu seiner ersten Inspektionsreise auf. Ziel waren entweder die magdeburgischen oder die pommerschen Truppen. Von Magdeburg aus ging es in einzelnen Jahren weiter nach Kleve oder sogar nach Ostfriesland. Die pommersche Reise dehnte sich mitunter nach Königsberg aus, ab 1772 führte sie dann regelmäßig weiter nach Westpreußen. Nach der Rückkehr im Juni ging es erst wieder Ende August oder Anfang September für zwei bis drei Wochen in Richtung Schlesien. Die neumärkischen Regimenter in Küstrin wurden entweder auf dem Weg nach Pommern oder nach Schlesien quasi auf der Durchreise inspiziert. Natürlich gab es in manchen Jahren auch Abweichungen, waren zeitliche Änderungen möglich. Mitunter fielen einzelne Reisen auch gänzlich aus oder wurden ausgeweitet. Im Anschluss an die Magdeburger Revue besuchte Friedrich etwa mehrfach seine nach Braunschweig verheiratete Schwester.

Der Ablauf der Reisen – die einzelnen Stationen auf dem Hin- und Rückweg oder auch die ganz gezielt dahin bestellten Personen – wurde im Vorfeld detailliert geplant, wobei sich im Laufe der Jahre sicher eine gewisse Routine einstellte. Die Reisewege waren fast immer identisch, was natürlich am Vorhandensein von Straßen bzw. den naturräumlichen Gegebenheiten lag. Nach Pietzpuhl in das königliche Hauptquartier bei Magdeburg gelangte man eben nur über Brandenburg an der Havel. In Richtung Stettin bzw. später dann Stargard konnte es über Müncheberg und Küstrin oder über Freienwalde und mitunter auf dem Rückweg auch über Schwedt gehen. Die schlesische Reise führte gewöhnlich über Fürstenwalde und Frankfurt an der Oder. Änderungen der Reiseroute bestimmte allein der König. Landräte, Steuerräte oder die Magistrate der Städte auf der Route wurden regelmäßig über den Zeitpunkt der Ankunft des Königs informiert, sodass im Vorfeld alles zu seiner Zufriedenheit hatte geregelt werden können. Nicht selten wurden vorher Straßen und Brücken repariert oder in Städten sogar einzelne Häuser abgeputzt und Wege gereinigt, um dem König nicht unangenehm aufzufallen. Freilaufende Hunde sollten eingefangen werden, die Laternen nachts brennen, Bettler und Querulanten aus dem Weg geschafft und für gutes Wasser und Lebensmittel gesorgt werden. Gastwirte hatten ihre Gäste und deren »Character« auf einer Liste einzureichen, welche dem König übergeben wurde.

Die Geschwindigkeit der königlichen Equipage ist von den damaligen Zeitgenossen mit Erstaunen registriert worden. Während der Fahrten nach Schlesien war man bei einem Aufbruch zwischen drei und vier Uhr morgens bereits am Mittag in Frankfurt und übernachtete abends in Krossen an der Oder. Begegneten dem Wagenkonvoi dabei unterwegs Fuhrwerke, so hatten diese anzuhalten und Platz zu machen.

Friedrich begleiteten für gewöhnlich einzelne seiner Brüder, später auch der Thronfolger, sowie eine Reihe von Generälen. Mitunter waren auch fürstliche Gäste anwesend. Darüber hinaus bestand das Gefolge aus einzelnen Beamten, Adjutanten, Pagen, Köchen und Dienern, sodass eine stattliche Reisegesellschaft zustande kam.

Die königliche Gesellschaft reiste gewöhnlich mit unterlegten Vorspannpferden, welche die Bauern der einzelnen, an der Route liegenden Kreise zu stellen hatten. Bei einem derartigen Gefolge war die Zahl der zu wechselnden Pferde an jedem Relaisort natürlich erheblich. Für die Reise nach Schlesien waren dazu mindestens 120 Pferde erforderlich. Die Bauern warteten mit ihren Pferden an den einzelnen Stationen, spannten diese ein und einzelne Bauern begleiteten sie dann bis zum nächsten Relais.

Nach der Ankunft am Zielort erfolgte schließlich die Besichtigung der Truppen. Die Revuen konnten als Generalrevuen, hier zeigten sich die Truppen einer ganzen Provinz, oder als Spezialrevuen einzelner Regimenter ausgelegt sein. Die Einheiten waren dafür bereits einige Tage im Vorfeld in das jeweilige Lager eingerückt. Der König inspizierte Ausrüstung und Waffen, ließ Exerzierübungen durchführen und sich den Rapport über die einzelnen Regimenter vorlegen. Anschließend hatten Infanterie und Kavallerie einzelne Gefechtsübungen vorzuführen. Die Besichtigung konnte noch am selben Tag abgeschlossen sein, sich aber auch länger hinziehen.

In späterer Zeit dienten die Inspektionsreisen mehr und mehr auch dazu, sich vor Ort auch über die regionalen Finanz- und Verwaltungsgeschäfte zu informieren. Die Reisen nach Schlesien nahmen diesbezüglich von Beginn an eine Sonderstellung ein. Sie dauerten nicht nur am längsten, neben den Revuen der schlesischen Regimenter waren es hier auch Fragen der Verwaltung, der Ökonomie oder der Ständepolitik, die den König regelmäßig während seiner Aufenthalte bewegten. Hintergrund war ohne Zweifel das Bemühen um eine dauerhafte Einbindung der eroberten Provinz in den preußischen Machtbereich.

Insbesondere an den Relaisorten, während des Pferdewechsels, bot sich während der Reisen die Möglichkeit der Annäherung an den König. Regelmäßig wird berichtet, dass sich dort eine Vielzahl von Personen eingefunden hätte, um dem König ihre Bittgesuche übergeben zu können und Friedrich mitunter auch ungezwungen den Kontakt mit den Anwesenden gesucht habe. Sicher gab es diese Begegnungen, allerdings ist diese Praxis in der posthumen Erinnerung an den König von späteren Autoren nicht selten verklärt und mythisch überhöht worden. Im Gegensatz zu den Vorspannorten lief beispielsweise der Empfang in den Städten viel organisierter ab, was vor allem im Interesse der örtlichen Magistrate gelegen sein musste. Dem König wurde hier in einer abgeschirmten Atmosphäre ein ausgesuchtes Publikum vorgestellt, meist bestehend aus dem Landrat, Adligen der Umgebung und einigen städtischen Eliten.

Vinzenz Czech

Literatur

Karl Heinrich Siegfried Rödenbeck: Tagebuch oder Geschichtskalender aus Friedrich's des Großen Regentenleben. 1740–1786. mit historischen und biographischen Anmerkungen zur richtigen Kenntniß seines Lebens und Wirkens in allen Beziehungen, 3 Bde., Berlin 1840–1842

Ernst Pfeiffer: Die Revuereisen Friedrichs des Grossen, besonders die schlesischen nach 1763 und der Zustand Schlesiens von 1763–1786, Berlin 1904

Carl Hinrichs: Der allgegenwärtige König. Friedrich der Große im Kabinett und auf Inspektionsreise. Nach teils unveröffentlichten Quellen, Berlin 1942

Gerd Heinrich; Friedrich II. von Preußen. Leistung und Leben eines großen Königs, Berlin 2009, S. 310–321

Judensachen

»Judensachen« – unter diesem Schlagwort rubrizierte die Verwaltung zur Zeit Friedrichs des Großen jene Akten, die sich mit der jüdischen Minderheit in Preußen befassten.[1] Wer heute in diesen Akten blättert (viele von ihnen sind beispielsweise im Geheimen Staatsarchiv Berlin erhalten), kann viel über die Existenzbedingungen von Juden in Preußen und über die Politik, die der König ihnen gegenüber verfolgte, erfahren. Zu Beginn von Friedrichs Herrschaft lebten in Preußen (unter Einschluss des 1742 eroberten Schlesiens) rund 14.000 Juden, was einem Anteil von etwa 0,5% der Gesamteinwohnerschaft von 2,4 Millionen Menschen entsprach. Das Gros dieser Juden, die über religiöse Autonomie verfügten und in eigenen Korporationen (den sogenannten »Landjudenschaften«) organisiert waren, lebte in den östlich der Elbe gelegenen Landesteilen. Dort, nämlich in Berlin, befand sich auch die größte Gemeinde der Monarchie, die rund 2.000 Mitglieder zählte. Daneben gab es allerdings auch Städte wie Magdeburg, Küstrin oder Stettin, in denen Juden die Niederlassung verboten war. Diese Beobachtung verdeutlicht, dass sich – ebenso wie in den anderen Teilen des Alten Reiches – auch in Preußen der Rechtsstatus von Juden erheblich von dem der übrigen Untertanen unterschied. Die Entscheidung, ob sich Juden überhaupt im Lande niederlassen durften oder nicht, fiel nämlich dem König als Landesherrn zu. Und wie andernorts auch, ließ sich dieser eine positive Entscheidung teuer bezahlen. So war es bereits unter Friedrichs Vater, dem »Soldatenkönig« Friedrich Wilhelm I., gewesen. 1722 hatte er seinen Sohn eindringlich vor den Juden gewarnt, die man als »heuschrechen einnes landes« und »Jesus Kristij verrehter« betrachten müsse.[2] Am liebsten hätte Friedrich Wilhelm Juden die Niederlassung gänzlich verboten, doch kamen ihm dabei seine ökonomischen und fiskalischen Interessen in die Quere. 1730 erließ er deshalb ein »Generalreglement«, das den Erwerb eines zur Niederlassung und Heirat notwendigen königlichen Schutzbriefes an hohe finanzielle Voraussetzungen knüpfte und arme Juden möglichst aus dem Lande drängen sollte.

Es zählt zu den großen Widersprüchen von Friedrichs Persönlichkeit, dass er diese Politik nach seiner Thronbesteigung im Jahr 1740 nicht nur nicht beendete, sondern geradezu auf die Spitze trieb – mit oftmals fatalen Konsequenzen für die davon Betroffenen. Aus Friedrichs Feder sind zahllose Äußerungen überliefert, welche die tief sitzenden Vorurteile des Königs gegenüber den Juden belegen. Genannt sei hier lediglich sein 1752 verfasstes Politisches Testament, in dem er seinen Nachfolgern einschärfte, man müsse über »die Juden wachen und verhüten, daß sie sich in den großen Handel mischen, verhindern, daß ihre Zahl steigt, und bei jeder Spitzbüberei ihnen ihr Aufenthaltsrecht nehmen, weil nichts für den Handel der Kaufleute schädlicher ist, als der unerlaubte

1 Die folgenden Ausführungen orientieren sich an: Schenk 2010.

2 Zit. nach: Die politischen Testamente der Hohenzollern, hg. v. Richard Dietrich, Veröffentlichungen aus den Archiven Preußischer Kulturbesitz, Bd. 20, Köln/Wien 1986, S. 236.

Joseph Friedrich Darbes,
Daniel Itzig, 1787.

Handel, den die Juden treiben«.[3] Allerdings wusste Friedrich, dass er im Rahmen seiner ambitionierten Wirtschaftspolitik die Unterstützung von Juden benötigte, die über weitreichende Geschäftsbeziehungen in Osteuropa verfügten und dort zum Absatz preußischer Manufakturwaren beitragen konnten, die in Mittel- und Westeuropa nicht konkurrenzfähig gewesen wären. Seine Judenpolitik war deshalb durchaus widersprüchlich, zielte jedoch insgesamt darauf ab, die Minderheit auf möglichst wenige, besonders finanzkräftige Familien zu reduzieren. Zu diesem Zweck erließ der König 1750 mit dem »Revidierten Generalreglement« eine Judenordnung, die das 20 Jahre zuvor vom Vater erlassene Reglement noch einmal verschärfte und zu den restriktivsten Judenordnungen des 18. Jahrhunderts zählte. Sie teilte die Juden nach ihrer fiskalisch interpretierten Nützlichkeit für den Staat in verschiedene Klassen ein und war nach den Worten des französischen Aufklärers Graf Mirabeau »eines Kannibalen würdig«. Skrupellos in der Wahl der Mittel zeigte sich Friedrich auch im Existenzkampf des Siebenjährigen Krieges (1756–1763). Die »Münzjuden« Daniel Itzig und Veitel Ephraim betraute er mit der Prägung minderwertiger Geldstücke, die im Volksmund bald als »Ephraimiten« berüchtigt waren. Diese Währungsmanipulationen trugen zur Kriegsfinanzierung erheblich bei, heizten jedoch die Inflation an und führten in der Not leidenden Bevölkerung, die von den tatsächlichen Hintergründen nichts wusste, zu einem Anwachsen antijüdischer Stimmungen.

Im Rahmen des Wiederaufbaus nach Kriegsende, dem Retablissement, wuchsen die steuerlichen Belastungen für Juden wiederum weit stärker als jene der christlichen Bevölkerung. Vor allem bemühte sich Friedrich, die Juden in den Dienst seiner Manufakturpolitik zu stellen. Hierbei bediente sich der König der unterschiedlichsten Methoden. In Berlin und Potsdam wurde eine Reihe wohlhabender Juden durch die Anwendung von Druck und das Locken mit vorteilhaften Privilegien dazu gebracht, in den Betrieb von Manufakturen zu investieren. Darüber hinaus führte der Monarch allerlei Sonderabgaben ein, von denen er sich eine Belebung des Gewerbes erhoffte. Beispielsweise zwang er die Juden 1768 als Gegenleistung für das Recht, auch den zweitgeborenen Sohn verheiraten zu dürfen, eine defizitäre Strumpfmanufaktur in Templin zu übernehmen. Ein Jahr später knüpfte er die Vergabe von Konzessionen zur Niederlassung und zum Hausbesitz an den kostspieligen und verlustreichen Export von Waren aus der Königlichen Porzellanmanufaktur Berlin (KPM), deren Produkte bald in halb Europa als »Judenporzellan« verschrien waren. Die ständig steigenden finanziellen Forderungen führten zahlreiche jüdische Familien an

3 Ebd., S. 301.

den Rand der Existenz. Gerade in ländlichen Regionen, in denen die Juden nicht über die finanziellen Möglichkeiten ihrer Religionsgenossen in den Metropolen Berlin, Königsberg oder Breslau verfügten, konnten immer weniger Söhne einen eigenen Haushalt gründen. Viele sahen sich vor die Wahl gestellt, entweder auszuwandern oder zeitlebens unverheiratet zu bleiben. Besonders hart traf es jene mehrheitlich armen Juden, die im Zuge der ersten Teilung Polens (1772) unter preußisches Szepter gerieten. Auf Befehl Friedrichs wurden in den kommenden Jahren mehrere tausend von ihnen aus ihrer Heimat vertrieben und nach Polen abgeschoben.

Paradoxerweise avancierte die Berliner Gemeinde zu gleicher Zeit zu einer der bedeutendsten jüdischen Gemeinden Europas. Itzig und Ephraim, die in königlichen Diensten zu großem Reichtum gelangten »Münzjuden«, erbauten sich in der Hauptstadt eindrucksvolle Palais und imitierten adeligen Lebensstil. Ihr Mäzenatentum trug darüber hinaus maßgeblich dazu bei, dass sich Berlin nach 1763 zu einem Zentrum der jüdischen Aufklärung (hebräisch: Haskala) herausbildete – eine Entwicklung, die vor allem mit dem Namen des 1742 aus Dessau nach Berlin gekommenen Philosophen Moses Mendelssohn verbunden ist. Mendelssohn, dem der König zeitlebens die Aufnahme in die Akademie der Wissenschaften verweigerte, genoss auch im Kreise christlicher Aufklärer hohes Ansehen und war beispielsweise mit dem Dichter Gotthold Ephraim Lessing und dem Beamten Christian Wilhelm Dohm befreundet, die mit ihren Werken *Nathan der Weise* (1779) bzw. *Über die bürgerliche Verbesserung der Juden* (1781) für einen grundlegenden Wandel im christlich-jüdischen Verhältnis eintraten. Glänzender Reichtum neben bitterer Armut, Toleranzdebatten neben tausendfacher Vertreibung: Diese Pole markieren somit die Gegensätze, durch die jüdisches Leben im friderizianischen Preußen geprägt war.

Tobias Schenk

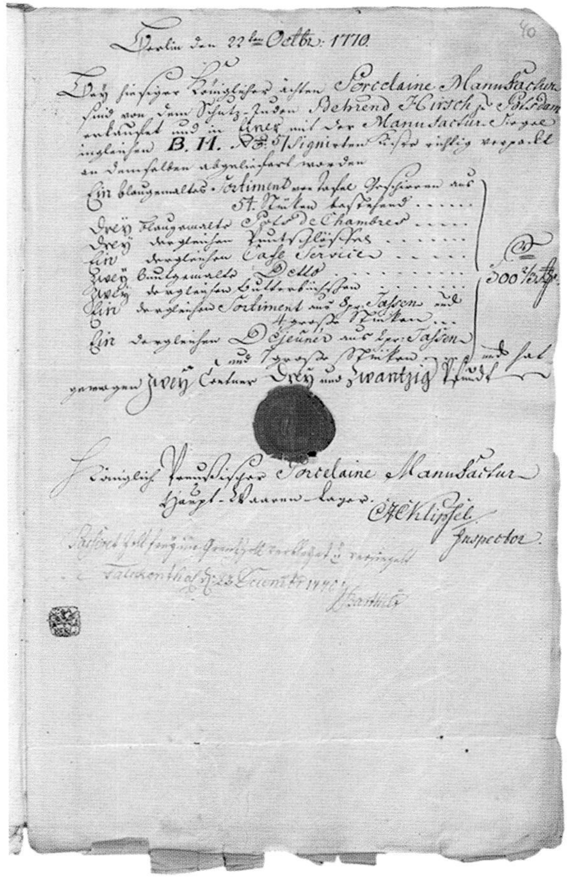

Quittung der Königlichen Porzellanmanufaktur Berlin für den Potsdamer Textilfabrikanten Berend Hirsch vom 22. Oktober 1770.

LITERATUR

Tobias Schenk: Wegbereiter der Emanzipation? Studien zur Judenpolitik des »Aufgeklärten Absolutismus« in Preußen (1763–1812), in: Quellen und Forschungen zur Brandenburgischen und Preußischen Geschichte, Bd. 39, hg. im Auftrag der Preußischen Historischen Kommission, Berlin 2010

Ders.: Friedrich und die Juden. »... den hier muss ein jeder nach seiner Fasson selich werden«? Zur Rolle der Juden Denken Friedrichs des Großen, in: Friderisiko – Friedrich der Große. Die Essays, hg. von der Stiftung Preußische Schlösser und Gärten Berlin-Brandenburg, 2012 (in Vorbereitung)

Kaffeeriecher

Die Einführung des Kaffees in Europa kam einer Kulturrevolution gleich. Heißgetränke waren bis dato unbekannt. Pflanzenaufgüsse wurden allenfalls als Arznei warm verabreicht. Bier, Met oder Wein, Wasser, Fruchtsäfte, Most oder Milch wurden kalt getrunken. Erste Abhandlungen über das neue Heißgetränk unterrichteten den Leser minutiös darüber, wie er den frisch zubereiteten Kaffee zu genießen habe, nämlich vorsichtig und schluckweise, damit er sich nicht die Zunge verbrenne. Allein schon wegen seiner Genussform wurde Kaffee als Neuheit aufgefasst und stieß zunächst oft auf Ablehnung: »Es ist ein schwarzes Wasser, ähnlich wie Tinte, von bitterem Geschmack.« Oder: »Es ist schwarz wie Ruß und schmeckt auch nicht viel anders.«[1] Die dunkle Farbe des Kaffees wird diese geschmacklichen Aversionen noch verstärkt haben. Wurde der Kaffee jedoch mit reichlich Zucker und Sahne verfeinert und in der lockeren Geselligkeit der Kaffeehäuser ausgeschenkt, kamen die Venezianer, Wiener, Leipziger und Berliner schnell auf den Geschmack. »Ei, wie schmeckt der Coffee süße«, lässt Johann Sebastian Bach denn auch 1734 die Tochter des braven Bürgers Schlendrian in seiner Kaffeekantate trällern. Der Vater ist hingegen besorgt über Liesgens zügellosen Kaffeegenuss und ihre daraus zwangsläufig erwachsenden flatterhaften Sitten.

Auf brandenburgischem Boden lässt sich 1722 das erste Kaffeehaus nachweisen. Es wurde vom holländischen Cafétier Olivier als königliches Kaffeehaus am Paradeplatz im Berliner Lustgarten betrieben. Für 2010 Reichstaler hatte es Friedrich Wilhelm I. dort errichten lassen. 1747 musste das königliche Kaffeehaus dem Berliner Dom weichen. Bis 1769 gab es bereits 13 Kaffeehäuser in Berlin. In Potsdam waren das Kaffeehaus von Torchiana oder das von Escher auf der Maulbeerbaumplantage des Waisenhauses beliebte Adressen. Zu Zeiten von Bachs Kaffeekantate ließ sich der Monatslohn eines Handwerkers noch mit ein paar Pfund Kaffee aufwiegen, doch dank gestiegener Importe sanken die Preise für Rohkaffee an den Amsterdamer Märkten um die Hälfte, sodass der Kaffee zumindest in Maßen allmählich erschwinglich wurde. Laut eines amtlichen Berichts habe der Kaffeekonsum 1743 bereits »bis auf den Pöbel […] fortgepflanzt werden können. Gegenwärtig, da der Gebrauch dieses Getränckes bald aufs höchste getrieben zu seyn scheinet, wird man kaum ein mittelmäßiges Dorf finden, da sich kein Kaffee-Geräthe solte antreffen lassen.«[2] Das genussvolle Kaffeetrinken erforderte in der Tat die Anschaffung neuen Geschirres und neuer Küchenutensilien. Hier bot sich für das Bürgertum die Möglichkeit, seinen Wohlstand zu zeigen. Freilich konnten es sich nur wenige – wie der Architekt der ersten barocken Stadterweiterung in Potsdam, Pierre Gayette – leisten, ihren Gästen Kaffee aus einem silbernen Service anzubieten. Für weniger betuchte Handwerker reichte es immerhin noch für

1 Menninger 2004, S. 96.

2 Menninger 2004, S. 337.

3 Kamp 2011, S. 29.

4 Bernd Maether: Kochen für den König. Der friderizianische Hof im Spiegel der Speisezettel und Hofrechnungen, in: Friedrich300 – Colloquien. Friedrich der Große und der Hof, URL: http://www.perspectivia.net/content/publikationen/friedrich300-colloquien/friedrich-hof/Maether_Kochen.

goldene Kaffeelöffel. Weit verbreitet waren hingegen Becher, Kaffee- und Teekannen aus Zinn oder Messing.

War das Kaffeetrinken zu Beginn des 18. Jahrhunderts ein vornehmlich adliges Vergnügen, hatte der Kaffeekonsum bis zum Ausgang des Jahrhunderts selbst die ärmste Klasse der Dorfbewohner erreicht, die wenigstens an Sonn- und Feiertagen ihre Gäste mit diesem Getränk bewirtete. Doch die medizinischen Kontroversen um die Verträglichkeit des Kaffees hielten an. Als sich Ende des 18. Jahrhunderts der Kaffee allmählich auch als allmorgendlicher Wachmacher durchsetzte, verarbeitete der Kapellmeister Johann Friedrich Reichardt die sich ändernden Konsumgewohnheiten in seinem Singspiel »Liebe nur beglückt«. Augenzwinkernd prangert der Komponist die einem Lottogewinn innewohnenden Gefahren für Anstand und Moral an. Nicht nur der Gewinner selbst neigt in Folge des unverhofften Reichtums zu lasterhaftem Lebenswandel: »Sein Weib und seine Kinder vertauschten ihre gesunde Brodsuppe des Morgens mit schädlichem Kaffeegetränk.«[3]

Die Besorgnis um das leibliche und seelische Wohl teilte Friedrich offenbar nicht, denn er konsumierte täglich mehrere Tassen Kaffee, mal mit Wasser, an anderen Tagen mit Champagner zubereitet oder mit Senf gewürzt. Waren in den königlichen Schlössern eigens Bereiche neben der Küche eingerichtet worden, die der Kaffeezubereitung für den König und die Hofgesellschaft dienten, so wurde auf Reisen und im Felde ein Coffetier engagiert.[4] Wie sich Friedrichs Tagesablauf während der Feldzüge gestaltete, darüber äußert er sich gegenüber seinem Vorleser Henri de Catt, als dieser am 13. März 1758 ins Hauptquartier des Königs nach Breslau gerufen worden war: »Während des Feldzuges stehe ich des Morgens um drei Uhr auf, zuweilen auch früher. Ich gestehe, es kostet mich oft Überwindung, mich so zeitig zu erheben; ich würde viel lieber noch ein paar Augenblicke im Bett bleiben, so müde bin ich; aber die Geschäfte würden darunter

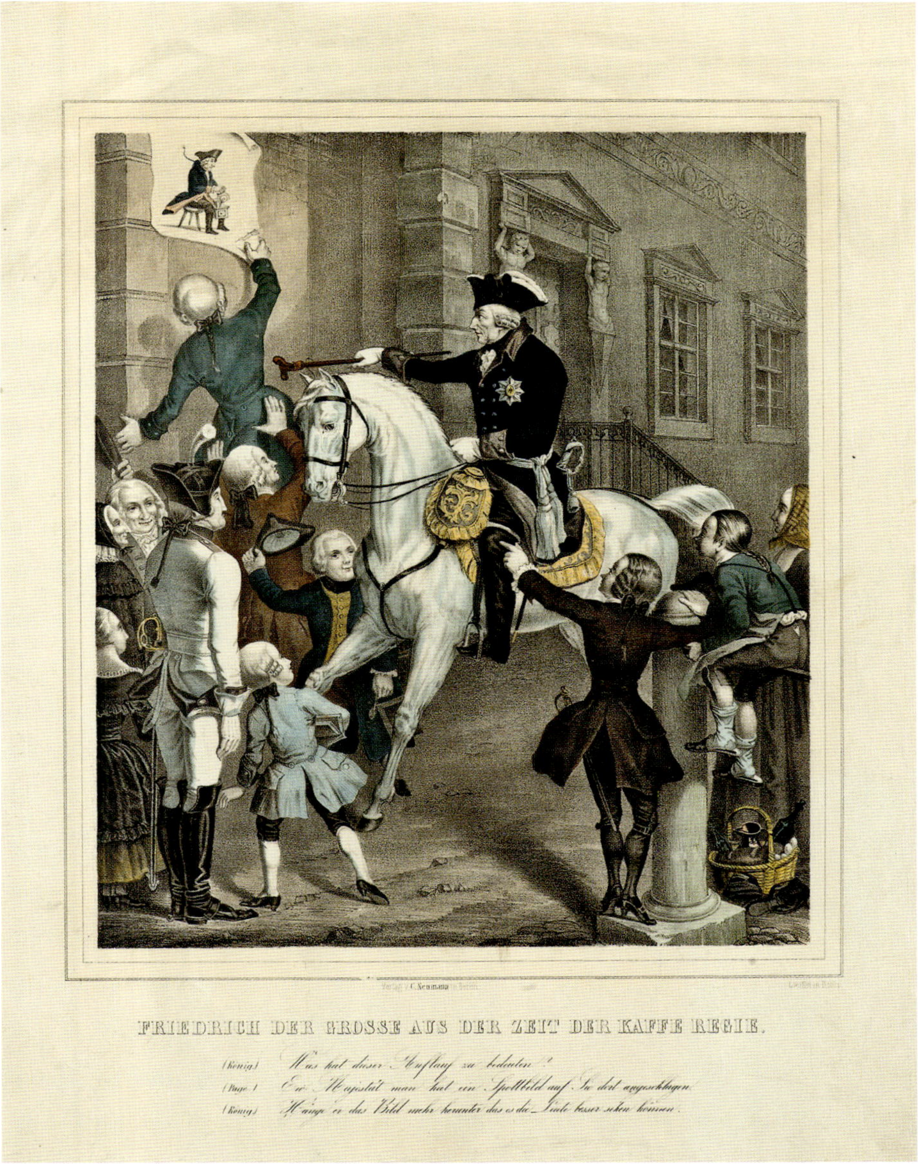

Künstler unbekannt, Friedrich der Große aus der Zeit der Kaffee Regie, um 1840.

leiden. [...] Wenn ich aufgestanden bin, so bringe ich selbst mein Haar in Ordnung, kleide mich an, trinke eine Tasse Kaffee und lese meine Depeschen.«[5]

Aus Staatsraison sollte der Kaffeegenuss aber möglichst auf die höheren Stände beschränkt sein. Wollte Friedrich Wilhelm I. noch an der Lust auf das schwarze Modegetränk mitverdienen, versuchte Friedrich II. seinen Untertanen den Geschmack auf Kaffee durch hohe Steuern zu vergällen. Getreu dem wirtschaftspolitischen Verständnis seiner Zeit zog die Einfuhr von Luxusgütern Geld aus dem eigenen Lande ab. Zugleich galt es, durch gedrosselten Kaffeekonsum die Nachfrage nach einheimischen Bier anzuregen. Denn, wie Friedrich 1768 in seinem politischen Testament kundtat, sollten Abgaben wie die Akzise »den Luxus belasten und die Armut erleichtern.«[6] Diese (Be)Steuerung des Kaffeekonsums wurde in eine Reform des Steuerwesens eingebunden, die nach Ende des Siebenjährigen Krieges zu mehr Übersichtlichkeit und Effizienz, sprich: mehr Einnahmen, führen sollte. Nach französischem Vorbild setzte das Edikt vom 9. April 1766 die »Administration générale des accises et des péages«, kurz: Regie, in Kraft. Mit der Eintreibung der Zölle wurden Beamte aus Frankreich ins Land geholt, die neben ihrem Gehalt an den Steuereinnahmen beteiligt wurden und daher wegen ihres rücksichtslosen Vorgehens bei der Bevölkerung schnell verhasst waren.

Die im Zuge der Regie großzügig auf den Kaffee aufgeschlagene Akzise machte bald 150 Prozent des Endverbraucherpreises aus. Dies führte dazu, dass Mann, anstatt an den Stadttoren ordnungsgemäß die als unverhältnismäßig empfundenen Abgaben zu entrichten, die Kaffeebohnen in Säckchen heimlich über die Stadtmauern warf oder Frau sie einfach unter ihren Röcken versteckt steuerfrei nach Hause brachte. Da somit der meiste konsumierte Kaffee am Fiskal vorbeigeschmuggelt getrunken wurde, ersann Friedrich eine Neuordnung der Kaffeeregie. Am 24. Januar 1781 ließ er daher das Staatsmonopol auf das Kaffeerösten einführen. Röstkaffee durfte nur noch in königlichen *Entrepots* (Zolllagern) und bei ausgewählten Gewürzkrämern verkauft werden. Hier war der Kaffee zu 400 Gramm (24 Lot) und einem Reichstaler in Blechbüchsen erhältlich. Das private Rösten war nur wenigen Privilegierten, Adligen, Offizieren, Geistlichen oder Beamten gestattet. Die Einhaltung des Verbots kontrollierten 200 später 400 Invalide, die sogenannten Kaffeeriecher. Sie patrouillierten durch die Straßen, immer dem Duft frisch gerösteten Kaffees nach, und gingen bei Hausdurchsuchungen ebenso wenig zimperlich vor wie die Beamten der Kaffeeregie. Obwohl nun Einfuhr, Verkauf und Rösten der Bohnen unter staatliche Aufsicht gestellt worden waren, blieben die Einnahmen aus dem Kaffeegeschäft weiterhin rückläufig. Friedrich sah sich daher 1784 genötigt, die Steuerschraube per Dekret zurückzudrehen. Friedrich Wilhelm II. schaffte am 1. Juni 1787 die Regie mitsamt dem Kaffeemonopol und den Kaffeeriechern ab.

Silke Kamp

LITERATUR

Peter Lummel (Hg.): Kaffee. Vom Schmuggelgut zum Lifestyle-Klassiker, Berlin 2002

Annerose Menninger: Genuss im kulturellen Wandel. Tabak, Kaffee, Tee und Schokolade in Europa (16.-19. Jahrhundert) (= Beiträge zur Wirtschafts- und Sozialgeschichte, Nr. 102), Stuttgart 2004

Silke Kamp: »Abends wurde viel vorgelesen.« Sophias Potsdam, in: dies. (Hg.): »So oft der Morgen uns erscheinet«. Das Album der Sophia Nürnbach, Potsdam 2011, S. 24–36

5 Zit. nach: Maether, wie Anm. 4.

6 Zit. nach: Friedrich der Große. Ausstellung des Geheimen Staatsarchivs Preußischer Kulturbesitz anlässlich des 200. Todestages König Friedrichs II. von Preußen, Berlin 1986, S. 238.

Kartoffel

Die Verehrer Friedrichs des Großen lassen es sich nicht nehmen, sein neben Schloss Sanssouci gelegenes Grab regelmäßig mit Kartoffeln zu schmücken. Dass wir ihm dieses Nahrungsmittel zu verdanken haben, gehört zu den Geschichten, die fast jeder mit dem Alten Fritz verbindet. Doch eingeführt hat Friedrich II. die Kartoffel in Preußen nicht.

Bereits sein Urgroßvater, der Große Kurfürst Friedrich Wilhelm, ließ die Pflanze um 1650 von seinem Gärtner aus Holland für seinen Lustgarten am Berliner Schloss beschaffen. In Europa war das Gewächs schon seit der zweiten Hälfte des 16. Jahrhunderts bekannt, nachdem es die Spanier aus Südamerika mitgebracht hatten, wo es die Indianer schon lange kultivierten.[1] Doch in den Speiseplänen Europas spielte die Kartoffel zunächst kaum eine Rolle, denn sie wurde vor allem als exotische Rarität und Zierpflanze in den botanischen Gärten gezogen. Der Anbau von Kartoffeln als Nahrungsmittel begann erst in der zweiten Hälfte des 17. Jahrhunderts, zunächst vor allem in den Niederlanden sowie in Irland und Teilen Englands. Im deutschen Reich werden als erste Anbaugebiete ab 1680 das Vogtland und ab 1700 das Erzgebirge und Unterfranken genannt.[2] Auch in Brandenburg war die Kartoffel als essbare Knolle schon vor der Regierungszeit Friedrichs II. bekannt. Johann Sigismund Elsholtz, der Hofbotanicus des Großen Kurfürsten schreibt 1682, dass Tartuffeln als nährende Speise dienten. Doch sehr verbreitet dürfte das Gemüse auch in den folgenden Jahrzehnten noch nicht gewesen sein, denn das Brandenburgische Kochbuch führt 1723 unter seinen rund 1750 Rezepten lediglich vier Kartoffelrezepte auf.[3]

Friedrich war der erste unter den preußischen Herrschern, der sich bemühte, ihren Anbau zu fördern. So ließ er ab 1744 in Pommern Saatkartoffeln verteilen und forderte die Pfarrer auf, deren Anbau von den Kanzeln zu propagieren. Da diese Anbauversuche erfolgreich verliefen, erließ er im Laufe seiner Regierungszeit mehrere Anordnungen, in denen er auch der Bevölkerung in anderen Regionen den Anbau von Kartoffeln nahelegte. 1748 wies er die Ämter der Kurmark an, die Untertanen dazu anzuhalten, Kartoffeln anzubauen und sie von deren Nutzen zu überzeugen. Zudem forderte er seine Behörden nachdrücklich dazu auf, regelmäßig über Aussaat und Ernte zu berichten.[4] 1756 erließ er eine Circularordre, die als »Kartoffelbefehl« in die Geschichte einging. Doch diese betraf nur das neu eroberte Schlesien. Nachdem seine Beamten berichtet hatten, dass die Bauern dort nicht wüssten, wie die Frucht anzubauen und zu nutzen sei, folgte 1757 eine genaue Unterweisung, um diesen Missstand zu beheben.[5]

Doch scheinen die Anstrengungen Friedrichs, den Kartoffelanbau durchzusetzen zunächst wenig erfolgreich gewesen zu sein. Wenn überhaupt, so bauten die Bauern die Pflan-

1 Heinz-Dieter Krausch: Die Einführung der Kartoffel in Brandenburg – Legenden und Wirklichkeit, in: Mitteilungsblatt der Landesgeschichtlichen Vereinigung für die Mark Brandenburg (2008), Ausgabe 109, S. 82–87.

2 Hermann Heidrich: Kleine Alltagsgeschichte der Kartoffel in Nordbayern, in: Die Kartoffel. Geschichte und Zukunft einer Kulturpflanze, hg. von Helmut Ottenjann/Karl-Heinz Ziessow, Cloppenburg 1992, S. 95–126; Walter Achilles: Die Intensivierung der Landwirtschaft durch den Kartoffelanbau von 1750 bis 1914, in: Die Kartoffel, 1992, S. 205–236.

3 Johann Sigismund Elsholtz: Diaeteticon: Das ist/Newes Tisch-Buch, Cölln a.d. Spree 1682, S. 32; Das Brandenburgische Koch-Buch oder: Die wohlunterwiesene Koechinn, Berlin 1723, S. 489, 511.

4 BLHA Potsdam, Rep. 7, Amt Zechlin, Nr. 463.

5 Sammlung aller in dem souverainen Herzogtum Schlesien und der demselben incorporierten Grafschaft Glanz in Finanz-, Polizey-Sachen etc. ergangenen und publicirten Ordnungen, Edicte, Mandate, Rescripte etc., Bd. 6, Breslau 1763, S. 350, 675.

ze nur in kleinen Mengen in ihren Gärten an. Dem Kartoffelanbau auf den Feldern stand das vorherrschende Agrarsystem der Dreifelderwirtschaft entgegen. Neue Feldfrüchte konnten nur schwer in die damals übliche Abfolge von Wintergetreide, Sommergetreide und Brache integriert werden. Selbst ein Anbau auf den brach liegenden Feldern ließ sich nicht ohne weiteres umsetzen, denn diese wurde als Viehweide genutzt.[6] Auch waren Kartoffeln als Nahrungsmittel bei der preußischen Bevölkerung zuerst wenig beliebt – sie zog die gewohnte, auf Getreide basierende Kost der neuen Frucht vor.

Nach dem Willen des Königs sollte der Kartoffelanbau auch eine wissenschaftliche Grundlage erhalten. Er beauftragte Johann Gottlieb Gleditsch, den Direktor des Botanischen Gartens, mit einer entsprechenden Untersuchung. In seiner Publikation von 1765 geht dieser nicht nur auf die verschiedenen Formen der Vermehrung der Pflanze ein, sondern hebt hervor, dass die Kartoffel um diese Zeit bereits heimisch geworden sei.[7]

Im selben Jahr machte Friedrich II. einen neuen Anlauf, die Kultivierung der Frucht voranzubringen. In der »Cirkulare wegen Beförderung des Kartoffelbaues«[8] (Abb. S. 89) wies er seine Land- und Steuerräthe an, für Saatgut zu sorgen und sicherzustellen, dass alle Bauern mindestens zwei Metzen Kartoffeln pro Hufe Ackerland anbauten. Das entsprach etwa einem Kilogramm je Hektar Ackerfläche. Zudem sollten die Domänenpächter selbst mit gutem Bespiel vorangehen und auch ihre Unterpächter verpflichten, Kartoffeln auszusäen.

Dennoch blieben die angebauten Mengen zunächst klein: In der Kurmark wurden 1765 nur 5862 Wispel Kartoffeln geerntet, was etwa 75.000 Doppelzentnern entspricht. Mit den 215.000 Wispel Getreide, die im gleichen Jahr produziert wurden, konnte die neue Feldfrucht damit noch lange nicht konkurrieren.[9] Doch ging es mit dem Kartoffelanbau in den Folgejahren bergauf: So ernteten die Bauern 1773 bereits 21.384 Wispel – dreieinhalbmal so viel wie acht Jahre vorher. Friedrich II. war mit dem Ergebnis zufrieden, sodass er fortan auf die jährlichen Generaltabellen, in denen seine Beamten die Menge der ausgesäten und geernteten Kartoffeln erhoben, verzichtete.[10]

Die Hungersnot, die den wetterbedingten Getreidemissernten zwischen 1770 und 1772 folgte, gilt als das Ereignis, das der Kartoffel – nicht nur im Herrschaftsgebiet Friedrichs, sondern auch in vielen anderen Regionen Deutschlands – endgültig zum Durchbruch verhalf. In dieser Situation wurde der Nutzen der Kartoffel offenbar: Da die schlechten Witterungsbedingungen dieser nichts angehabt hatten, ließen sich viele Bauern davon überzeugen, die neue Feldfrucht vermehrt anzubauen, um Krisenzeiten besser überleben zu können. Diese bereicherte nicht nur ihren Speiseplan, sondern ließ sich auch an das Vieh verfüttern und verkaufen, denn zunehmend verwendete man die Kartoffel auch zur Branntwein- und Stärkeproduktion.

Ihren eigentlichen Siegeszug trat die Kartoffel erst nach dem Tode Friedrichs an. So wurden 1801 in der Kurmark 129.598 Wispel Kartoffeln geerntet, eine Steigerung um das 22-fache gegenüber dem Jahr 1765. Im Laufe des 19. Jahrhunderts setzte sich die Knolle als eines der wichtigsten Agrarprodukte durch: Wurden im Jahr 1800 in Deutschland geschätzte 1,5% der landwirtschaftlichen Nutzfläche mit Kartoffeln bebaut, waren es 1913 auf dem Höhepunkt des Kartoffelanbaus 13,6%.[11] Die Kartoffel war zu einem Grundnahrungsmittel geworden. Ersetzte sie zunächst vor allem den Armen das Brot, so wandelte sie sich im 19. Jahrhundert zu einer Speise, die von allen Bevölkerungsschichten in vielerlei Variationen genossen wurde.

Welche Bedeutung ist nun Friedrich II. bei der Einführung der Kartoffel zuzuschreiben? Zwar versuchte er – anders als viele Herrscher seines Zeitalters – durch einige königliche Verordnungen den Kartoffelanbau zu fördern,

6 Heinz-Dieter Krausch: Das Wirken von Johann Gottlieb Gleditsch auf dem Gebiete der Landeskultur, in: Gleditschia, Bd. 5, o.O. 1977, S. 24.

7 Johann Gottlieb Gleditsch: Vermischte Physicalisch-Botanisch-Oekonomische Abhandlungen, Bd. I, o.O. 1765.

8 BLHA Potsdam, Rep. 7, Amt Zechlin, Nr. 463.

9 Krausch 1977, wie Anm. 6, S. 24.

10 Rudolph Stadelmann: Preussens Könige in ihrer Thätigkeit für die Landescultur, 2. Theil, Friedrich der Grosse, Leipzig 1882, S. 177.

11 Achilles 1992, wie Anm. 2 S. 216.

doch stellt sich die Frage, ob sich die Kartoffel deshalb in Preußen deutlich schneller verbreitete als andernorts. Tatsächlich bedurfte es nicht immer herrschaftlicher Anordnungen, um den Kartoffelanbau voranzubringen – in anderen Regionen waren es Agrarreformer oder einzelne Bauern, die die neue Feldfrucht einführten und eine wichtige Rolle bei der Verbreitung spielten. Zu bedenken ist auch, dass der Kartoffelanbau sicher nicht im Mittelpunkt der Interessen Friedrichs stand, denn diese galten auf landwirtschaftlichem Gebiet eindeutig dem Seidenbau und den Meliorationen.

Antonia Humm

LITERATUR

»König und Kartoffel«, hg. vom Haus der Brandenburgisch-Preußischen Geschichte, Potsdam 2012 (in Vorbereitung)

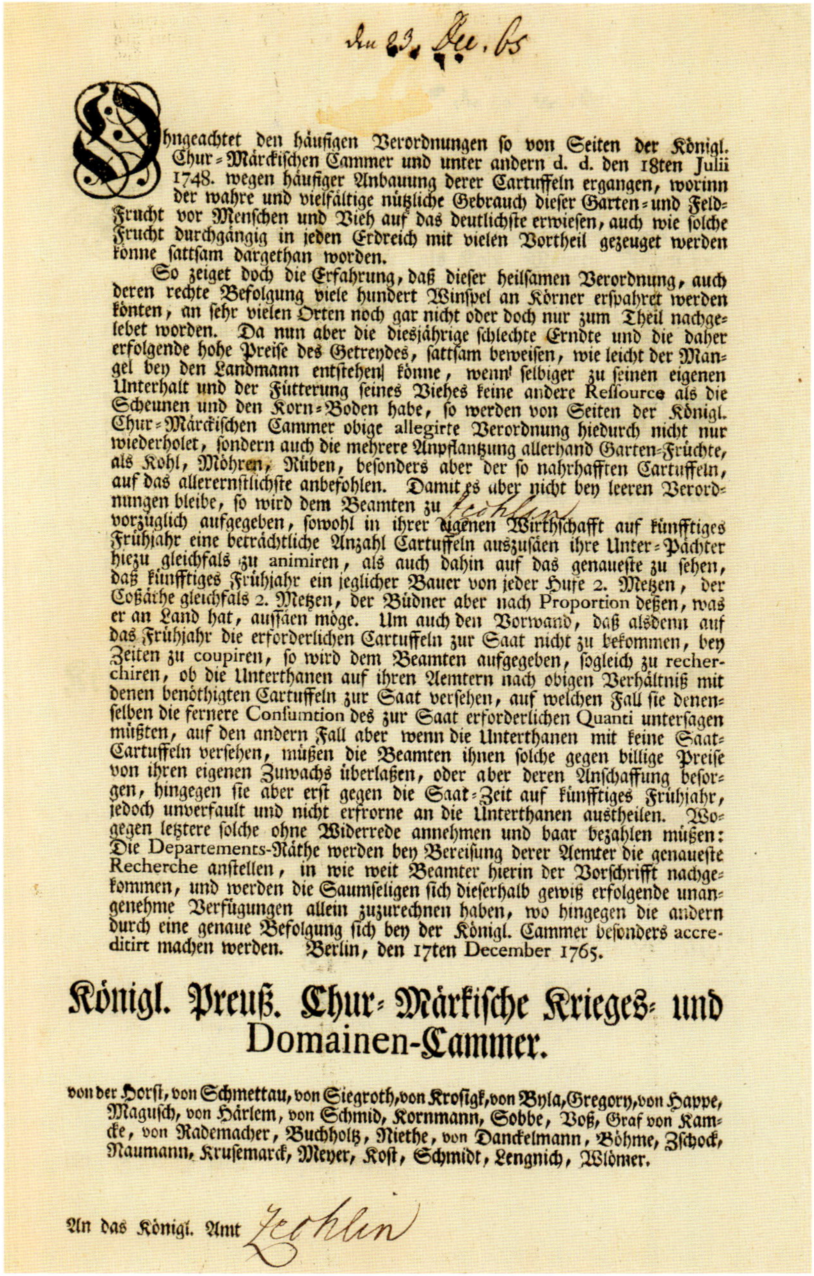

Ohngeachtet den häufigen Verordnungen so von Seiten der Königl. Chur-Märckischen Cammer und unter andern d. d. den 18ten Julii 1748. wegen häufiger Anbauung derer Cartuffeln ergangen, worinn der wahre und vielfältige nützliche Gebrauch dieser Garten- und Feld-Frucht vor Menschen und Vieh auf das deutlichste erwiesen, auch wie solche Frucht durchgängig in jeden Erdreich mit vielen Vortheil gezeuget werden könne sattsam dargethan worden.

So zeiget doch die Erfahrung, daß dieser heilsamen Verordnung, auch deren rechte Befolgung viele hundert Winspel an Körner erspahret werden könten, an sehr vielen Orten noch gar nicht oder doch nur zum Theil nachgelebet worden. Da nun aber die diesjährige schlechte Erndte und die daher erfolgende hohe Preise des Getreydes, sattsam beweisen, wie leicht der Mangel bey den Landmann entstehen könne, wenn selbiger zu seinen eigenen Unterhalt und der Fütterung seines Viehes keine andere Ressource als die Scheunen und den Korn-Boden habe, so werden von Seiten der Königl. Chur-Märckischen Cammer obige allegirte Verordnung hiedurch nicht nur wiederholet, sondern auch die mehrere Anpflantzung allerhand Garten-Früchte, als Kohl, Möhren, Rüben, besonders aber der so nahrhafften Cartuffeln, auf das allerernstlichste anbefohlen. Damit es aber nicht bey leeren Verordnungen bleibe, so wird dem Beamten zu Zechlin vorzüglich aufgegeben, sowohl in ihrer eigenen Wirthschafft auf künfftiges Frühjahr eine beträchtliche Anzahl Cartuffeln auszusäen ihre Unter-Pächter hiezu gleichfals zu animiren, als auch dahin auf das genaueste zu sehen, daß künfftiges Frühjahr ein jeglicher Bauer von jeder Hufe 2. Metzen, der Coßäthe gleichfals 2. Metzen, der Büdner aber nach Proportion deßen, was er an Land hat, aussäen möge. Um auch den Vorwand, daß alsdenn auf das Frühjahr die erforderlichen Cartuffeln zur Saat nicht zu bekommen, bey Zeiten zu coupiren, so wird dem Beamten aufgegeben, sogleich zu recherchiren, ob die Unterthanen auf ihren Aemtern nach obigen Verhältniß mit denen benöthigten Cartuffeln zur Saat versehen, auf welchen Fall sie denenselben die fernere Consumtion des zur Saat erforderlichen Quanti untersagen müßten, auf den andern Fall aber wenn die Unterthanen mit keine Saat-Cartuffeln versehen, müßen die Beamten ihnen solche gegen billige Preise von ihren eigenen Zuwachs überlaßen, oder aber deren Anschaffung besorgen, hingegen sie aber erst gegen die Saat-Zeit auf künfftiges Frühjahr, jedoch unverfault und nicht erfrorne an die Unterthanen austheilen. Wogegen letztere solche ohne Widerrede annehmen und baar bezahlen müßen: Die Departements-Räthe werden bey Bereisung derer Aemter die genaueste Recherche anstellen, in wie weit Beamter hierin der Vorschrifft nachgekommen, und werden die Saumseligen sich dieserhalb gewiß erfolgende unangenehme Verfügungen allein zuzurechnen haben, wo hingegen die andern durch eine genaue Befolgung sich bey der Königl. Cammer besonders accreditirt machen werden. Berlin, den 17ten December 1765.

Königl. Preuß. Chur-Märkische Krieges- und Domainen-Cammer.

von der Horst, von Schmettau, von Siegroth, von Krosigk, von Byla, Gregory, von Happe, Maguſch, von Härlem, von Schmid, Kornmann, Sobbe, Voß, Graf von Kamcke, von Rademacher, Buchholtz, Niethe, von Danckelmann, Böhme, Zschock, Naumann, Krusemarck, Meyer, Kost, Schmidt, Lengnich, Wlömer.

An das Königl. Amt Zechlin

Anordnung »wegen Beförderung des Kartoffelbaues«, 17. Dezember 1765.

Katte

Hans Hermann von Katte kam am 28. Februar 1704 in Berlin zur Welt. Der erstgeborene Sohn des preußischen Generalleutnants Hans Heinrich (seit 1740 Graf) von Katte und der Dorothea Sophie, Tochter des Generalfeldmarschalls und Berliner Gouverneurs Alexander Reichsgraf von Wartensleben, stammte aus einer im »Kattenwinkel« zwischen Elbe und Havel im Kreis Jerichow spätestens seit 1380 angesessenen altadligen Familie (Linie zu Wust). Er war wohl zunächst nicht für den preußischen Offiziersdienst, sondern für eine juristische Karriere bestimmt, auf die er sich nach dem Schulbesuch (ab 1717) des Franckeschen Pädagogiums in Halle (Saale) als Student der Universitäten Königsberg (Pr.) (immatrikuliert WS 1720/21) und Utrecht vorbereitete. Aber die magdeburgische Adelsfronde, zu der die Katten mehr oder weniger zählten, gewann mit Hans Hermann keinen Rechtsgelehrten, der ihre Interessen gegen den Landesherrn vor dem Reichskammergericht oder dem Reichshofrat vertreten konnte (wo 1725 ein Prozess der Magdeburger Stände gegen den König wegen der Lehen-Allodifizierung im Rahmen steuerstaatlich definierter Eigentumsverhältnisse anhängig war). Der Zwanzigjährige schlug vielmehr – laut Familientradition: unwillig – die Offizierlaufbahn beim Gardekürassierregiment Gens d'armes (Kür. Nr. 10) in Berlin ein (8. November 1724 Kornett, 23. August 1729 Sekondleutnant, 7. Juli 1730 Premierleutnant und Regimentsadjutant). Es bedeutete ihm sehr viel, am 7. April 1728 mit etwa 50 Standesgenossen in den Johanniterorden aufgenommen zu werden. Der Ritterschlag verbürgte dem Soldaten zunächst die Aussicht auf weitere materielle Versorgung (Kommende Werben). Er entsprach darüber hinaus einerseits einem gesteigerten adligen Selbstverständnis und besiegelte andererseits die zunehmend festere Einbindung des standesbewussten Johanniters in die staatstragende Elite Brandenburg-Preußens.

Kronprinz Friedrich wollte von dem selbstbewussten Gardekürassier zunächst offenbar wenig wissen. Erst 1729 zog er den weit gereisten, gebildeten und auch musikalisch im Traversflötenspiel geübten Kavalier in seine Umgebung, allmählich auch in den engeren Freundeskreis. Während feststeht, dass Katte aufgrund seiner familiären und politischen Beziehungen (z.B. zu französischen und dänischen Diplomaten, vor allem aber zu seiner Tante Melusine von der Schulenburg, Herzogin von Kendale, Mätresse Georgs I. von Großbritannien) und seines leichtsinnigen Wagemuts für Friedrichs Pläne nützlich war, bleibt die persönliche Intensität ihrer Beziehung der Spekulation überlassen. Zu diesem Thema haben sich seit etwa 1840 zahlreiche Autoren und bildende Künstler nach der Formel geäußert, dass sie diese Beziehung umso intensiver interpretierten, je oberflächlicher ihre Kenntnisse der Fakten waren. Jedenfalls geriet der Subalternoffizier wie von selbst ins Lager der »englischen« Partei am preußischen Hof, die mithilfe des »Doppelhochzeits-Projekts« (zwischen Friedrich bzw. seiner Schwester Wilhelmine und zwei englischen Königskindern) die österreichfreundliche Außenpolitik des Königs zu kippen versuchte. Sicher rechnete Friedrich mit Kattes Kontakten, als er ihn im Frühjahr 1730 in seine Fluchtpläne einweihte und zur Mithilfe verführte – ihn und den früheren Königspagen Peter von Keith, den Friedrich Wilhelm I. im Januar 1730 wohlweislich als Leutnant in ein Weseler Füsilierregiment versetzt hatte.

Im elementaren Streit zwischen König und Kronprinz, im Intrigengestrüpp des außenpolitischen Kampfs der »englischen« gegen die »österreichische« Parteiung bei Hofe, und schließlich auch im Orientierungsdilemma des adelsstolzen Kavaliers, der dort »mit der künftigen Sonne tramierte«, wo er als Gardeoffizier ausschließlich seinem Regimentschef Friedrich Wilhelm I. Gehorsam schuldete – kurz: in einem vielschichtigen Kräftefeld, in dem sich auch ein gereifterer Charakter schwer zurechtgefunden hätte, vollzog sich zwischen Juli und November 1730 Kattes Schicksal im Zuge der preußischen Kronprinzenaffäre. Zu deren Tiefendimensionen zählten der Generationenkonflikt zwischen Vater und Sohn (unter Einschluss von Religionsproblemen) oder die Nachfolgefrage von König und Kronprinz ebenso wie die Außen- (Bündnis- und Heirats-), Innen- (Adels-) und Militärpolitik Friedrich Wilhelms I. Ihm begann damals offenbar der Boden unter den Füßen zu wanken, auf dem er seit 1713 Preußen par force reformierte. Genau dieses Werk wurde durch den politisch kalkulierten, verzweifelt gewagten und nahezu zwangsläufig gescheiterten Fluchtversuch Friedrichs infrage gestellt, in den sich Katte nach eigener Bekundung durch »seine gehabte Ambition« und »seine Gottesverachtung« hineinreißen ließ. Nachdem er einmal in das politische Desertionskomplott aktiv (nach seiner Aussage: bremsend) verwickelt war, verstand er es nicht, sich nach dem Scheitern des ernst gemeinten, aber dilettantisch ins Werk gesetzten Fluchtversuchs Friedrichs (auf einer vom König unternommenen Reise durch Süd- und Westdeutschland, aus dem Steinsfurter »Lerchennest« in der Frühe des 5. August 1730) in Sicherheit zu bringen. Der Gardeleutnant wurde am 16. August 1730 in Berlin verhaftet und bis zum 27. Oktober drei Vorverhören, einem Hauptverhör sowie drei Nachverhören unterzogen. Er versuchte noch im Arrest, handlungsaktiv zu bleiben und sich mit geschulter Beredsamkeit zu verteidigen. Doch gleichgültig, ob man Friedrichs, Kattes und Keiths Aktionen als »Tour de Jeunesse« verharmloste oder mit dem König als Fahnen-

Künstler unbekannt, Hans-Hermann von Katte, nach 1728.

Kattes Gnadengesuch, Oktober 1730.

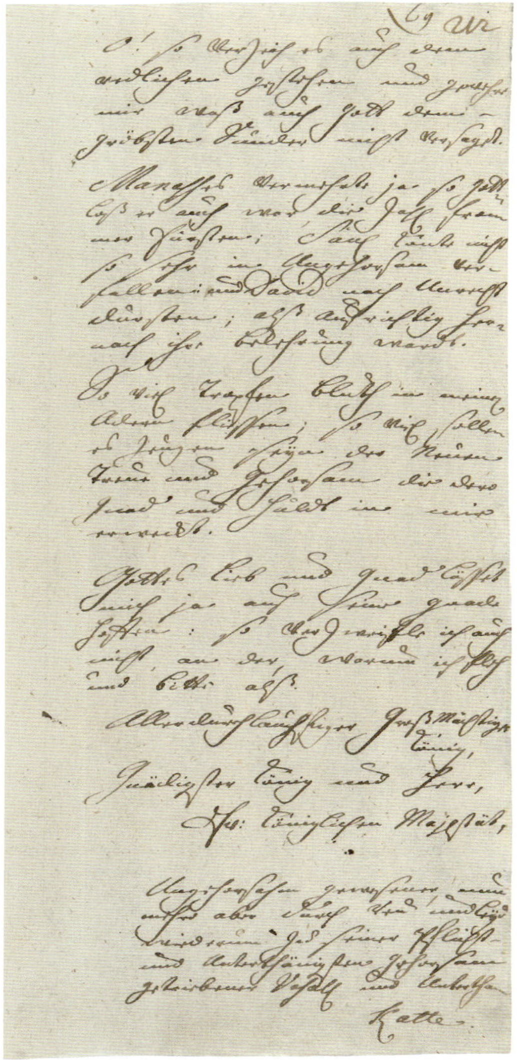

fluchtverabredung brandmarkte, lief alles auf die *eine* Frage hinaus, wie die 16 Offiziere, die Ende Oktober 1730 in Köpenick zum kriegsrechtlichen Spruch über den Kronprinzen und seine Komplotteure zusammenkamen, die juristische Lösung fanden, die einerseits das hochverräterische »Crimen laesae Majestatis« und das militärverbrecherische Desertionskomplott klar bezeichnete und andererseits unter dem Praetext einer fürstlichen Familiensache Friedrich die Krone sowie mit schlauer Juristerei dem Katte den Kragen retten konnte. Obwohl die Köpenicker Kriegsrichter im zweiten Punkt am königlichen Willen zur rechtsstaatlichen Konsequenz scheiterten, war ihnen doch Hochachtung dafür zu zollen, dass sie bei der einmal gefällten Sentenz über Katte (»ewige Festungshaft«) tapfer verharrten, als Friedrich Wilhelm I. von ihnen ein anderes Urteil verlangte. Der König musste es daher am Ende selbst zur Todesstrafe (unter gemilderten, nämlich nicht entehrenden Umständen) schärfen.

Hans Hermann wurde am 6. November 1730 in Küstrin an den Hafträumen des Kronprinzen vorbei zur Hinrichtung auf dem Festungswall hinter der Mühlenpforte kurz vor der Bastion Brandenburg geführt. Dabei wechselten beide letzte Worte. Wahrscheinlich konnte Friedrich aber nach den örtlichen Gegebenheiten *nicht* der Enthauptung zusehen, bei welcher der Delinquent nach Augenzeugenberichten eine beeindruckende Haltung bewies. Seine letzte, bis in die jüngste Vergangenheit nicht immer ungestörte Ruhestätte fand er in der Familiengruft an der Wuster Kirche.

Jürgen Kloosterhuis

Archivalien

GStA PK, BPH, Rep. 47 Friedrich der Große (»Küstriner Akten«)

Literatur

Jürgen Kloosterhuis: Katte. Ordre und Kriegsartikel. Aktenanalytische und militärhistorische Aspekte einer »facheusen« Geschichte, Berlin (2. Aufl.) 2011

Ders. und Lothar Lambacher (Bearb.): Kriegsgericht in Köpenick! Anno 1730: Kronprinz – Katte – Königswort, Berlin 2011

Lessing

Das Verhältnis des bedeutendsten deutschen Aufklärers Gotthold Ephraim Lessing zu Friedrich dem Großen war zwiespältig. 1748 kam Lessing mit großen Erwartungen nach Berlin, die sich in der aufstrebenden preußischen Metropole zunächst zu erfüllen schienen. Er war intensiv journalistisch tätig, erwarb sich einen Ruf als der beste und gefürchtetste zeitgenössische Kritiker und lernte für seinen weiteren Lebensweg prägende Freunde wie Moses Mendelssohn, Friedrich Nicolai und Johann Wilhelm Ludwig Gleim kennen. 1753 bis 1755 erschien seine erste Werkausgabe. Den preußischen Landesherrn schätzte er anfänglich durchaus positiv ein – mit der Zeit trübte sich das Bild freilich. Daran konnte auch die Tatsache nichts ändern, dass er mit glühenden preußischen Patrioten und Friedrich-Verehrern eng befreundet war.

Friedrich, der sich bekanntlich nicht für die deutsche Literatur interessierte, dürfte zunächst wenig Notiz von dem jungen, ambitionierten Literaten genommen haben. Unglücklicherweise erregte Lessings Verwandter Christlob Mylius, mit dem er im journalistischen Bereich eng zusammenarbeitete, mehrfach des Königs Unwillen, zuletzt 1752 im Akademiestreit zwischen dem Präsidenten Pierre-Louis Moreau de Maupertuis und Voltaire. Mylius diskreditierte damit indirekt auch Lessing. Zu allem Überfluss verscherzte sich dieser seinerseits zum Jahreswechsel 1751/52 die Gunst Voltaires, indem er zu sorglos mit einem ihm vorab anvertrauten Exemplar von dessen *Zeitalter Ludwigs XIV.* umging.

Zwar legte Lessing 1753 auch eine als Auftragswerk entstandene Übersetzung von Friedrichs *Trois lettres au public* vor, dennoch waren die genannten Affären in den Augen des

Künstler unbekannt, Gotthold Ephraim Lessing, Ende 18. Jh.

Gotthold Ephraim Lessing, Minna von Barnhelm, Berlin 1767, erste Einzelausgabe.

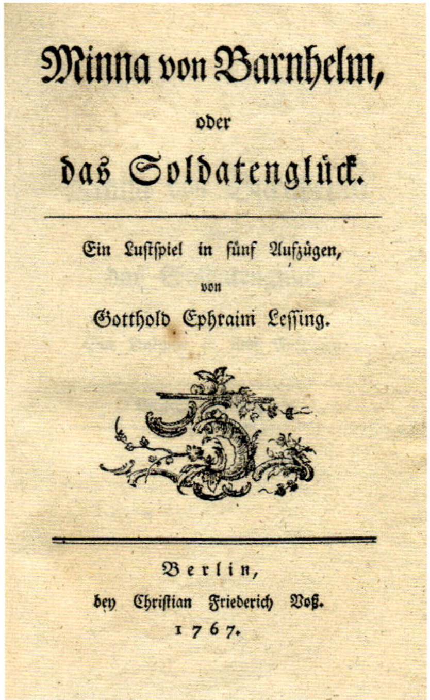

Minna von Barnhelm,

oder

das Soldatenglück.

Ein Luſtſpiel in fünf Aufzügen,

von

Gotthold Ephraim Leſſing.

Berlin,

bey Chriſtian Friederich Voß.

1767.

Königs alles andere als eine Empfehlung. Dass Lessing dabei sehr wohl in Friedrichs Blickfeld geraten war, sollte sich nur zu bald zeigen. 1760 konnten Lessings Freunde noch seine Aufnahme in die Königliche Akademie der Wissenschaften zu Berlin durchsetzen, aber der Versuch, ihm 1765 die Stelle des Bibliothekars an der Königlichen Bibliothek zu verschaffen, schlug fehl. Obwohl er sogar von einem Friedrich nahestehenden Fürsprecher empfohlen wurde, lehnte der König seine Berufung ab.

Ob Lessing und Friedrich sich jemals persönlich begegnet sind, ist nicht belegt. Der Dichter hatte jedoch Gelegenheit, den König aus nächster Nähe zu erleben. 1760, während des Siebenjährigen Krieges, trat Lessing in die Dienste des preußischen Generals Friedrich Bogislav von Tauentzien. Als Gouvernementssekretär führte er u.a. die Geheimkorrespondenz seines Dienstherrn mit Friedrich. Er nahm außerdem 1762 an der erfolgreichen Belagerung der Festung Schweidnitz teil, die zeitweise vom König persönlich geleitet wurde. Lessing erwarb sich so eine intime Kenntnis des preußischen Militärs, des Staates und der Regierungsprinzipien Friedrichs. Was er hier miterlebte, desillusionierte ihn. Es beschäftigte ihn andererseits so, dass er seine Erfahrungen literarisch verarbeitete.

Lessing wäre aber nicht Lessing, wenn er in vorhersehbaren Bahnen agieren würde. So antwortete er auf Siebenjährigen Krieg und Militärzeit nicht mit einer Tragödie, sondern mit seinem Lustspiel *Minna von Barnhelm, oder das Soldatenglück* (1767). Die völlig neuartigen zeitgeschichtlichen Bezüge und die Tatsache, dass die preußischen Ehrvorstellungen in dem Drama weit mehr in Frage gestellt als gepriesen wurden, stellten die Hamburger Uraufführung zunächst infrage.

Letztendlich war Lessing ein zu eigenständiger Denker, um in Friedrichs Preußen Karriere machen zu können. Seine für die Zeit ausgesprochen moderne Auffassung von Patriotismus widersprach geradezu den Grundwerten, auf denen Friedrich sein Staatswesen aufgebaut hatte. An Gleim schrieb Lessing am 14. Februar 1759: »Ich habe überhaupt von der Liebe des Vaterlandes […] keinen Begriff, und sie scheinet mir aufs höchste eine heroische Schwachheit, die ich recht gern entbehre«.[1] Lessing bekannte sich stattdessen zu einem Kosmopolitismus, der in Zeiten des Krieges zwischen seinem Geburtsland Sachsen und seiner damaligen Wahlheimat Preußen mehr als eine Floskel war: »Vielleicht zwar ist auch der Patriot bei mir nicht ganz erstickt, obgleich das Lob eines eifrigen Patrioten […] das allerletzte ist, wonach ich geizen würde; des Patrioten nemlich, der mich vergessen lehrt, daß ich ein Weltbürger sein sollte«.[2] Ein im Dienste Friedrichs erfolgreicher Beamter konnte man mit solchen Ansichten wie auch mit dem Drama *Philotas* (1758) schwerlich werden.

1 Gotthold Ephraim Lessing: Werke und Briefe in zwölf Bänden, hg. von Wilfried Barner u.a., Bd. 11/1, Frankfurt a.M. 1987, S. 311f.

2 Wie Anm. 1, Brief an Gleim, 16. Dezember 1758, S. 305.

Je genauer er Preußen und den König kennenlernte, umso hellsichtiger nahm Lessing auch die Schattenseiten und den Preis wahr, den der Aufstieg zur europäischen Großmacht das Land kostete. So zog er am 25. August 1769 in einem Brief an Friedrich Nicolai ein bitteres Fazit: »Sonst sagen Sie mir von Ihrer Berlinischen Freiheit zu denken und zu schreiben ja nichts. Sie reduciert sich einzig und allein auf die Freiheit, gegen die Religion so viel Sottisen zu Markte zu bringen, als man will. Und dieser Freiheit muß sich der rechtliche Mann nun bald zu bedienen schämen. Lassen Sie es aber doch einmal einen in Berlin versuchen, über andere Dinge so frei zu schreiben, als Sonnenfels in Wien geschrieben hat; lassen Sie es ihn versuchen, dem vornehmen Hofpöbel so die Wahrheit zu sagen, als dieser sie ihm gesagt hat; lassen Sie einen in Berlin auftreten, der für die Rechte der Untertanen, der gegen Aussaugung und Despotismus seine Stimme erheben wollte, wie es itzt sogar in Frankreich und Dänemark geschieht: und Sie werden bald die Erfahrung haben, welches Land bis auf den heutigen Tag das sklavischste Land von Europa ist«.[3] Sicherlich wirkt das Urteil aus heutiger Sicht ebenso überzogen wie Friedrichs Verdikt über die deutsche Literatur, die gerade zu einem epochalen Höhenflug ansetzte. Das Unverständnis des Königs war hier nicht frei von Ignoranz. Es verwundert allerdings nicht, dass Friedrich der selbstbewusste Dichter, der im Interesse der Aufklärung und des Fortschritts scheinbar alles infrage zu stellen wagte, mehr als suspekt erschien. Für ihn, der die französische Literatur bevorzugte und die deutsche gering schätzte, waren Lessings Auftreten und Werk womöglich einfach nur lächerlich anmaßend. Als er 1780 mit seinem Essay *De la littérature allemande* seiner Überzeugung zur Empörung der aufstrebenden deutschen Literatenkreise noch einmal Ausdruck verlieh, wäre Lessing wohl der ebenbürtige Widerpart gewesen, der die Position der neuen deutschen Literatur hätte eloquent vertreten können. Doch dies sollte Lessing nicht vergönnt sein – der große Dichter und Aufklärer starb schon am 15. Februar des folgenden Jahres.

Mit Lessing und Friedrich dem Großen trafen zwei Männer aufeinander, die ihr Jahrhundert jeder in seinem Wirkungsbereich nachhaltig prägten. Lessing »bewunderte Friedrich als aufgeklärten Monarchen und Inspiration für die deutsche Nationalkultur, beklagte aber seine militärische Aggression und seine Gleichgültigkeit gegenüber der deutschen Literatur«.[4] So stehen einer vielschichtigen Kritik an dem preußischen König, die sich auch der Mittel der schöngeistigen Literatur bediente, Aussagen wie die folgende aus einem Brief Lessings an Gleim gegenüber: »Wie froh werde ich sein, wenn ich wieder in Berlin bin, wo ich es nicht länger nötig haben werde, es meinen Bekannten nur ins Ohr zu sagen, daß der König von Preussen dennoch ein großer König ist«.[5] Letztlich tritt uns in Lessings Urteilen über Friedrich die Widersprüchlichkeit des Königs selbst entgegen. Die Hindernisse, die einer Annäherung beider Männer im Wege standen, sind vielleicht nur zu bezeichnend für das Zeitalter Friedrichs des Großen.

Sylke Kaufmann

Literatur

Gotthold Ephraim Lessing: Werke und Briefe in zwölf Bänden, hg. von Wilfried Barner u.a. (= Bibliothek deutscher Klassiker), Frankfurt a.M. 1985–2003

Wolfgang Albrecht: Lessing. Chronik zu Leben und Werk (= Begleitbücher zur Dauerausstellung des Lessing-Museums Kamenz, hg. von Dieter Fratzke), Kamenz 2008

Hugh Barr Nisbet: Lessing. Eine Biographie, München 2008

Sylke Kaufmann, Marion Kutter, Anne Hasselbach: Lessing nachgereist. Eine fotografische Spurensuche, Kamenz 2010

Sylke Kaufmann: Lessings Leben und Werk. Katalog der Dauerausstellung des Lessing-Museums Kamenz, Kamenz 2011

3 Wie Anm. 1, S. 622f.

4 Hugh Barr Nisbet: Lessing. Eine Biographie, München 2008, S. 315.

5 Wie Anm. 1, Mai 1757, S. 189.

Liebe

Wenn man an den »Alten Fritzen« denkt, hat man einen Mann vor Augen, gebeugt unter der Last seiner Pflichten und der Gicht. So scharf wie sein Verstand waren auch seine Briefe, Ordren und Randbemerkungen. Er war ein Mann, der Kriege führte und unerbittlich von sich und seinen Untergeben Gehorsam erwartete. Gab es in einem solchen Charakter Platz für die Liebe? Ja, den gab es! Wenn Friedrich seiner einseitig kriegerisch-glorifizierenden Hülle entmantelt ist, findet sich eine Vielzahl von Hinweisen auf die Liebschaften des Kronprinzen und späteren Königs[1].

Friedrich zeigte durchaus auch Emotionen, so schrieb er in dem kürzlich wiederentdeckten Gedicht *La Jouissance* (Die Lust): »Ein Augenblick der Lust ist für den, der genießt, soviel wert wie ein Jahrhundert der Ehre, dessen schöner Schein trügt.« Wenn er also Lust empfand dann auch Liebe? Dass in der Liebe anfangs nicht nur Männer eine Rolle spielten, lässt zumindest eine Zeile aus einem Brief an von Grumbkow vermuten, in dem Friedrich schrieb: »Ich liebe das weibliche Geschlecht, aber meine Liebe ist nur flüchtig, nachher verachte ich es.«[2] Erste Begegnungen mit der Liebe – doch vieles muss hier im mythischen Vorraum der Spekulation verbleiben – hatte Friedrich wohl am Hofe August des Starken, den er mit seinem Vater besuchte. Hier wurden ihm ein Verhältnis zur Tänzerin Formosa und eine Liaison mit der Gräfin Orzelska, einer legitimen Tochter August des Starken, nachgesagt. Letztere soll sogar eine Schwangerschaft zur Folge gehabt haben.

Konkreter belegt dagegen ist Friedrichs Verhältnis zu Elisabeth Dorothea Ritter, genannt Doris.[3] Eine tiefe Zuneigung – nennen wir es Liebe – verband ihn mit dieser Potsdamerin, der sehr gebildeten Tochter eines Predigers. Diese Beziehung ist allen Gerüchten zum Trotz sehr wahrscheinlich nicht körperlicher, sondern eher geistiger Natur gewesen. Mit ihr musizierte und diskutierte er, Doris scheint Friedrich vor allem durch ihre Bildung und Selbstständigkeit fasziniert zu haben. Eine Verbindung, die Elisabeth Dorothea teuer zu stehen kam. In Verbindung mit der Flucht des Kronprinzen musste sie eine öffentliche Auspeitschung und drei Jahre im Spandauer Spinnhaus über sich ergehen lassen.

Eine tiefere Zuneigung, gar Verliebtheit, verspürte Friedrich auch zu Luise Eleonore von Wreech. Er stattete ihr mehrere Besuche während seiner Küstriner Zeit ab und schrieb ihr Gedichte und Briefe[4]. Hier wiederholte sich wie bei Doris Ritter die Zuneigung des noch jungen Friedrich zu geistig souveränen Frauen. Es war wohl mehr eine intellektuelle als eine körperliche Zuneigung, die ihn an die Damen band. Dass Letztere aber nicht zu kurz kam, mag folgendes Zitat bekräftigen: »[...] um die Wahrheit zu sagen: man hat Fleisch, und ich leugne nicht, daß es manchmal schwach ist [...]«.[5]

1 Hier besonders: Röhrig 2003 sowie Gervais 1986.

2 Otto Bardong: Friedrich der Große, Darmstadt 1982, S. 45.

3 Wie Anm. 1.

4 Kunisch 2009, S. 59; vgl. auch Gervais 1986 , S. 176ff.; Gerd Heinrich: Friedrich II. von Preußen. Leistung und Leben eines großen Königs, Berlin 2009, S. 11.

5 Wie Anm. 2, S. 48, Brief an Grumbkow, 23. Oktober 1732.

Nach Christian Daniel Rauch, Friedrich II. und Knobelsdorff mit der Antinoos-Figur vor Schloss Sanssouci, Sockelrelief am Denkmal Friedrichs II. Unter den Linden in Berlin.

Um die friderizianische »Zuneigungsgeografie« zu verstehen, ist die Beziehung zu seinen Eltern von zentraler Bedeutung. Diese entwickelte sich in sehr unterschiedlicher Weise, zum einen die Mutter, Sophie Dorothea von Hannover, die Friedrich sehr verehrte, für die der Sohn aber wohl vor allem auch Gegenstand dynastischer Heiratsinteressen war[6] und bei der er sich geborgener fühlte als bei seinem Vater. Friedrich Wilhelm I. zwang Friedrich ein umfassendes – einem künftigen Thronfolger entsprechendes – Bildungs- und Kulturprogramm auf. Das Verhältnis zu seinem Vater war denkbar schlecht, spannungsgeladen und gezwungen. Das königliche Elternhaus war sicherlich kein Ort an dem der junge Friedrich viel Liebe erfuhr. Wobei einschränkend zu bemerken ist, dass nicht von einem Familienidyll heutiger Prägung auszugehen ist. Vielmehr war ein distanziertes Familienverhältnis in den europäischen Königshäusern normal. Doch im Falle Friedrichs waren die Divergenzen überdeutlich. Eine Ausnahme in der Familie mag aber

6 Johannes Kunisch: Friedrich der Große. Der König und seine Zeit, München 2009, S. 28; Luh 2011, S. 206.

die Beziehung zu seiner älteren Schwester Wilhelmine gewesen sein, ihr war er in geschwisterlicher Liebe zugetan[7].

Der Begriff der Liebe ist bei Friedrich weit zu fassen, die intellektuelle Zuneigung stand sicher im Vordergrund. Sehr aufschlussreich ist ein Brief an seinen Bruder August Wilhelm.[8] Er solle sich, falls Friedrich sterbe, »an die halten welche ich im Leben am meisten geliebt habe: Keyserling, Jordan, Wartensleben, Hacke, Fredersdorf und Eichel […]«. In dieser Reihe ist sicher auch der Adressat des Eingangs erwähnten Gedichtes Francesco Algarotti zu verorten. Ein italienischer Intellektueller, den der König liebevoll den »Schwan von Padua« nannte. Doch bei aller in Briefen gezeigten Liebe und Zuneigung hat Friedrich seine Freunde oft nicht gut behandelt. Er benutzte sie zum persönlichen Vergnügen oder als Zielscheibe seines Spotts. Nur seinen Kammerdiener Fredersdorff betreffend kann man in Friedrichs – deutschen – Briefen echte Anteilnahme erkennen.[9]

Das wohl spannendste Thema um Friedrichs Liebe(n) ist die immer wiederkehrende Diskussion der »homosexuellen« Orientierung. Die »griechische« Liebe war an den europäischen Höfen durchaus gängig. Erinnert sei an den Prinzen Eugen von Savoyen und seine bekannte Vorliebe für Pagen. Bei genauerer Betrachtung finden sich viele Hinweise auf die Präferenzen König Friedrichs. So wurden in der Bild- und Figurenkonzeption Sanssoucis eine Reihe von sehr bildhaften Zeugnissen zur Liebe im Allgemeinen und zur Homosexualität im Besonderen festgestellt.[10] Kern der Betrachtungen ist die Figur des Betenden Knaben. Dieser wurde als eine Darstellung des Ganymed oder aber des Antinoos identifiziert. Antinoos war der ertrunkene Geliebte des römischen Kaisers Hadrian. Eine historische Figur, die Friedrich kannte und verehrte. Die Figur des sich opfernden und sehnenden Geliebten hat im Park Sanssouci direkt am Schloss einen sehr prominenten Platz, genau gegenüber der königlichen Bibliothek, und galt als hochmoderne Ikone zeitgenössischer Homosexualität.[11] Einer der Vorbesitzer war im Übrigen der bereits erwähnte Prinz Eugen.

Friedrich konnte seine Sehnsüchte – wenn überhaupt – nur versteckt oder im Geist ausleben, doch trotz seines oft sarkastisch-verletzenden Wesens und seiner philosophischen Unnahbarkeit hat er geliebt.

Robert Horzetzky

7 Diese ist aber vor allem aus egoistischen Motiven von Friedrich gepflegt worden. Vgl. Luh 2011, S. 211.

8 Ebd., S. 97.

9 Ebd., S. 211 ff.

10 Vgl. Vogtherr 2004, S. 147–169.

11 Fischbacher 2011, S. 115, 152.

Literatur

Otto R. Gervais: Die Frauen um Friedrich den Großen. Versuch einer Deutung des Liebeslebens Friedrichs II., Salzburg 1986

Heinz Dieter Kittsteiner: Das Komma von Sans, Souci – Ein Forschungsbericht mit Fußnoten, Heidelberg 2003

Anna Eunike Röhrig: Die heimliche Gefährtin Friedrichs von Preußen: das Schicksal der Doris Ritter, Taucha 2003

Christoph Martin Vogtherr: Lusthaus ohne Liebe. Darstellungen der Liebe in Schloß und Park Sanssouci, in: Forschungen zur Brandenburgischen und Preussischen Geschichte, 14. Bd., Heft 2, Berlin 2004, S. 147–169

Johannes Kunisch: Friedrich der Große. Der König und seine Zeit, München 2004

Thomas Fischbacher: Des Königs Knabe. Friedrich der Große und Antinous, Weimar 2011

Jürgen Luh: Der Große. Friedrich II. von Preußen, München 2011

Maulbeere

Der weißen Maulbeere, *mórus álba,* blieb Friedrich II. Zeit seiner Regierung eng verbunden. Die flächendeckende Anpflanzung dieses ursprünglich aus Asien stammenden Baumes bildete die Grundlage des Seidenbaus (Serikultur). Brandenburg unabhängig von ausländischen Seidenimporten zu machen, blieb dabei das stets unverwirklichte Ziel friderizianischer Wirtschaftspolitik. Seide war in der Vormoderne nicht nur wegen ihrer glänzenden Oberfläche begehrt. Sie eignete sich aufgrund ihrer Zugfestigkeit, ihrer Atmungsaktivität und ihres geringen Gewichts wie keine andere Textilfaser für Stickereien, Posamenten, Seidentapeten oder Stoffbezüge, aber auch für Oberbekleidung, Strümpfe, Schuhe, Hüte, Haarbänder, Taschentücher und als Futterstoff. Entsprechend groß war die Nachfrage und, da die Produktion von Seide viel Aufwand, Geschick und Sachkenntnis erfordert, auch ihr Preis.

Zwar hatte bereits Kurfürst Friedrich Wilhelm zum Zwecke des Seidenbaus die ersten Plantagen anlegen lassen, doch konnte aus Mangel an Erfahrung und wegen klimatisch ungünstiger Voraussetzungen der Bestand der Maulbeere nur langsam vergrößert werden. Auch wenn die Maulbeere im Alter recht robust und genügsam ist, so reagiert sie doch in der Baumschule empfindlich auf Nässe, Wind, sandige Böden und Frost – um nicht zu sagen, auf das märkische Klima. Obwohl Friedrich Wilhelm I. befohlen hatte, die Friedhöfe mit Maulbeeren aufzuforsten, gab es in den 1730er Jahren in und um Berlin nur 2000 Exemplare dieses Baumes. Somit stand für Friedrich II. fest: Um einen rentablen Seidenbau in Brandenburg zu etablieren, mussten die Anstrengungen deutlich intensiviert werden, zumal allein seine der Seide zusprechende Hofhaltung die Nachfrage zusätzlich anfachen würde.

Bereits im ersten Regierungsjahr beauftragte Friedrich die Akademie der Wissenschaften mit der Ausarbeitung eines Projektes zur Förderung des Seidenbaus. Maulbeerbaumpflanzer sollten mit 50 Reichstalern jährlich bis zur ersten Ernte der Blätter für ihre Mühe belohnt werden. Weiterhin schlug die Akademie zehn in Frage kommende Stellen vor, wo gute Böden für Maulbeerbäume vorhanden waren, aber vor allem auch *alte Réfugiés*, die Kinder im Seidenbau anweisen könnten, darunter Frankfurt, Potsdam, Spandau, Wusterhausen und Schenkendorf. Von den im Zuge des 1685 erlassenen Edikts von Potsdam in die Mark geflüchteten Hugenotten versprachen sich alle brandenburgischen Landesherren eine Belebung auf dem Gebiet des Seidenbaus, doch erst Friedrich II. initiierte einen Wissenstransfer zwischen ausländischen Seidenbauexperten und Landeskindern. So erhielt etwa von 1749 bis 1784 die Berlinerin Marthe de Pascal 46 Reichstaler im Jahr dafür, dass sie Lehrlinge in der Kunst des Haspelns, des Abwickelns der Seide vom Kokon, unterwies. Allgemein wurde beim Seidenbau viel Vertrauen

Denkmünze »Leistungen der Seidenindustrie«, 1783, auf der Rückseite die Darstellung einer Spinnerin.

in ausländische Fachkräfte gesetzt. Entsprechend groß war die Enttäuschung, wenn sich die in sie gesetzten hohen Erwartungen nicht erfüllten. Dies schrieb man nicht etwa den widrigen Umständen zu, die den märkischen Seidenbau zu einem Lotteriespiel werden ließen, sondern lastete es dem Lebenswandel der Seidenbauinspekteure an.

Zur Belebung des Seidenbaus musste zuerst die Anbaufläche der Maulbeere gesteigert werden. Wer sich wie der Hauptmann David D'Elbech anbot, eine Maulbeerbaumplantage anzulegen, konnte im Gegenzug bei Gesuchen eher mit der Zustimmung Friedrichs rechnen. Umgekehrt wurde der König nicht müde, Edikte zu erlassen, die das Abholzen von Maulbeerbäumen unter Strafe stellten. Dank obrigkeitlicher Kontrolle und Zwang zum Pflanzen und Hegen der Maulbeeren, der insbesondere auf Kolonisten ausgeübt wurde, gelang es Friedrich, den Bestand an Maulbeeren in Brandenburg bis zum Ende seiner Regentschaft auf etwa 600.000 Bäume zu vermehren. Zugespitzt gesagt wurde man im und für den Seidenbau vor allem aus drei Gründen tätig: Erstens: Man wollte wie D'Elbech dem König gefallen. Zweitens: Man brauchte wie Marthe de Pascal das Geld. Drittens: Man wurde dazu gezwungen. Dies betraf vor allem Prediger, Küster und Schulmeister auf dem Lande, an die wiederholt Edikte zum Seidenbau ergingen und die trotz all ihrer Mühen vom König »faule Esels«[1] gescholten wurden.

Aber ohne Anreize war das selbst gesteckte Ziel des Königs von 40.000 Pfund in ganz Preußen zu produzierender Seide unmöglich zu erreichen. Um den *Seidenbauliebhabern* die mühevolle und zeitaufwendige Zucht zu erleichtern, wurden über die Steuerräte der einzelnen Landesteile die Eier des Seidenspinners *bombyx mori* kostenlos verteilt. Unterstützt wurden die Kultivateure auch bei der Anschaffung von Geräten wie Regalen oder Haspelmaschinen. Für eine gute Ernte winkten Prämien. Bis es jedoch soweit war, vergingen fünf Wochen andauernder Sorge um die Früchte der Arbeit. Idealerweise waren die Raupen, die man in einem extra Raum, der Seidenkammer, platzsparend in Regalen auf mehreren Etagen übereinander hielt, bis zu zehnmal täglich mit frischen Maulbeerblättern zu füttern. Mehrmals mussten die Regalböden gereinigt und die Raupen dabei behutsam umgesetzt werden. Um fünf Pfund Seide zu erzeugen, braucht es etwa 200 Arbeitsstunden und bis zu 90 kg Maulbeerblätter, wobei sich der Futterbedarf der Raupen innerhalb der letzten Woche von Tag zu Tag um die Hälfte steigert. Erleichterung konnten sich die Seidenbauenden beim Pflücken der Blätter erhoffen, wofür die Seidenbaukommission bereitwillig Waisenknaben abstellte. Da nur in den wenigsten Fällen Holz zum Heizen der Seidenkammer oder zum Trocknen regennasser Maulbeerblätter zur Verfügung gestellt werden konnte, blieb der märkische Seidenbau vor allem von einem milden,

1 Acta Borussica, Bd. 2, Nr. 932, S. 284, Immediatbericht vom Dezember 1781.

C.G. von Tschirschky, Plan der Gegend von Potsdam, Ausschnitt. Die beiden größten städtischen Maulbeerplantagen die dem Waisenhaus gehörten, befanden sich im Zentrum der Teltower Vorstadt (heute Heinrich-Mann-Allee, im Plan unterhalb der Straßenverzweigung) und ganz im Süden (im Plan mit Bezeichnung). Die mit Maulbeeren bepflanzten Alleen in der von Friedrich gegründeten Siedlung Nowawes sind ebenfalls gut zu erkennen.

sonnigen Frühjahr ohne Nachtfröste abhängig – anders ausgedrückt: von der Quadratur des Kreises.

Der Seidenbau in Brandenburg beruhte auf einer systematischen Verkennung der Lage, an der die zuständigen Inspektoren bereitwillig mitwirkten, um nicht den Sinn ihrer Tätigkeit in Frage zu stellen. So rühre die mindere Qualität der Landseide allein von fehlender Kenntnis des Haspelns her, wie der Italiener Joseph Catena 1783 bemerkte, um damit nicht nur vom eigentlichen Problem des Seidenbaus, seinen klimatischen Voraussetzungen, abzulenken, sondern durch eine nachgeschobene Denkschrift in diesem Mangel wieder einen Beleg für seinen Fleiß und seine unentbehrliche Expertise zu geben. Andere Inspektoren schätzten die Qualität der märkischen Landseide sogar höher ein als die der chinesischen.

Dennoch war es wohl eher die hochwertige Seide aus Frankreich, Italien oder China, die im Schloss Sanssouci und im Neuen Palais Wände, Stühle, Sofas oder Betten zierte, aber von märkischen Fabriken zumindest verarbeitet wurde. Nachweislich die Manufaktur der Gebrüder Baudouin aus Berlin produzierte für das höfische Inventar. Sie profitierten nicht nur von Friedrich als Kunden, sondern auch von seinem Protektionismus, der 1756 zu einem Einfuhrverbot von Seidenstoffen aus Lyon geführt hatte. Den Absatz der Fabrik des Charles Vignes versprach Friedrich 1741 hingegen dadurch zu steigern, dass dessen Seidentapeten ausländischen Gesandten zum Geschenk gemacht werden sollten.

»Ich wünsche, daß ein jeder Bauer sich damit beschäftige«, verkündete Friedrich noch 1775 in einer Kabinettsorder.[2] Zwar ließ sich dank allergrößter Anstrengungen und geschätzten 71.000 Reichstalern allein aus der Manufakturkasse die brandenburgische Seidenproduktion von 100 Pfund auf rund 6.000 Pfund steigern, was immerhin die Hälfte der preußischen Seidenernte ausmachte, doch deckte dies gerade einmal 3% des Bedarfs. Somit lag die eigentliche wirtschaftliche Leistung des märkischen Seidenbaus nicht in der Rohstoffgewinnung für die einheimische Textilindustrie, sondern in der Armutsbekämpfung.

Silke Kamp

2 Kabinettsorder vom 14. April 1775, abgedruckt in: Rudolf Stadelmann: Preussens Könige in ihrer Thätigkeit für die Landescultur, Teil 2: Friedrich der Grosse, Leipzig 1882, Nr. 286, S. 407.

Literatur

Ilja Mieck: Preußischer Seidenbau im 18. Jahrhundert, in: Vierteljahresschrift für Sozial- und Wirtschaftsgeschichte (1969), Ausgabe 56, S. 478–498

Marina Heilmeyer/Michael Seiler: Maulbeeren. Zwischen Glaube und Hoffnung (= Potsdamer Pomologische Geschichten), Potsdam 2006

Silke Kamp: Die verspätete Kolonie – Hugenotten in Potsdam 1685–1809, Berlin 2011

Mirakel des Hauses Brandenburg

»Ich habe diesen Morgen um 11 Uhr den Feind angegriffen. [...] Mein Rock ist von Kugeln durchlöchert, zwei Pferde wurden mir erschossen. Mein Unglück ist, dass ich noch lebe. Unsere Niederlage ist beträchtlich, von einer Armee von 48.000 Mann sind mir knapp 3000 geblieben. [...] Ich habe keine Ressourcen mehr und glaube offen gestanden, dass alles verloren ist. Ich werde den Untergang meines Vaterlandes nicht überleben. Adieu für immer!«[1] Als Friedrich II. am Abend des 12. August 1759 diese Zeilen an seinen Minister Graf Finck zu Finckenstein schrieb, hatte er bei Kunersdorf östlich der Oder seine schwerste Niederlage erlitten, und ein russisch-österreichisches Heer bedrohte Berlin. Der Krieg schien verloren.

Doch die erwartete Katastrophe blieb aus; knapp drei Wochen später berichtete der König seinem Bruder Heinrich: »Ich verkünde Ihnen das Mirakel des Hauses Brandenburg. In der Zeit, da der Feind die Oder überschritten hatte und eine zweite Schlacht hätte wagen und den Krieg beendigen können, ist er [...] abmarschiert!«[2]

Im Juli 1759 war die russische Armee unter General Graf Saltykow von Ostpreußen aus zur Oder vorgestoßen, hatte in der Schlacht bei Kay ein preußisches Korps besiegt und schließlich Frankfurt besetzt. Etwa zeitgleich marschierte das österreichische Korps des Generals Laudon mit 19.000 Mann von Mähren aus durch die Lausitz und erreichte am 3. August ebenfalls Frankfurt, wo es sich mit den Russen vereinigte.

Friedrich, von den Österreichern ausmanövriert, überschritt am 11. August mit etwa 43.000 Mann und 140 Geschützen nördlich von Frankfurt die Oder und griff am folgenden Tag die auf den Höhen von Kunersdorf verschanzte, 65.000–70.000 Mann starke alliierte Armee an. Nach beachtlichen Anfangserfolgen stockte der preußische Vormarsch jedoch, zwei Kavallerieattacken scheiterten nicht zuletzt wegen des unvorteilhaften Geländes, und schließlich gingen Russen und Österreicher zum Gegenangriff über. Am frühen Abend brachen die preußischen Linien, die Soldaten suchten ihr Heil in der Flucht. 19.000 Preußen waren tot, verwundet oder gefangen, sämtliche Geschütze verloren. Friedrich selbst geriet in dem Durcheinander beinahe in Gefangenschaft.

Es ist verständlich, dass es Friedrich und seinem Gefolge angesichts dieser Katastrophe wie ein Wunder erschien, dass die Verbündeten ihren Sieg nicht nutzten, um auf Berlin zu marschieren und die Reste der preußischen Armee mitsamt dem König an der Spitze endgültig zu vernichten. Bei genauerer Betrachtung jedoch hatte der russische General gute Gründe, diesen Schritt nicht zu wagen. Erstens stellte Friedrichs Heer durchaus noch eine Gefahr dar: Schon wenige Tage nach dem Debakel von Kunersdorf verfügte der König bereits wieder über 18.000 Mann, eine Zahl, die durch Heranführung weiterer Truppen ständig wuchs. Demgegenüber hatte Saltykow selbst bei Kunersdorf über 13.000 Mann ver-

1 Sternberger 2009, S. 7.

2 Ebd., S. 52.

Unbekannter Künstler: Friedrich II. in der Schlacht bei Kunersdorf am 12. August 1759, 1850.

loren, darüber hinaus dürfte auch angesichts der langen Versorgungswege sein Munitionsvorrat erschöpft gewesen sein. Ein entscheidender alliierter Sieg war daher nicht sicher. Zweitens bedrohte Prinz Heinrich mit seiner Armee von Schlesien aus die Versorgungslinien der Russen. Drittens schließlich waren es auch persönliche Gründe, die den russischen General zögern ließen. So hätte ihm die Vernichtung Friedrichs zwar kurzfristig die Gunst der zu diesem Zeitpunkt todkranken Zarin, auf längere Sicht aber den Zorn des Thronfolgers beschert, der den preußischen König verehrte.

Also ging der Krieg weiter. Die nach Kunersdorf erwartete Einnahme Berlins erfolgte dann ein Jahr später, als russische Truppen kurzzeitig die Hauptstadt besetzten, ohne jedoch militärisch oder politisch daraus Nutzen ziehen zu können.

War Preußen militärisch nicht zu besiegen, so schwanden doch zusehends seine finanziellen und personellen Ressourcen. Somit war es trotz preußischer Schlachtenerfolge in den Jahren nach Kunersdorf nur eine Frage der Zeit, wann Friedrich seine hohen Verluste nicht mehr würde ersetzen können.

Im Winter 1761/62 hegte der König angesichts der verzweifelten Situation abermals Selbstmordgedanken.

Der Tod der Zarin Elisabeth am 5. Januar 1762 veränderte die Kriegssituation jedoch schlagartig: Unter ihrem Sohn und Thronfolger Peter III., bzw. nach dessen Ermordung unter seiner Witwe Katharina II., schied Russland aus der anti-preußischen Koalition aus, woraufhin diese auseinanderbrach, da auch Schweden, Frankreich und schließlich Österreich am Ende ihrer Kräfte angelangt waren. Friedrich hatte wie durch ein Wunder den Krieg gewonnen.

Vor allem dieses zweite »Mirakel des Hauses Brandenburg« machte zusammen mit der Unbeugsamkeit des Preußenkönigs einen großen Eindruck auf die Nachwelt, auch im Ausland. »Tapferer König, warte noch eine kleine Weile, dann sind die Tage deines Leidens vorbei, schon steht hinter den Wolken die Sonne deines Glücks und wird sich sehr bald zeigen«, schrieb etwa der schottische Historiker Thomas Carlysle in der Mitte des 19. Jahrhunderts in seinem sechsbändigen Heldenepos über Friedrich[3], in welchem die Rettung Preußens durch den Tod der Zarin beinahe den Charakter eines Gottesurteils annahm.

Natürlich griff auch die nationalsozialistische Propaganda während des Zweiten Weltkrieges das Thema auf. 1942 drehte der mit seinem antisemitischen Hetzfilm *Jud Süß* zu zweifelhafter Berühmtheit gelangte Regisseur Veit Harlan mit großem Aufwand den – im Übrigen letzten – Fridericus-Film *Der große König* mit Otto Gebühr in der Titelrolle. Darin schlug Harlan den Bogen von der Niederlage bei Kunersdorf bis zum siegreichen Ende des Siebenjährigen Krieges, wobei die Unbeugsamkeit des Königs und die Opferbereitschaft der Bevölkerung aus gegebenem Anlass in den Vordergrund gerückt wurden.

Im April 1945 nahm die Beschwörung jenes »Mirakels des Hauses Brandenburg« geradezu groteske Formen an: Eingeschlossen im Berliner Führerbunker und angesichts der totalen Niederlage an allen Fronten, las Goebbels unter dem Porträt Friedrichs des Großen einem sichtlich bewegten Hitler zur Erbauung entsprechende Stellen aus Carlysles Werk vor. »Der Führer«, schrieb ein Augenzeuge später, »[hatte] Tränen in den Augen«.[4]

Tatsächlich schien sich jenes friderizianische Wunder zu wiederholen, als am 13. April 1945 der amerikanische Präsident Roosevelt verstarb und er damit – zumindest für Hitler und Goebbels – die Rolle der Zarin Elisabeth in diesem bizarren Drama übernahm. Im Bunker unter der in Trümmern liegenden Reichshauptstadt feierte man die »Wende« des Krieges und den bevorstehenden »Endsieg«, glaubte man doch fest an ein Auseinanderbrechen der feindlichen Allianz wie einst 1762. 17 Tage später jedoch beging Hitler Selbstmord, Goebbels folgte tags darauf – das erhoffte »Mirakel« war ausgeblieben.

Stefan Gläser

Literatur

Olaf Groehler: Die Kriege Friedrichs II., Berlin (Ost) 1989

Christopher Duffy: Friedrich der Große, Düsseldorf 2001

Johannes Kuhnisch: Friedrich der Große. Der König und seine Zeit, München 2009

Jürgen Sternberger: Das Mirakel des Hauses Brandenburg. Die Schlacht von Kunersdorf 1759, Berlin 2009

Marian Füssel: Der Siebenjährige Krieg. Ein Weltkrieg im 18. Jahrhundert, München 2010

Herfried Münkler: Das Mirakel des Hauses Brandenburg, in: ders.: Die Deutschen und ihre Mythen, Bonn 2010, S. 233–255

3 Zit. nach Joachim C. Fest: Hitler, Frankfurt a.M. 1987, S. 1000.

4 Ebd.

Müller-Arnold-Fall

Der Prozess um den Müller Arnold gegen den adligen Grundherrn und gegen die Urteile der gerichtlichen Instanzen gehörte zu den entscheidenden Rechtsfällen aus der Zeit Friedrichs des Großen. Im Verlauf dieses Verfahrens ergriff der preußische König nicht nur Partei, sondern verfügte darüber hinaus durch einen Machtspruch eine Begünstigung des klagenden Müllers. Im 19. Jahrhundert wurde der »Müller-Arnold-Prozess« dann als Beispiel des Eingreifens durch den gerechten König Friedrich verklärt und zu einem Ausdruck des Rechtsschutzes für den »kleinen Mann« überhöht.

Müller Arnold aus Pommerzig bey Jüllichau (Neumark) betrieb eine Wassermühle am Krebsbach, der in die Oder mündet. Als der Landgraf von Gersdorff, welcher Land flussaufwärts besaß, im Jahr 1773 einen Karpfenteich anlegen ließ und damit einen Teil des Flusses umleitete, beklagte sich der Müller über den verminderten Wasserfluss. Als Pächter des Grundstückes bzw. als Erbzinsnehmer war er seinem Grundherrn, dem Grafen von Schmettau, zur Zahlung eines Erbzinses verpflichtet. Nach eigenen Angaben konnte er diesen Zins nunmehr mit dem ausbleibenden Wasser nicht mehr erwirtschaften – daraufhin klagte der Graf vor dem Patrimonialgericht als dessen Gerichtsherr und erhielt ein Urteil, das den Müller zur Zahlung verpflichtete. Arnold wandte sich nunmehr an die nächsthöhere Appellationsinstanz – das Landgericht in Küstrin. Als dieses wiederum das bereits gefällte Urteil bestätigte, supplizierte das Ehepaar Arnold an den König. Im Jahr 1778 erfolgte nach dem weiteren Ausbleiben der Zahlungen die Zwangsversteigerung der Mühle, welche vom Grafen Schmettau aufgekauft wurde.

Nun fand Arnold beim König mit seinen Eingaben Gehör – Friedrich ordnete eine Untersuchung der Angelegenheit an und forderte schließlich das Küstriner Gericht auf, die Schadensersatzklage anzunehmen. Als dasselbe das bereits gefällte Urteil zu Gunsten des Grafen von Schmettau wiederholte, wurde der Fall dem Berliner Kammergericht übertragen. Sehr zum Verdruss des Monarchen bestätigten auch die Berliner Richter die Rechtmäßigkeit des Urteils. Als auch im Anschluss die interne Untersuchung des Urteils vor dem Verdacht der Rechtsbeugung durch die Gerichte keine Änderung ergab, ließ Friedrich die beteiligten Richter aller Instanzen verhaften und wohnte den Verhören zum Teil persönlich bei.

Nun befahl der König zur Genugtuung für den Müller durch das Kammergericht die Aburteilung der vermeintlich unbotmäßigen Richter. Dagegen widersetzten sich die Juristen, allen voran der preußische Justizminister Karl Abraham Freiherr von Zedlitz, und zogen sich für die kommenden Jahre die Ungnade des Monarchen zu. Friedrich fällte schließlich selbst das Urteil und verurteilte die Richter, welche den Spruch gegen den Müller unterzeichnet hatten, zu einem Jahr Festungshaft in Spandau sowie zur Zahlung eines

Vincenzo Vangelisti, Balance de Frederic, 1780.

Schadenersatzes an den Kläger und seine Frau. Die Berliner Juristen zeigten sich von dem Eingreifen des Monarchen brüskiert – der Anspruch an den »aufgeklärten Monarchen« war mit dem Machtspruch wie eine Seifenblase geplatzt, denn Friedrich hatte durch diese Entscheidung bewiesen, dass er durchaus handeln konnte. In seinem frühen Regierungsprogramm, dem sogenannten Politischen Testament von 1752, hatte er noch erklärt: »Ich habe mich entschlossen, niemals in den Lauf des gerichtlichen Verfahrens einzugreifen; denn in den Gerichtshöfen sollen die Gesetze sprechen, und der Herrscher soll schweigen […].«

Dies stellte in der Argumentation des Königs durchaus keinen Widerspruch dar, denn als »Erster Diener des Staates« sah sich Friedrich der Große ebenfalls der Rechtspflege verpflichtet und musste der eigenen Wahrnehmung gemäß dort Recht sprechen, wo es seiner Meinung nach aus Benachteiligung verwehrt wurde. Die Akten und Schriftwechsel zu diesem Lehrstück der preußischen Rechtsgeschichte lassen auf keinerlei beabsichtigte Rechtsbeugung seitens der Richter schließen, sie offenbaren allenfalls Mängel in der Beweisaufnahme und Fehler in der Verfahrensführung. Deshalb wurde der Fall in den europäischen Nachbarterritorien mit Interesse verfolgt und immer wieder Gegenstand juristischer und naturrechtlicher Diskussionen.

Die Begebenheiten um den Müller Arnold flossen zudem in eine weitere Friedrich-Anekdote von großer Bedeutung ein: Die Geschichte des »Müllers von Sanssouci«, der sich der Legende gemäß weigerte, Friedrich dem Großen seine klappernde Mühle zu verkaufen. Er berief sich dabei auf das Spruchrecht des Kammergerichts. Während der eine (Müller Grävenitz in Sanssouci) den royalen Nachbarn auf die Verteidigung der Rechte durch das Kammergericht in Berlin hinwies, hatte der andere (Müller Arnold) eben dort gegenüber dem adligen Grundherrn keinen Erfolg gehabt und seine Interessen nur mit Hilfe eines Machtspruches des Königs durchsetzen können. Wie wenig langlebig diese erzwungene Entscheidung denn auch war, zeigt der weitere Verlauf des Verfahrens: kurz nach seinem Amtsantritt kassierte Friedrich Wilhelm II. schließlich das Urteil und rehabilitierte die Richter vollständig. Dem Müller und seiner Gattin wurde die Zahlung eines Ausgleichs für die Mühle angeboten und der Streit endgültig geschlichtet. Damit bezog der Neffe Friedrichs des Großen eindeutig Position in der Frage der Zuständigkeiten und wirkte an dem Bild des oft eigenmächtig durchgreifenden Königs mit, der seine Entscheidung ohne Rücksicht auf die Folgen durchsetzen wollte. Diese in der Forschung des 20. Jahrhunderts oft vertretene These verkennt jedoch den ambivalenten Zeitgeist des 18. Jahrhunderts, der es Friedrich dem Großen ermöglichte, einerseits neuartigen, aufklärerischen Idealen anzuhängen und andererseits ein Verständnis als Landesvater, ausgestattet mit dem Recht zur Kontrolle der Arbeit der Gerichte, zu entfalten. Eben dieses Spannungsfeld lässt den Rechtsspruch Friedrichs im Müller-Arnold-Fall bis in die heutige Zeit und in der Rezeption des Preußenkönigs nachwirken.

Janine Rischke

Literatur

Echte Darstellung der bekannten Müller-Arnoldischen Sache 1787, Neudruck Berlin 1904

Josef Karlmann Brechenmacher: Friedrich der Große und der Müller von Sanssouci, in: Zeitschrift für den deutschen Unterricht 21 (1907), S. 273–288

Albert Wesselski: Der Müller von Sanssouci, in: Mitteilungen des Vereins für die Geschichte Berlins 44 (1927), Heft 4, S. 147–152

Malte Diesselhorst: Die Prozesse des Müllers Arnold und das Eingreifen Friedrichs des Großen, Göttingen 1984

Nachfolger

Das Ansehen Friedrich Wilhelms II. (1744–1797) ist bis heute durch seinen Onkel Friedrich II. von Preußen geprägt. So wie dieser seinen künftigen Nachfolger in Worten und Taten verunglimpfte, beurteilte ihn auch die Nachwelt. Immer wieder wurden Versuche unternommen, um den vermeintlich schlaffen Versager differenzierter zu betrachten. So bemerkte bereits Theodor Fontane, es sei »niemals [. .] eine ganze Epoche so weit über Recht und Gebühr hinaus gebrandmarkt worden, wie die Tage Friedrich Wilhelms II. [...].«[1] Trotz dieser Bemühungen ist der Nachfolger Friedrichs bis heute vor allem als Genussmensch und Frauenheld in Erinnerung.

Noch vor seiner Geburt beeinflusste Friedrich II. das Leben seines Neffen nachhaltig, indem er seinem Bruder August Wilhelm kurz vor Beginn des Zweiten Schlesischen Krieges den Titel »Prinz von Preußen« verlieh und somit zum Thronfolger ernannte. Nur wenige Monate nach dieser Erhebung gebar die Frau August Wilhelms, Prinzessin Luise Amalie von Braunschweig-Wolfenbüttel, ihren ersten Sohn, welcher nach seinem Großvater Friedrich Wilhelm benannt wurde. Von Anfang an wurde er durch seine Erziehung als späterer Thronfolger – den Titel »Prinz von Preußen« erhielt er nach dem Tod seines Vaters im Jahr 1758 – auf seine Aufgaben als König von Preußen vorbereitet. Diese überwachte und steuerte Friedrich II. selbst, indem er unter anderem die Erzieher aussuchte und sich über das Wesen des Prinzen unterrichten ließ. Dabei übte er oft Druck auf die Erzieher und auf Friedrich Wilhelm selbst aus, da er den Jungen zu schüchtern und scheu fand. So verwundert es nicht, dass das Verhältnis des künftigen Königs zu seinem Onkel zunächst vor allem durch Furcht und den Wunsch, ihm zu gefallen, geprägt war. Mit der Zeit begab er sich in eine mehr oder weniger offen gelebte Opposition zu Friedrich II. Sie zeigte sich z.B. in seinen künstlerischen Vorlieben: Friedrich Wilhelm interessierte sich demonstrativ für deutsche Schriftsteller, die Friedrich hingegen verachtete.[2] Des Weiteren bevorzugte er, im Gegensatz zum frankophilen Friedrich, englische Kunst und Kultur. In ähnlicher Weise hatte Friedrich II. als junger Mann versucht, sich mit eigenen Interessen vom ungeliebten Vater abzugrenzen. Offensichtlich wiederholten sich hier die gleichen Konflikte, die Friedrich II. mit seinem Vater ausgefochten hatte – es lässt sich eine regelrechte Reinszenisierung feststellen.[3] So sind auch bei der Eheschließung zwischen Onkel und Neffe erstaunliche Parallelen zu ziehen. Friedrich beschloss ohne weitere Rücksprache, den Thronfolger im Jahr 1765 mit der dynastisch nicht sehr bedeutenden Prinzessin Elisabeth Christine von Braunschweig-Wolfenbüttel zu verheiraten. Ähnliches hatte er etwas mehr als 30 Jahre zuvor selbst erfahren, als er die Tante dieser Prinzessin, die zudem den gleichen Namen hatte, heiraten musste.

1 Theodor Fontane, Wanderungen durch die Mark Brandenburg. 3. Teil: Havelland. Die Landschaft um Spandau Potsdam, Brandenburg, Berlin 1977, S. 304f.

2 S. dazu auch: Alfred Hagemann: Friedrich und sein Nachfolger – Déjà-vu eines Traumas, in: Friederisiko – Friedrich der Große. Die Essays, Katalog, hg. von der Generaldirektion der Stiftung Preußische Schlösser Berlin-Brandenburg, München 2012.

3 S. dazu auch: Ernst Lürßen: Reinszenierung eines massiven Traumas. Leitmotive im Leben Friedrichs des Großen, in: Jutta Gutwinski-Jeggle (Hg.): »Die klugen Sinne pflegend«: psychoanalytische und kulturkritische Beiträge. Hermann Beland zu Ehren, Tübingen 1993, S. 414–431.

Frédéric Reclam, Friedrich Wilhelm II. als Kronprinz, um 1765.

Das Kronprinzenpaar bezog in Potsdam ein wenig repräsentatives Gebäude und konnte sich nur mit Erlaubnis des Königs aus Potsdam entfernen. Zu dieser Zeit hatte Friedrich Wilhelm bereits ein Verhältnis mit seiner langjährigen Mätresse Wilhelmine Encke, späterer Gräfin von Lichtenau. Zwar wollte Friedrich II. solche Affären nicht dulden, konnte dieser dauerhaften Beziehung aber nur wenig entgegensetzen, sodass er sie letztendlich akzeptierte. Weniger Entgegenkommen erfuhr die Kronprinzessin bei Bekanntwerden ihrer außerehelichen Beziehung. Friedrich Wilhelm setzte nach vier Jahren Ehe die Scheidung durch. Wenige Monate später heiratete er Friederike Luise von Hessen-Darmstadt. Sie konnte sich besser mit den anderen Frauen im Leben Friedrich Wilhelms arrangieren und erfüllte ihre wichtigste Aufgabe zur Genüge: Insgesamt sechs Kinder, darunter vier Söhne, erreichten das Erwachsenenalter und sorgten somit für den dynastischen Fortbestand.

Da Friedrich den Thronfolger fast gänzlich aus jeglichen politischen Geschäften heraushielt, blieb ihm nur der Rückzug ins Privatleben. Zwar nahm er unter anderem an Sitzungen des Kammergerichts teil oder wurde zu Inspektionsreisen in verschiedene Provinzen geschickt. Allerdings hatte Friedrich II. nicht nur seinen Ministern verboten, ihn in die Regierung einzubeziehen, auch er selbst verwehrte ihm einen tieferen Einblick in die preußischen Staatsgeschäfte. Dies lag weniger an der vermeintlichen Unfähigkeit des Thronfolgers, die Friedrich jedoch gern – auch in der Öffentlichkeit – betonte. Ebenfalls war es nicht die Furcht vor möglichen Intrigen, wenngleich er dies in seinem Testament von 1752 im Abschnitt zu den Prinzen von Geblüt behauptete: »Sil y a quelque Intrigue, quelque Cabale ou quelque menée a aprehender, C'est d'eux qu'elle peut Venir. […] Le meilleur parti qu'on puisse prendre avec eux, c'est […] de les traiter avec toute La Distinction qui apartient a Leur Naissance, […] mais de Les Elloigner des affaires […].«[4] Vielmehr ist sein Selbstverständnis für sein Vorgehen verantwortlich. Sein Anspruch monarchischer Selbstherrschaft, der sich auf alle Bereiche von Politik und

Verwaltung erstreckte, ließ keinen weiteren Eingeweihten neben sich zu.

Auch nach dem Tod seines Vorgängers musste sich Friedrich Wilhelm mit ihm auseinandersetzen, nur dass er diesmal – scheinbar – am längeren Hebel saß. So widersetzte er sich dem Begräbniswunsch seines Onkels, den dieser 1769 in seinem Testament formuliert hatte: »J'ai vecû en filosofe et je veux être enteré Comme Tel, sans apareil, sans faste, Sans Pompe […] on m'entera a Sansouci au haut des terrasses […].«[5] Friedrich Wilhelm II. veranstaltete hingegen eine prunkvolle Beisetzung in der Potsdamer Garnisonskirche neben dessen verhasstem Vater Friedrich Wilhelm I. von Preußen. Die Beziehung zwischen Onkel und Neffe lässt vermuten, dass Friedrich Wilhelm weniger aus Gründen der Pietät, wie immer wieder gern angeführt wird, dem Vorgänger seinen letzten Wunsch nicht erfüllte. Vielmehr verweigerte er damit Friedrich die Krönung seines inszenierten Lebens als »Roi philosophe« und gliederte ihn stattdessen wieder in die Reihe der Hohenzollernkönige ein. Erst Generationen später fand Friedrich II. an dem von ihm gewünschten Platz seine letzte Ruhe.

Nach dem Tod Friedrichs II. konnte Friedrich Wilhelm als neuer König von Preußen gestaltend in die Geschicke des Staates eingreifen. Dabei hatte er nach der 40-jährigen autokratischen Herrschaft Friedrichs II. einen großen Reformstau aufzulösen. So setzte er unter anderem eine verbesserte Steuerpolitik durch und widmete sich der Reformierung des Bildungswesens. Allerdings blieben viele Änderungen durch außenpolitische Schwierigkeiten unvollendet. Neben politischen Neuerungen war Friedrich Wilhelm vor allem auch Wegbereiter neuer Stilrichtungen in Kunst und Kultur. So hielt unter seiner Regierung der Klassizismus in Preußen Einzug. Zudem gewannen deutsche Oper und Literatur an Bedeutung und lösten damit die von Friedrich II. geförderte Vorherrschaft des Französischen ab. Während seiner Regierungszeit konnte Friedrich Wilhelm II. also durchaus eigene Schwerpunkte setzen. Somit sollte das Urteil, welches ihm durch seinen Onkel Friedrich II. und durch die Nachwelt zukam, hinterfragt werden.

Ute Christina Koch

Literatur

David E. Barclay: Friedrich Wilhelm II. (1786–1797), in: Preußens Herrscher. Von den ersten Hohenzollern bis Wilhelm II., hg. von Frank-Lothar Kroll, München 2006, S. 179–196

4 Friedrich II. von Preußen: Testament politique [1752], in: Richard Dietrich (Hg.): Die politischen Testamente der Hohenzollern, Köln 1986, S. 316 (Übersetzung ebd., S. 317: »Wenn es irgendeine Intrige, Kabale oder Ränke zu fürchten gibt, sind sie es, von denen sie kommen kann. […] die beste Stellung, die man ihnen gegenüber einnehmen kann, besteht darin, […] alle mit der ihrer hohen Herkunft gebührenden Auszeichnung zu behandeln […] von den Staatsgeschäften aber fernzuhalten […]«).

5 Testament. Friedrich II., König von Preußen, Düsseldorf 1997, § 1. (Übersetzung ebd.: »Ich habe als Philosoph gelebt und will als solcher begraben werden, ohne Gepränge, ohne feierlichen Pomp. […] Man bestatte mich in Sanssouci auf der Höhe der Terrassen […]«).

Neues Palais

Nach der Fertigstellung des Neuen Palais verbreitete sich im Volk schnell die Ansicht, dass die drei Grazien auf der Kuppel des Schlosses, die die preußische Krone in die Höhe halten, die Gegenspielerinnen Friedrichs im Siebenjährigen Krieg – die »verdammtesten Unterröcke Europas« – verkörpern würden: Kaiserin Maria Theresia von Habsburg, Zarin Elisabeth von Russland sowie die Marquise de Pompadour, Mätresse des Königs Ludwig XV. von Frankreich.[1]

Der Grund für diese Annahme lag in der Entstehungsgeschichte des Schlosses und der Intention Friedrichs: Es sollte in erster Linie vom Ruhm Preußens künden. Die konkrete Umsetzung des Baus stand in engem Zusammenhang mit dem Kriegsende und war letztendlich eine architektonische Manifestation des Erhalts des Status quo Preußens gegenüber einer überlegenen Allianz. Trotzdem gingen die Planungen zum Bau bis in die Jahre 1755/56 zurück. Erste Pläne ließ sich der König von Johann Büring sowie Heinrich Ludewig Manger anfertigen. Für den Standort sollte eine Freifläche an der Havel, in der südlichen Verlängerung der Terrassenachse Sanssoucis, erworben werden. Mit Kriegsausbruch und den damit verbundenen Kosten und Entbehrungen legte man die Pläne zunächst auf Eis.

Unmittelbar nach Kriegsende übernahm der Architekt Johann Büring 1763 die Bauleitung und setzte die Pläne des Königs in die Tat um – allerdings nicht an der ursprünglich geplanten Stelle, sondern am westlichen Ende der Hauptachse des Parks Sanssouci. Eine Sichtbeziehung zu Schloss Sanssouci war nun nicht mehr möglich. Über die genauen Gründe für die Standortverlegung kann nur spekuliert werden, denn die Idee einer nord-südlich verlaufenden Hauptachse entsprach durchaus dem barocken Ideal. Womöglich traten Schwierigkeiten beim Ankauf des vorgesehenen Havelgeländes auf. Friedrich selbst machte es seinen Architekten auch nicht einfach.

Ähnlich wie bei anderen Schlössern griff der König auch beim Bau des Neuen Palais aktiv in die Planung ein und hatte genaue Vorstellungen davon, wie die Gebäude zu gestalten seien. Er war ungeduldig, von einer ausgeprägten Sparsamkeit angetrieben und zudem ein architektonischer Laie, der sich jeder Form von fachkundiger Beratung verweigerte.[2] Manger, der auch weiterhin in den Schlossbau involviert war, konnte in seiner »Baugeschichte« von einigen Konflikten berichten. Vor allem fürchtete der Architekt die sumpfige Beschaffenheit des Bodens, aber entsprechende Vorsichtsmaßnahmen beim Bau ließ Friedrich II. meist nicht zu. Ein bereits weit fortgeschrittener Sockel wurde wieder zurückgebaut, weil es dem König erschien, »daß (man) mit dem Fundamente so hoch über den Boden gegangen wäre«.[3] Manger behielt Recht, das Grundwasser blieb immer ein Problem und verursachte letztendlich viele Kosten bei der Instandhaltung. Sehr kritisch meinte er:

1 Vgl. Szelat, in: Kunow, Morgenstern und Theilig 2007, S. 92–100, hier S. 94.

2 Vgl. Thiele.

3 Vgl. Manger 1789, S. 257.

Karl Christian Wilhelm Baron, Neues Palais vom Klausberg, 1775.

»Der weiseste Bauherr sollte doch wahrlich von praktischen Sachverständigen Widersprüche dulden, zumal wenn sie wegen untrüglicher Erfahrung gemacht werden. Es würden weit weniger Fehler vorfallen, die man hernach doch insgemein blos dem Baumeister zuschreibt.«[4] Die Differenzen zwischen den Architekten und dem König führten dazu, dass Büring 1764/65 von Carl von Gontard abgelöst wurde.

Diesem gelang es, den Bau im Jahre 1769 fertigzustellen. Es entstand eine mächtige Dreiflügelanlage, die über fast 200 Räume verfügte und sich über 230 Meter erstreckte. Der Wunsch Friedrichs nach einer Fassade aus roten Klinkersteinen konnte aus Kostengründen nicht umgesetzt werden. Um zumindest den Anschein zu wahren, wurde die Fassade rot getüncht und erhielt weiße Zierfugen, sodass die typisch holländische Verblendung mit Ziegeln nachempfunden werden konnte. Risalite und kolossale Pilaster im Sinne des italienischen Architekten Palladio prägen außerdem das äußere Erscheinungsbild. Geschmückt wurde das Schloss mit über 400 Figuren, die von zahlreichen Bildhauern in Akkordarbeit erstellt wurden. Zum Garten hin folgen diese Figuren einem musischen Programm, in Richtung Ehrenhof sind sie eher militärisch geprägt.

Das Neue Palais gilt weithin als letzte bedeutende Schlossanlage des friderizianischen Rokoko. Trotzdem gibt es Abweichungen von klassischen Barockschlössern, was man allein an der inneren Anordnung nachvollziehen kann. Statt

4 Wie Anm. 3.

Johann Friedrich Meyer, Communs am Neuen Palais, um 1770.

einer großen, repräsentativen Treppe, die geradewegs zur Herrschaftsetage führt, sind es vier Treppen, die zu den einzelnen Appartements führen. In diesen befinden sich Schlafräume, Schreibkabinette und Gesellschaftsräume. Bei der Innendekoration hielt man an den Stilelementen des Rokoko fest. Zwei Festsäle prägen den zentralen Bereich des Schlosses: Ebenerdig ist es der Grottensaal, der mit einheimischen Mineralien, Muscheln und Tropfsteinnachbildungen ausgeschmückt wurde. Darüber liegt der von Gontard gestaltete Marmorsaal. Dieser Hauptsaal des Schlosses nimmt die ganze Breite des Mittelrisalits ein und reicht über zwei Etagen. Im südlichen Seitenflügel stand den Gästen des Neuen Palais zudem ein Theater zur Verfügung, dessen Aufführungen nicht nur den König begeisterten.

Friedrich ließ das Neue Palais als Gästeschloss bauen, vor allem für Besuche der Verwandtschaft wurde es genutzt. Da sich der Bau am äußersten Rand Potsdams befand und die Aussicht auf die angrenzende Sumpflandschaft keinen schönen Anblick bot, ließ der König als Sichtschutz vis-à-vis zum Hauptgebäude zwei Communs errichten. Manger berichtet auch hier von der Einflussnahme des Königs: »An beyden Kommuns war schon durchgehends das Fundament oder die Grundmauern nach den genehmigten Grundrissen herausgemauert, als sich der König entschloss, einen jeden nach hintenzu um vier Fenster zu verlängern, welches auch geschehen mußte, ohne daß die dazu bewilligte Summe vergrößert wurde.«[5]

Nachdem es zur Fertigstellung der Communs gekommen war, wurden in ihnen Küche und Wirtschaftsräume sowie Quartiere für die Dienerschaft und den Hofstaat untergebracht. Zur Schlossseite hin erhielten die Communs eine prachtvolle Fassadengestaltung und wurden durch eine weit ausschwingende Kolonnade mit einem Triumphbogen in der Mitte verbunden. Die Gesamtanlage war in der Tat sehr beeindruckend. Nach nur sechs Jahren Bauzeit war ein Gästeschloss entstanden, das in seiner Dimension sogar Friedrich selbst in Erstaunen versetzte: Er bezeichnete es als »Fanfaronade«, also als Prahlerei, als er es erstmals in voller Erscheinung sah.[6] Genau das war seine Vorstellung von der Repräsentation der neuen Großmacht Preußen.

Daniela Morgenstern

Literatur

Heinrich Ludewig Manger: Baugeschichte von Potsdam, besonders unter der Regierung König Friedrichs des Zweiten. Zweiter Band, welcher die Baugeschichte vom Jahre 1763 bis zu 1786 enthält, Berlin und Stettin 1789

Friedrich Mielke: Potsdamer Baukunst. Das klassische Potsdam, Frankfurt a.M. [u.a.] 1981

Gert Streidt, Peter Feierabend (Hg.): Preußen. Kunst und Architektur, Köln 1999

Sebastian Szelat: Ein überdimensioniertes Gästehaus – Das Neue Palais, in: Potsdamer Ge(h)schichte: Das friderizianische Potsdam. Im Auftrag des Militärgeschichtlichen Forschungsamtes und der Professur für Militärgeschichte der Universität Potsdam, hg. von Tobias Kunow, Daniela Morgenstern und Stephan Theilig, Berlin 2007, S. 92–100

Volker Thiele: architectura fridericiana – der König und das Bauwesen, in: Friederisiko – Friedrich der Große. Die Essays, hg. von der Stiftung Preußische Schlösser und Gärten Berlin-Brandenburg, 2012

5 Wie Anm. 3, S. 305.

6 Zit. nach Mielke 1981, S. 78.

Maulbeerbaumallee von Zernikow nach Burow (Lkr. Oberhavel).
Es sind noch 21 Bäume aus der Zeit Michael Gabriel Fredersdorffs erhalten.

Zernikow (Lkr. Oberhavel), ehemaliges Seidenbauhaus, errichtet im Auftrag von Michael Gabriel Fredersdorff. Der Kämmerer hatte das Gut 1740 von Friedrich II. als Geschenk erhalten und eine Maulbeerplantage angelegt.

Gottow (Lkr. Teltow-Fläming), Hüttenteich und Denkmal erinnern auch an die 1753 durch Friedrich II. gegründete Königlich Preußische Eisenhütte (Raseneisenerz), die u.a. Kanonenkugeln lieferte.

Peitz (Lkr. Spree-Neiße), Herrenhaus »Luisenruh«, friderizianisches Barock wie in Potsdam, 1776/77 für den Amtmann Elias Balthasar Giesel errichtet.

Schlosspark Neuhardenberg, ehemalig Quilitz (Lkr. Märkisch-Oderland), Denkmal für Friedrich II. von Giuseppe Martini. Es wurde 1792 im Auftrag des Quilitzer Gutsherrn General Joachim Bernhard von Prittwitz errichtet.

Schlosspark Neuhardenberg, ehemalig Quilitz (Lkr. Märkisch-Oderland). Im Vordergrund steht das Marmordenkmal für Friedrich II.

Oderbruch

Mit der Trockenlegung und Urbarmachung des gesamten Oderbruchs setzte Friedrich II. die traditionelle Peuplierungspolitik der Hohenzollern fort, die schon unter Kurfürst Friedrich Wilhelm im 17. Jahrhundert ihren Anfang genommen hatte. Ziel dieser Politik war es, durch gezielte Anwerbung in zumeist deutschen Ländern außerhalb Preußens Aussiedlungswillige ins Land zu holen, um sie hier zu günstigen Bedingungen anzusiedeln. Unter einem gut »peuplierten« Land verstand man damals ein reiches Land, was für Preußen um 1740 keineswegs zutraf. Andere deutsche Staaten, wie zum Beispiel das reiche Sachsen, waren in dieser Hinsicht Preußen weit voraus. Wer Menschen in das Land rief, durfte ihnen nicht nur leere Versprechungen machen, sondern musste ihnen juristische wie religiöse Freiheit gewähren und ihnen vor allem eine Existenzgrundlage schaffen. Gerade in der Mark Brandenburg war die Ansiedlung nichtpreußischer Kolonisten daher immer mit der Kultivierung bisher ungenutzter, aber fruchtbarer Landstriche verbunden.

Die Vorgänger Friedrichs II. holten überwiegend konfessionelle Flüchtlinge ins Land. Allgemein bekannt ist die Einwanderung der Hugenotten aus Frankreich, deren Hauptstrom unter dem Kurfürsten Friedrich Wilhelm in bestimmte Gegenden, besonders auch nach Berlin und in die Uckermark, gelenkt wurde. Zwischen 1648 und 1740 wanderten etwa 20.000 reformierte Réfugiés nach Preußen ein. Die zweite große Einwanderungswelle kam unter König Friedrich Wilhelm I. aus dem Erzbistum Salzburg. 20.000 Salzburger und fast ebenso viele Kolonisten aus dem Reichsgebiet, dazu Österreicher, Waldenser, Pfälzer sowie Emigranten aus der Schweiz, aus Schlesien und Böhmen fanden in dem von Kriegen und Seuchen entvölkerten Ostpreußen eine neue Heimat. Auf diese Weise wurde Preußen zur Zufluchtsstätte vieler Glaubensverfolgter aus ganz Europa. Darunter befanden sich zumeist fleißige und die Wirtschaftskraft Preußens wesentlich verstärkende Menschen. Doch diese Zuwanderungen, deren Anstoß mehr von außen kam, nämlich durch christliche Unduldsamkeit vieler europäischer Herrscher gegenüber Andersgläubigen, hatte noch keinen gelenkten Charakter. Erst unter Friedrich II. kam es zur systematischen Besiedlung des Landes, bei der sich in Brandenburg einige Schwerpunkte herausbildeten.

Friedrich II. ließ vor allem jene Landstriche besiedeln, die bisher landwirtschaftlich noch gar nicht oder nur unzureichend genutzt wurden. Zur Kolonisation dienten in erster Linie Bruch- und Sumpfländereien, die nach planmäßiger Entwässerung das beste und fruchtbarste Siedlungsland lieferten. Zu diesen Gebieten gehörte das Oderbruch, dessen Trockenlegung in der Regierungszeit Friedrichs II. die größte Bedeutung beigemessen wurde. Diese umfangreichen Meliorationen, bei denen Heerscharen von Arbeitskräften eingesetzt wurden, begannen sofort nach Friedrichs Regierungsantritt im Jahre 1740. In der Mark Brandenburg setzte er zunächst die unter seinem Vater begonnenen Meliorationsarbeiten an der oberen Havel fort. Nach den beiden Schlesischen Kriegen folgten zwischen 1747 und 1753 die Trockenlegung des Oderbruchs, ab 1747 Meliorationsarbeiten an Rhin und Dosse, zwischen 1763 und 1767 die Entwässerung des Netzebruches, von 1765 bis 1786 die Entwässerung des Wartebruches, zwischen 1772 und 1775 die Melioration des Rhinluches, ab 1775 Meliorationen an Nuthe, Nieplitz, Notte, Plaue und Saar sowie 1777–1782 die Melioration des Fiener Bruches bei Ziesar.

Neben den »Lüchern und Brüchern« wurden auch staatliche Forste für die Kolonisation genutzt, in denen aber fast ausschließlich Büdnersiedlungen geschaffen wurden, keine Bauernstellen. Zur preußischen Binnenkolonisation unter Friedrich II. zählte auch die Wiederbesetzung wüst gefallener Bauernstellen. Durch diese Maßnahme wurde vor allem in Ostpreußen und Schlesien die Bevölkerungszahl und die Wirtschaftskraft beachtlich gesteigert.

Da weit mehr als die Hälfte des preußischen Staatsgebietes in Privatbesitz war, und zwar vorwiegend in den Händen des grundbesitzenden Adels, lag es nahe, auch diese Grundherrschaften zur Ansetzung von Kolonisten heranzuziehen. Trotz staatlicher Subventionen und sanftem Druck durch den König hing dabei der Fortgang dieser Ansiedlungstätigkeit vom guten Willen des jeweiligen Grundeigentümers ab. Da jeder staatliche Eingriff in die private Sphäre unterblieb, war dieser gute Wille jedoch nur dort vorhanden, wo der Gutsherr Bedarf an Landarbeitern hatte. Viele Kolonien auf gutsherrlichem Land sind deshalb von Büdnern, Handwerkern und Landarbeitern besiedelt worden.

Das durch regelmäßige Überschwemmungen heimgesuchte Oderbruch ernährte bis zu seiner Trockenlegung und Neubesiedlung nur einige wenige Fischerfamilien. Schon Friedrich Wilhelm I. hatte seinerzeit geplant, das Bruch urbar

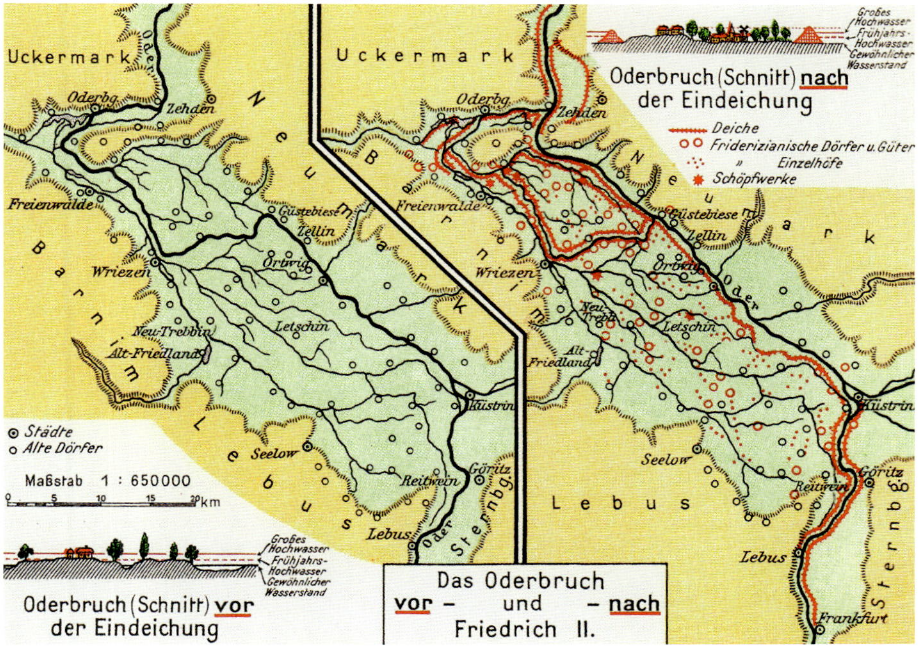

Das Oderbruch vor und nach der friderizianischen Kolonisation.

zu machen, scheiterte aber an den technischen Schwierigkeiten. Zum Schutz des Domänenlandes im oberen Oderbruch ließ er bis 1717 eine durchgehende Deichlinie von Lebus bis Zellin aufschütten, ein noch recht unvollkommener Hochwasserschutz. Friedrich nahm das Projekt 1746 wieder auf und ließ von dem holländischen Wasserbauingenieur und Kriegsrat Simon Leonhard von Haerlem ein entsprechendes Gutachten anfertigen. Da es günstig ausfiel und den kritischen Überprüfungen durch eine Kommission standhielt, zu der auch der berühmte schweizerische Mathematiker Leonhard Euler gehörte, befahl Friedrich die Ausführung des Haerlem'schen Meliorationsprojekts. Es sah vor, durch den Bau eines 20 Kilometer langen Kanals der Oder einen schnelleren Abfluss zu verschaffen, den Strom auf seiner gesamten Länge im Bruch einzudeichen und ein System von Entwässerungsgräben anzulegen.

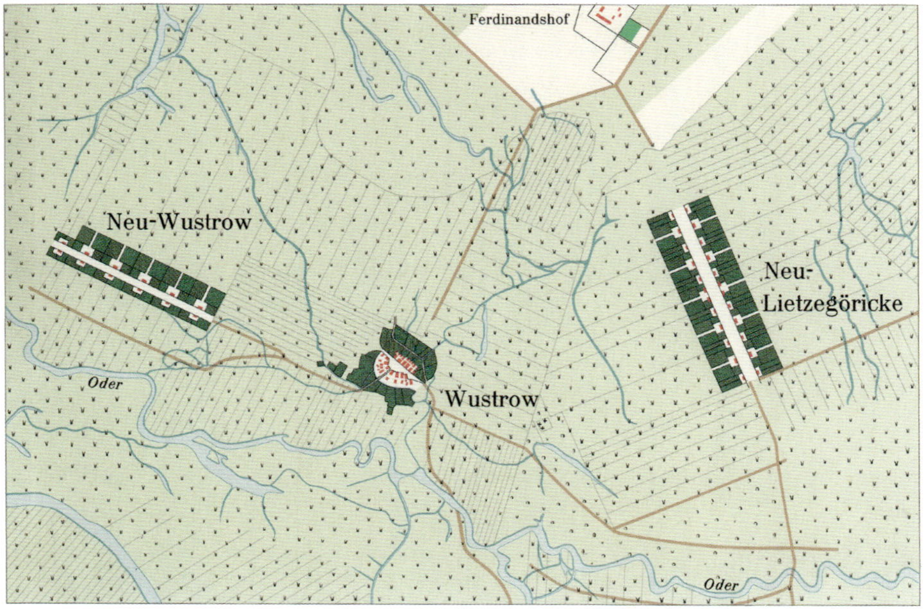

Die Oderbruch-Kolonien Neu-Lietzegöricke und Neu-Wustrow, 1753/54.

Die Arbeiten begannen im Jahre 1747 und gestalteten sich von Anfang an sehr schwierig. Ein Heer von Arbeitern wurde angeworben. Wo sie nicht ausreichten, setzte der König das gerade nicht im Krieg befindliche Militär ein. So arbeiteten an dem großen Damm- und Kanalbauprojekt im Oderbruch seit 1750 jährlich um die 750 Soldaten.

Bei den alten Oderbrüchern stieß das Trockenlegungswerk zunächst auf Ablehnung. Die Fischer und auch Bewohner der unmittelbaren Umgebung des Bruches fürchteten den Verlust ihrer Lebensgrundlagen. Nur unter Zwang stellte manch Fischer seinen Kahn für den Erdtransport zur Verfügung. Andere schlichen nachts zu den frisch aufgeworfenen Deichen und durchstachen sie dort, wo ihre alten Fischereigewässer von der Oder abgetrennt worden waren. Wurden sie erwischt, drohten ihnen drakonische Strafen, die zur Statuierung eines Exempels an einigen Fischern auch vollstreckt wurden, einschließlich der Todesstrafe.

Mitte 1753 war nach großen Schwierigkeiten wie Hochwassereinbrüchen, dem seuchenartig auftretenden Sumpffieber, Geldmangel durch untreue Unternehmer und Desertionen der »Neue Oder Canal« fertiggestellt. Er war zunächst nur etwa 40 Meter breit, bis ihn die einströmenden Wassermassen der Oder allmählich auf das heutige Maß von mehr als 200 Metern Breite aufweiteten. Nach den Kanal- und Dammbauten begann die zweite Etappe der Oderbruch-Melioration mit dem Aufbau neuer Siedlungen. Unternehmer, sogenannte Entrepreneurs, hatten streng reglementierte Fachwerkhäuser in ganz regelmäßig angelegte Dörfer zu bauen. Dabei wurde so gespart, dass die erste Generation der Kolonistenhäuser schon nach etwa 20 Jahren derart marode war, dass man sie völlig neu erbauen musste. Als erste Kolonie entstand ab 1753 das Dorf Neu-Lietzegöricke und zwar auf der ehemaligen Wasserflur des am Rande der neumärkischen Höhen gelegenen Bauern- und Fischerdorfes Lietzegöricke. Es bestand aus acht großen, fünf mittleren und 14 kleineren Häusern für insgesamt 47 Familien. In der ersten Besiedlungsphase baute man, vor allem im Niederoderbruch, 33 Kolonien und größere Vorwerke für 1134 Familien. Dazu kamen in den Jahren 1766/67 weitere sieben Dörfer für 363 Wollspinnerfamilien auf der Feldmark des Amtes Wollup. Der Gesamtbevölkerungszuwachs im Bruch betrug etwa 7000 Personen, eine für damalige Verhältnisse beachtliche Steigerung. Die Kolonisten kamen u.a. aus Österreich, der Schweiz, der Kurpfalz und anderen Gegenden Süddeutschlands, aus Hessen-Darmstadt, aus Thüringen, Sachsen, Mecklenburg sowie als deutsche Rückwanderer aus polnischen Herrschaften im Warthe-Netze-Gebiet.

Reinhard Schmook

LITERATUR

Reinhard Schmook: Ich habe eine Provinz gewonnen – 250 Jahre Trockenlegung des Oderbruchs, Frankfurt (Oder) 1997

Polen

»An die Polen ist mir eben nicht viel gelegen«
Friedrich II. an den Minister Hoym, 22.12.1771

Preußens bedeutendster Monarch Friedrich II war und bleibt eine der umstrittensten Gestalten der deutsch-polnischen Geschichte. Während er in Deutschland überwiegend verehrt und idealisiert wird, stoßen sein Leben und Werk in Polen nicht nur auf Kritik, sondern häufig auf Ablehnung. Das liegt in erster Linie daran, dass Friedrich zeit seines Lebens ein kontinuierlich negatives Polenbild vertrat und wesentlich zum Untergang des polnischen Staates beigetragen hat.

In den Werken und der ausgedehnten Korrespondenz des Preußenkönigs, dem auch seine polnischen Gegner die Bezeichnung »der Große« gönnten, kann man über fast alle europäischen Völker und Länder abfällige und ironische Bemerkungen finden, allerdings wohl über keine in einem solchen Umfang wie über die polnischen Nachbarn. Vor allem in der *Historie de mon temps* und seinen politischen Testamenten geht er auf die polnischen Zustände ein und charakterisiert die Polen als ein rückständiges, intolerantes, barbarisches Volk. Kurzum: »Polen ist kaum zu den europäischen Mächten zu zählen […]. Nach meiner Ansicht steht es unter den Völkern Europas am tiefsten.«

Von Anbeginn seiner Herrschaft war Friedrich II. auch bemüht, dieses negative Polenbild in die praktische Politik umzusetzen. Obwohl er in formaler Hinsicht mit Polen keinen Krieg geführt hat, war sein politisches Handeln stets auf die Schädigung jeglicher polnischer Interessen eingestellt. Seit dem Siebenjährigen Krieg (an dem Polen formal nicht teilnahm) verübte Preußen systematisch kriegerische Gewalttaten im Grenzgebiet, warb rechtlos Soldaten an (durch Rekrutenfang), führte zwangsweise verschiedene Requisitionen von polnischen landwirtschaftlichen Erzeugnissen für das preußische Heer durch oder betrieb eine repressive Zollpolitik. Besonders verheerend wirkte sich die von Friedrich II. seit 1750 durchgeführte Falschmünzerei aus, bei der er sich der ansonsten wenig geliebten Juden bediente und die dazu führte, dass das vorhandene polnische »gute Geld« fast komplett aufgekauft wurde und Polen enorme materielle Verluste erleiden musste.

Ein fester Bestandteil friderizianischer Einflussnahme auf Polen wurden auch die territorialen Ansprüche auf die polnischen Gebiete. Im Sinne der sogenannten Arrondierungspolitik begann Friedrich II. schon sehr früh über die Teilungsprojekte nachzudenken. Das politische Testament von 1752 enthielt bereits konkrete Pläne zum Erwerb des Königlichen Preußens. Realisieren konnte er sie aber erst Jahre später, nachdem er 1764 die Allianz mit der Zarin Katharina II. durch die bedingungslose Unterstützung der russischen Vorherrschaft in Polen erkaufte. Anlass zu der geplanten Gebiets-

Karte des Königreichs Polen nach der ersten Teilung 1772.

erweiterung gab der 1768 ausgebrochene russisch-türkische Krieg. Als überraschende militärische Niederlagen der Türken Chancen für große russische Gebietsgewinne eröffneten, wurden die Koalitionspartner Österreich und Preußen mit eigenen Ansprüchen aktiv. Einen einseitigen Machtgewinn Russlands befürchtend, arbeiteten sie auf eine Lösung allseitiger territorialer Kompensation hin. Entsprechende Gebietsabtretungen sollten Preußens Annexionsinteressen gegenüber Polen befriedigen und Österreich einen Ausgleich für den Verlust Schlesiens bieten. Nach langwierigen Verhandlungen und dem Besuch des Prinzen Heinrich bei Katharina wurde am 5. August 1772 der Teilungsvertrag zwischen Preußen, Russland und Österreich unterzeichnet. Die Teilung bedeutete für Polen einen Verlust von über einem Drittel seiner Bevölkerung sowie über einem Viertel seines bisherigen Staatsgebietes, darunter der wirtschaftlich so bedeutende Zugang zur Ostsee mit der Weichselmündung. Bis auf die Städte Danzig und Thorn wurde das gesamte Gebiet des Königlichen Preußens (später Westpreußen) sowie der sogenannte Netzedistrikt zur Hohenzollernmonarchie geschlagen. Zwar erhielt Friedrich damit der Größe und Bevölkerung nach den kleinsten Anteil, strategisch gesehen erwarb er jedoch das wichtigste Territorium.

Friedrichs durchgehend »negative Polenpolitik« (Klaus Zernack) beeinflusste seine positive Wahrnehmung im zeitgenössischen Polen jedoch wenig. Noch vor der Teilung erfreute er sich einer relativ großen Popularität, vor allem bei jenem Teil des polnischen Adels, auch »Republikaner« genannt, der hoffte, Friedrich werde sich mit Frankreich einigen, um die Dominanz Russlands in Polen zu beschränken und den von Katharina bestimmten König Stanisław August Poniatowski zu entthronen. Zu dieser starken Gruppe gehörten solche Adelsfamilien wie Jabłonowski, Radziwiłł oder Potocki. Einer der prominentesten polnischen Anhänger Friedrichs war sicherlich Stanisław Leszczyński. Dieser ehemalige König von Polen und spätere Schlossherr in Nancy und Lunéville pflegte eine rege Korrespondenz mit dem jungen Kronprinzen und rechnete auf seine Unterstützung bei dem Machtkampf um die polnische Krone. Hinzu traten einige durch persönliche Kontakte mit Friedrich gut bekannte Persönlichkeiten aus den polnischen Eliten. Zu nennen wäre hier die Gräfin Marianna Skórzewska, die bis zu ihrem Tod 1773 ein häufiger Gast Friedrichs II. war und von ihm in einem Brief an Voltaire als »d'une espèce de phénomène« (eine Art Phänomen) charakterisiert wurde. Diese Lobpreisung des preußischen Königs, der weibliche Intellektualität eher anzweifelte, bezieht sich auf Skórzewskas wissenschaftliche Interessen, welche ihr ein breites Ansehen am preußischen Hof verschafften. Unter den Freunden und Parteigängern Friedrichs in Polen verdient der ermländische Bischof und »homme de lettres« Ignacy Krasicki besondere Aufmerksamkeit. Krasicki, der nach der Annexion Westpreußens von den Dotationen des Königs teilweise abhängig war, unterhielt ein enges Verhältnis zu Friedrich, das vor allem auf den gemeinsamen literarischen Interessen des Herrschers und jenen des bedeutendsten polnischen Schriftstellers der Aufklärung aufbauen konnte.

Das vorherrschende positive Bild von Friedrich II. macht deutlich, wie differenziert er zu seinen Lebzeiten in Polen wahrgenommen wurde und wie stark seine Politik in den polnischen Kontext eingebettet war. Im ausgehenden 18. Jahrhundert bestand Preußen fast zu 50% aus den ehemals polnischen Gebieten und beinahe zu 40% aus den »Untertanen polnischer Zunge«; heute liegen nahezu 70% des friderizianischen Preußens auf polnischem Territorium. Trotz dieser historisch engen Beziehung wird die polnische Dimension der Geschichte Friedrichs II. oft ausgeklammert und seine Politik lediglich aus der Berlin-Brandenburgischen Perspektive bewertet. Gerade vor dem Hintergrund der europäischen Integration wäre es wünschenswert, anlässlich des 300. Jubiläums, die Verbindung Preußens zu seinem polnischen Nachbarn bei der Bewertung der Regierungszeit Friedrichs II. ins Bewusstsein der Deutschen und Polen zurückzuholen.

Agnieszka Pufelska

Johannes Esaias Nilson, »Le Gateau des Rois«, Spottbild auf die Teilung Polens, 1773.

Literatur

Michael G. Müller: Die Teilungen Polens 1772, 1793 1795, München 1984

Hans-Jürgen Bömelburg: Zwischen polnischer Ständegesellschaft und preussischem Obrigkeitsstaat: vom Königlichen Preussen zu Westpreussen (1756–1806), in: Schriften des Bundesinstituts für Ostdeutsche Kultur und Geschichte, Bd. 5, München 1995

Agnieszka Pufelska: Der vergessene Kulturtransfer. Polen und Preußen in der Zeit der Aufklärung, in: Aufklärung und Kulturtransfer in Mittel- und Osteuropa, hg. von Agnieszka Pufelska und Iwan-Michelangelo D'Aprile, Hannover 2009

Porzellan

Seit der Mitte des 17. Jahrhunderts gehörte der Brandenburgisch-Preußische Hof zu denjenigen fürstlichen Häusern Europas, die ihre Schlösser reich mit Porzellan ausstatteten. Friedrich der Große wuchs deshalb in einem Umfeld auf, das durch die Porzellankammern und Vasengarnituren seiner Vorfahren sowie die große Sammlung seiner Mutter entscheidend mitgeprägt wurde. Die Eindrücke verfehlten nicht ihre Wirkung auf den kunstsinnigen Kronprinzen, der so schon früh lernte, dass auch Porzellan in höchsten Kreisen geschätzt, kennerschaftlich gesammelt und zur Repräsentation eingesetzt wurde.

Schon wenige Monate nach seiner Thronbesteigung 1740 nahm er deshalb Kontakt mit dem Berliner Chemiker Johann Heinrich Pott auf, in der Hoffnung, dass dieser aufgrund seiner keramischen Forschungen eine Porzellanmanufaktur in Preußen errichten könne, was aber erfolglos blieb. Andere Möglichkeiten bot der im August 1744 beginnende zweite Kriegszug des Königs. Auf dem Marsch durch Sachsen Richtung Böhmen besuchte Friedrich Meißen, bestellte zahlreiche Porzellane und ließ schließlich – da sich das politische Verhältnis zu Sachsen im Krieg veränderte – nach dem Friedensschluss im Dezember 1745 durch seinen Architekten Georg Wenzeslaus von Knobelsdorff große Bestände des Manufakturlagers als Kontributionsleistung einpacken. Die 52 Kisten, die daraufhin nach Potsdam geschickt wurden, enthielten mehrere Tausend Figuren, Service und Dekorationsstücke, wovon nur wenige in den königlichen Schlössern aufstellt wurden und der König die meisten wohl verschenkte oder möglicherweise sogar über Agenten verkaufte. Während dieses sogenannten Zweiten Schlesischen Krieges versuchte Friedrich zudem vergeblich, mittels Abwerbungen in Meißen an Personal zu kommen, das mit dem Herstellungsgeheimnis von Porzellan vertraut war und ihm in Berlin eine Manufaktur einrichten würde.

1751 vergab er erneut ein Privileg für die Porzellanherstellung in Preußen, diesmal jedoch an den vermögenden Kaufmann Wilhelm Caspar Wegely.[1] Schon wenige Jahre später stellte dessen neu gegründetes Berliner Unternehmen mithilfe abgeworbener Kräfte aus anderen Manufakturen echtes Porzellan her. Trotz einer Reihe von ansprechenden und auch anspruchsvollen Modellen erreichte es aber die künstlerische Eigenständigkeit nicht in einem Maße, um den König für sich zu begeistern und um wirtschaftlich erfolgreich zu werden. Als 1756 erneut Krieg ausbrach, wurde damit auch das Schicksal der Manufaktur Wegelys besiegelt, die ein Jahr später den Betrieb einstellen musste.

Kurz nach der zweiten Besetzung Sachsens und der Beschlagnahmung der Meißener Manufaktur im Herbst 1756 beschloss der preußische König, das gesamte Warenlager zu verkaufen und die Manufaktur zu verpachten. In beiden Fäl-

1 Zu Wegely vgl.: Zick 1978.

len griff der risikofreudige Kaufmann Carl Heinrich Schimmelmann zu, der unter der Hand jedoch sogleich die Geschäfte an sächsische Mittelsmänner weitergab.[2] Für Friedrich stand zunächst der Krieg im Vordergrund und erst im Frühjahr 1760, als er in Schlettau bei Meißen Quartier bezog, wandte sich sein Interesse wieder dem Porzellan zu. Ein Tafelservice, das er für seinen Freund und Berater Jean Baptiste de Boyer, Marquis d'Argens, in Auftrag gab, bedeutete den entscheidenden Wendepunkt im persönlichen Verhältnis des Königs zum Porzellan: als Resultat einer Korrespondenz mit dem Marquis griff er zum Stift und entwarf die Dekoration kurzerhand selbst.[3] Diese unmittelbare Nähe eines Auftraggebers zur Manufaktur und sein persönliches Eingreifen in den Entwurfsprozess waren nicht nur neu, sondern sollten auch die preußischen Bestellungen in den folgenden Jahren prägen. Für den musisch veranlagten Friedrich bedeutete dies nicht nur Ablenkung vom eintönigen Leben im Feldlager. Über die Bestellungen war er auch zumindest gedanklich mit seinen neuen Bauten und Bauplänen in Potsdam und Berlin verbunden, die durch den Krieg unterbrochen worden waren. So konzipierte er drei komplett neue, umfangreiche Hofservice, für deren Modelle und Dekorationen er präzise Vorgaben machte und Entwürfe lieferte. Darüber hinaus forderte er neu herzustellende Sondergeschirre zu anderen bestellten Service und gab – meist mündliche – Anweisungen für besondere Figuren, Vasen und z.B. zwei Flötenkästen. Die Bestellungen nahmen gewaltige Dimensionen an, sodass am Kriegsende 79 Kisten mit Porzellan von Meißen nach Potsdam gingen.[4]

Dennoch erbat sich ein anderer Berliner Kaufmann, Johann Ernst Gotzkowsky, noch während des Krieges 1760 ein königliches Privileg zur Porzellanherstellung und gründete 1761 erneut eine Manufaktur in Berlin. Gotzkowsky gelang es, durch die preußische Besetzung Sachsens begünstigt, gut geschulte Kräfte in Meißen abwerben zu können.

Zuckerdose mit gelbem Mosaik und Blumen aus einem Déjeuner Friedrichs des Großen, Meißen, um 1761.

Seine Porzellane standen deshalb von Anfang an auf hohem künstlerischem Niveau. Noch bevor er sich aber als Hoflieferant etablieren konnte, verlor er 1763 als Folge des Bankrotts eines holländischen Bankhauses sein Vermögen. Friedrich der Große erwarb daraufhin die Manufaktur mit sämtlichem Inventar für die stolze Summe von 225.000 Talern. Der Tag der Vertragsratifizierung, der 19. September 1763, wird daher als Gründungsdatum der Königlichen Porzellan-Manufaktur Berlin, kurz KPM, bezeichnet.

Bis zum Tod Friedrichs des Großen spiegelte sich dieses Engagement für den Betrieb auch in der Geschäftsleitung: Der geschäftsführende Direktor war keinem Ministerium, sondern direkt dem König unterstellt. Als Folge seiner regelmäßigen mündlichen Rapporte erhielt er Weisungen und Aufträge, sodass man Friedrich selbst durchaus als Unternehmer bezeichnen kann. Künstlerisch richtete sich die Manufaktur weitgehend nach den Wünschen des Königs. Sowohl

2 Dazu ausführlicher vgl. Wittwer 2010.

3 Ausführlich zum Service und der Korrespondenz bei: Nabrdalik 2008.

4 Zur Bezahlung der Porzellane vgl. Wittwer 2010.

Desserteller aus dem zweiten Japanischen Service Friedrichs des Großen für das Chinesische Haus in Sanssouci, KPM Berlin, 1770.

aus den oftmals raffinierten Farbkompositionen als auch den charakteristischen Formen geht deutlich hervor, wie eng die gestaltenden Kräfte der Manufaktur mit dem Hof und den dort wirkenden Künstlern verkehrten. Sei es, dass Reliefdekorationen auf Service und Vasen den Deckenstuck der jeweilig aktuellen Bauprojekte Friedrichs spiegeln, oder dass dessen bevorzugte Farben besonders häufig verwendet wurden.

Aber nicht nur künstlerisch, sondern auch wirtschaftlich bezog sich die KPM ganz auf ihren Eigentümer, der sich bisweilen lakonisch als sein eigener bester Kunde bezeichnete. Ohne die umfangreichen Service-Neuschöpfungen und aufwendigen Ausstattungsgegenstände für Friedrich, die er in Auftrag gab und bezahlte, hätte die Manufaktur finanziell nicht überleben können und wäre auch nicht in der Lage gewesen, ein so hohes Niveau zu erreichen, wodurch sie zu einer ernsthaften Konkurrenz für andere deutsche Manufakturen wurde.

Trotz dieser um 1760 einsetzenden Bekehrung und Bekennung Friedrichs zum Porzellan spielte es in seinem täglichen Leben eine eher untergeordnete und in erster Linie der Repräsentation verbundene Rolle. Die königliche Tafel wurde auch weiterhin mit Silber gedeckt und die umfangreichen Service, die zunächst als wirtschaftsfördernde Maßnahme zu verstehen sind, mehrheitlich bei Nebentafeln eingesetzt. Einige besondere Ausstattungsstücke im Neuen Palais, wie zwei Spiegelrahmen oder drei Kronleuchter aus Berliner Porzellan, dürfen nicht darüber hinwegtäuschen, dass der König für Seide, Möbel, Gemälde, Skulpturen, Tabatièren oder Kronleuchter weitaus höhere Summen einsetzte. Als qualitätvolles Produkt seines Landes spielte das Porzellan jedoch bei diplomatischen Geschenken eine wichtige Rolle.

Samuel Wittwer

Literatur

Gisela Zick: Berliner Porzellan der Manufaktur von Wilhelm Caspar Wegely 1751–1757, Berlin 1978

Dag Nabrdalik: Zweifel ist der Weisheit Anfang. Das philosophische Tafelservice Friedrichs des Großen aus der Meißener Porzellanmanufaktur für Jean-Batiste de Boyer, Marquis d'Argens, in: Keramos (2008), Heft 201, S. 41–54

Samuel Wittwer: »hat der König von Preußen die schleunige Verfertigung verschiedener Bestellungen ernstlich begehret«. Friedrich der Große und das Meißener Porzellan, in: Keramos (2010), Heft 208, S. 17–80

Potsdam

»Potsdam! Potsdam, das brauche ich um glücklich zu sein! Wenn Sie diese Stadt sehen, so wird sie Ihnen sicher gefallen. Es war ein elendes Nest aus der Zeit meines Vaters. Wenn er wiederkäme, würde er sicher seine Stadt nicht wiedererkennen, so sehr habe ich sie verschönert … Ich gestehe, ich liebe es zu bauen und zu schmücken.«
Friedrich II. an seinen Vorleser Henri de Catt, 1758

Als 1740 der 28-jährige Kronprinz Friedrich seinem im Potsdamer Stadtschloss verstorbenen Vater Friedrich Wilhelm I. auf den Thron folgte, deutete nichts auf dessen spätere machtpolitische Rolle in Europa hin. Genauso wenig war die rasante Entwicklung Potsdams abzusehen. 1786, 46 Jahre später, war die Residenz- und Garnisonstadt an der Havel das eigentliche Herrschafts- und Regierungszentrum der preußischen Monarchie. Erst- und einmalig lief in dieser Phase Potsdam Berlin den Rang ab.

Die 993 als »Poztupimi« urkundlich erstmals erwähnte Stadt begann nach langen Phasen der Verpfändung und Bedeutungslosigkeit im Mittelalter 1660 ihren Aufschwung zu nehmen. Die wild-, fisch- und wasserreiche Umgebung gefiel dem jagdfreudigen Großen Kurfürsten. Er fasste den Entschluss, hier seine Zweitresidenz einzurichten. Anstelle einer mittelalterlichen Burg entstand zwischen 1661 und 1669 ein niederländisch beeinflusstes Schloss. Aus einem Netz von Alleen, Lusthäusern, Baum-, Wein- und Tiergärten wurde die »Insel Potsdam«. Die kleine, lockere, städtische Siedlung erfuhr eine Neustrukturierung und Aufwertung. Kontinuierlich entwickelte sich Potsdam weiter. Friedrich Wilhelm I. unternahm zwei Stadterweiterungen. 1722 wurde eine Stadtmauer gebaut, 1736 Potsdam zur Immediatstadt erhoben. Es unterstand fortan dem direkten Befehl des Königs. Das Nauener Tor und das Jägertor markieren noch heute die damalige Ausdehnung der Stadt. Bis auf das Holländische Viertel, die Garnison-, Nikolai- und Heiliggeistkirche und wenige weitere Fassaden der 2. Stadterweiterung waren die meisten Gebäude Fachwerkbauten. Immerhin zählte Potsdam im Jahr des Regierungsantritts Friedrichs II. 1740 bereits 11.700 Einwohner.[1] Hinzu kamen etwa 3500 Soldaten, die in Potsdam in Garnison lagen und in den Bürgerhäusern einquartiert waren. Im Laufe des 18. Jahrhunderts sollte das Militär zum prägenden Faktor werden. Friedrich II. konzentrierte hier die Eliteeinheiten seiner Armee. 1786 lebten schließlich 18.500 Zivilisten und 6500 Soldaten in der Stadt. Das entsprach einem Verhältnis von drei Bürgern zu einem Soldaten.[2]

Zunächst schien der junge König in Charlottenburg seinen Hauptwohnsitz nehmen zu wollen. Durch Georg Wenzeslaus von Knobelsdorff wurde zwischen 1741 und 1743 der »Neue Flügel« errichtet. Welche Motive Friedrich II. 1744 bewogen, sich nach Potsdam zu orientieren und die einstige Zweitresidenz des Großen Kurfürsten zum künftigen

1 Die wichtigsten Zahlen und Fakten zu Potsdam finden sich im Potsdam-Beitrag von Helmut Assing, in: Städtebuch Brandenburg und Berlin (= Deutsches Städtebuch, Bd. 2), Stuttgart/Berlin/Köln 2000, S. 400–414.

2 Zum Thema Militär in Potsdam grundlegend Detlef Kotsch: Potsdam. Die preußische Garnisonstadt, Braunschweig 1992, insbes. S. 53–99.

Friedrich August Scheureck, Ansicht des Alten Markts und des Rathauses, um 1790.

Lebensmittelpunkt zu wählen, ist ungewiss. War es die Verehrung für den eigentlichen Begründer des Brandenburg-Preußischen Staates? War es die größere Entfernung zur Haupt- und Residenzstadt Berlin oder doch das fest etablierte Militär? Ab 1744 wurden umfangreiche Baumaßnahmen am Potsdamer Residenzschloss vorgenommen. Zwischen 1745 und 1747 entstand auf einer Anhöhe nordwestlich der Stadt nach eigenen Skizzen ein kleines Lustschloss, begleitet von einer Weinterrasse. Die Wintermonate wollte der König im Residenzschloss in der Stadt, den Sommer im Schloss »ohne Sorgen« (Sans Souci) verbringen. Dieses Lustschloss entwickelte sich schon zu seinen Lebzeiten zu einer Pilgerstätte für Friedrichverehrer. In sein Refugium lud er gleichermaßen Offiziere, Gelehrte und Künstler aus ganz Europa. Zwischen 1750 und 1753 lebte sogar Voltaire in Potsdam. »Es gibt erstaunlich viele Bajonette und sehr wenig Bücher. Der König hat Sparta sehr verschönert, aber Athen nur in seinem Kabinett untergebracht.« – schilderte er rückblickend seinen Eindruck von der militärisch geprägten, kulturell und wirtschaftlich aber wenig entwickelten Stadt.[3] Auch die Manufakturförderung Friedrichs II. änderte daran grundlegend nichts.

Nachdem der König Stadt- und Lustschloss für sich bewohnbar gemacht hatte, folgte ab 1748 die Verschönerung der Stadt. Erweitert wurde Potsdam kaum. Der eigentliche Ehrgeiz des Königs bestand in der Umwandlung der Fachwerkhäuser seines Vaters zu repräsentativen Steinbauten. Von der Finanzierung über den Entwurf bis zur Ausführung überwachte der König alles: »Hier geschah alles unter Seiner unmittelbaren Anordnung, Aufsicht und Ausführung«, schrieb der Chef des Potsdamer Baucomptoirs Heinrich Ludewig Manger in seiner 1789 erschienenen Potsdamer Baugeschichte.[4] Am Anfang des Bauprozesses stand zumeist eine Skizze des Königs – eine »gezeichnete Kabinettsordre«, die er seinen Architekten Knobelsdorff oder Boumann, später Gontard, Unger, Hildebrandt, Manger oder Büring zur Ausführung gab. Stichwerke – etwa die Veduten des Römers Giovanni Batista Piranesi oder Bautraktate – beispielsweise die *Quattro Libri dell'Architettura* von Andrea Palladio dienten dabei als »Blaupausen«. So entstanden in Potsdam etwa 20 Variationen architektonisch bedeutender europäischer Paläste. Vorbild für die Hiller-Brandtschen Häuser in der Breiten Straße war beispielsweise die Londoner Königsresidenz White Hall. Das Prediger- und Schulhaus am Alten Markt entstand nach Vorlage eines Piranesi-Stiches des Palazzo della Accademia auf der Via del Corso in Rom und das Alte Rathaus nach dem unausgeführten Entwurf von Andrea Palladio für den Palazzo Angarano in Vicenza. Dabei war es für den König unerheblich, inwieweit diese Gebäude für ihre späteren Bewohner nutzbar waren. Zumeist wohnten einfache Handwerker in diesen Palästen. Denn Adlige oder ein wohlhabendes Bürgertum gab es in Potsdam nicht. Für das Stadtbild prägend blieb das Militär. In 1081 von insgesamt 1207 Potsdamer Bürgerhäusern waren Soldaten einquartiert. 621 dieser Bürger-

3 Voltaire, Korrespondenz aus den Jahren 1749–1760, Leipzig 1978, S. 37, zit. nach Hans-Joachim Giersberg: XVIII. Das friderizianische Potsdam, in: Friedrich II. und die Kunst, Ausst.-Kat. hg. von der Generaldirektion der Staatlichen Schlösser und Gärten Potsdam-Sanssouci, Potsdam 1986, S. 230.

4 Heinrich Ludewig Manger: Baugeschichte von Potsdam besonders unter der Regierung König Friedrichs des Zweiten, Berlin/Stettin 1789/90, S. 542.

häuser – also mehr als die Hälfte – wurden unter Friedrich II. massiv erneuert. Des Weiteren wurden 150 königliche und öffentliche Gebäude sowie 100 Gebäude für das Militär neu errichtet. Im Vergleich dazu war das Potsdam des Soldatenkönigs in der Tat ein »elendes Nest«.

Ines Elsner

Literatur

Hans-Joachim Giersberg: XVIII. Das friderizianische Potsdam, in: Friedrich II. und die Kunst, Ausst.-Kat. hg. von der Generaldirektion der Staatlichen Schlösser und Gärten Potsdam-Sanssouci, Potsdam 1986, S. 228–234

Detlef Kotsch: Potsdam. Die preußische Garnisonstadt, Braunschweig 1992

Helmut Assing: Potsdam, in: Städtebuch Brandenburg und Berlin (= Deutsches Städtebuch, Bd. 2), Stuttgart/Berlin/Köln 2000, S. 400–414

Wolfgang Radke: Gewerbe und Handel in der Kurmark Brandenburg 1740 bis 1806. Zur Interdependenz von kameralistischer Staatswirtschaft und Privatwirtschaft, Berlin 2003, S. 256–278

Erich Konter/Harald Bodenschatz: Städtebau und Herrschaft. Potsdam: Von der Residenz zur Landeshauptstadt, Berlin 2011, S. 42–50

Volker Thiele: architectura fridericiana – der König und das Bauwesen, in: Friedrich300 – Friedrich der Große – eine perspektivische Bestandsaufnahme, URL: http://www.perspectivia.net/content/publikationen/friedrich300-colloquien/friedrich-bestandsaufnahme/thiele_bauwesen <24.10.2011>

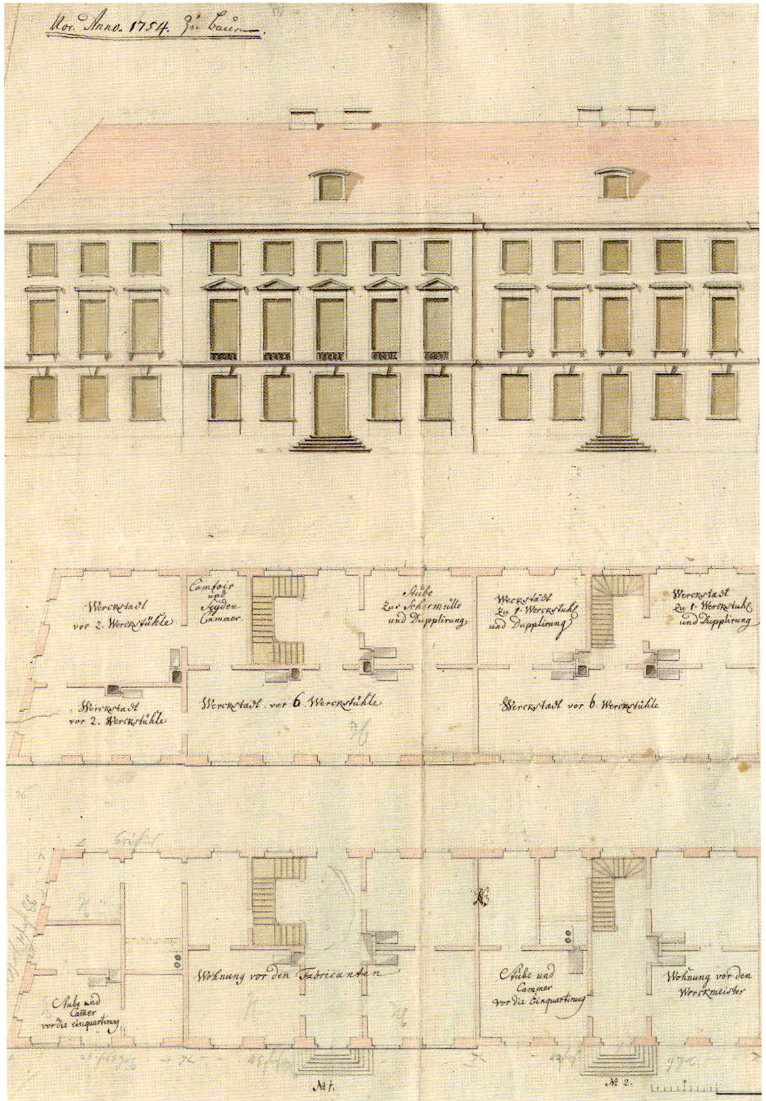

Potsdam, Fabrikhäuser der Seidenmanufaktur Stiphout, Am Kanal/ Ecke Grüne Brücke, 1754.

Potsdam, Nauener Tor, Friedrich-Ebert-Straße/Hegelallee. Es wurde nach einer Skizze Friedrichs II. unter Leitung von Johann Gottfried Büring 1754/55 erbaut und ist eines der frühesten Beispiele neugotischer Architektur in Europa.

Potsdam, Breite Straße. Die nach dem Entwurf von Georg Wenzeslaus von Knobelsdorff 1748–1754 errichteten Kopfbauten waren der Auftakt des städtebaulichen Engagements Friedrichs II.

Potsdam, Hegelallee 33–36. Friedrich II. ließ die Bebauung entlang der ehemaligen Stadtmauer mit Typenhäusern neu errichten.

Potsdam, Alt Nowawes. Die Weber- und Spinnerkolonie Nowawes ließ Friedrich II. ab 1751 anlegen. Sie wurde bis 1767 auf 195 Weberhäuser erweitert, für die das Doppelhaus Alt Nowawes Nr. 103/104 beispielhaft ist.

Potsdam, Französische Kirche am Bassinplatz. Friedrich II. ließ die Kirche für die französisch-reformierte Gemeinde errichten und gab die Grundrissform vor – ein Zitat des Römischen Pantheons. In den Jahren 1751–1753 führte Johann Boumann d. Ä. den Bau nach Plänen von Knobelsdorffs aus.

Potsdam-Babelsberg, Friedrichskirche am Weberplatz, 1752–1754 für die Weberkolonie Nowawes errichtet. Der dreieckige Weberplatz war einst das Zentrum der Kolonie.

Quebec

»Jedermann weiß, dass die Wirren, die Europa aufwühlen, ihren Anfang in Amerika genommen haben, dass der zwischen Engländern und Franzosen ausgebrochene Streit um den Stockfischfang und um einige unbebaute Gebiete in Kanada den Anstoß zu dem blutigen Krieg gegeben hat, der unseren Erdteil in Trauer versetzt«, schrieb kein Geringerer als Friedrich II. selbst 1757 in seiner *Rechtfertigung meines politischen Verhaltens*.[1] Vier Jahre später resümierte der englische Premierminister William Pitt (der Ältere): »America has been conquered in Germany«.[2]

Schon im 17. Jahrhundert hatten europäische Konflikte zwischen den Seemächten auf deren Kolonien übergegriffen und im Spanischen Erbfolgekrieg (1701–1714) diente Nordamerika als Parallelschauplatz für den englisch-französischen Konflikt in Europa. Der Siebenjährige Krieg (1756–1763) war jedoch der erste globale Krieg der Neuzeit. Er wurde in Europa, Nordamerika, Indien, in der Karibik, auf den Philippinen und sogar in den Küstengebieten Afrikas ausgetragen. Sieger dieses Weltkrieges war neben Preußen, das seine neuerworbene Stellung als europäische Großmacht behaupten konnte, vor allem England. So begründete die Einnahme Quebecs, der wichtigsten Handelsmetropole Frankreichs in Nordamerika, im Jahr 1759 nicht nur die englische Herrschaft über Kanada, sondern bestätigte – auch im Zusammenhang mit den Erfolgen in Indien – Englands Position als Weltmacht.

Der Konflikt zwischen französischen und englischen Siedlern in Nordamerika währte schon seit dem frühen 17. Jahrhundert. In zahlreichen Auseinandersetzungen um Siedlungsland und ertragreiche Jagd- und Fischgründe wurden nicht nur die eingeborenen Indianerstämme, sondern auch die französischen Siedler von den massenhaft ins Land einwandernden Engländern immer weiter nach Westen verdrängt. Zusammenstöße einzelner Jäger-, Siedler- und Eingeborenengruppen waren ebenso an der Tagesordnung wie Scharmützel verfeindeter Milizen. Schließlich gingen beide Seiten dazu über, ihre Besitzungen durch den Bau von Forts zu schützen.

Um 1750 erstreckte sich die französische, als »Neu-Frankreich« bezeichnete Kolonie von Louisiana entlang des Mississippi und der Großen Seen in einem Halbbogen über Montreal und Quebec in Kanada sowie die Halbinsel Acadia (heute: New Brunswick) bis Louisbourg auf Cape Breton an der Atlantikküste; die Kolonie zählte zwischen 50.000 und 75.000 Einwohner. Demgegenüber standen die an der Atlantikküste gelegenen dreizehn englischen Kolonien – von Massachusetts im Norden bis Georgia im Süden – mit einer Einwohnerzahl, welche die Millionengrenze überschritt.

Im April 1754 verschärfte sich der Konflikt, als französische Verbände ein Fort einnahmen, das englische Milizen im umstrittenen Ohiogebiet neu errichtet hatten. Der Besatzung

1 Füssel 2010, S. 25.
2 Füssel 2010, S. 9.

Benjamin West, The Death of General Wolfe at Quebec, 1770.

unter Oberst George Washington – dem späteren ersten Präsidenten der Vereinigten Staaten – gewährte man freien Abzug. Im Juli kehrte Washington mit frischen Verbänden zurück, um das Fort zurückzuerobern. Die Briten gerieten jedoch in einen Hinterhalt, erlitten hohe Verluste und mussten sich abermals zurückziehen.

Dieser Gewaltakt führte erstaunlicherweise zu keiner formalen Kriegserklärung zwischen England und Frankreich – die erfolgte erst am 17. Mai 1756 – aber zur Entsendung regulärer Truppen aus den Mutterländern und zu einem Kaperkrieg der Royal Navy gegen französische Schiffe.

Im Sommer 1755 eskalierte die Situation weiter, als die Engländer vier Angriffe gleichzeitig auf verschiedene französische Forts führten, von denen nur einer – in Acadia – Erfolg hatte, zwei im Sande verliefen und der vierte – nämlich der Hauptstoß – mit einem völligen Desaster endete. Um die Niederlage Washingtons vom Vorjahr zu rächen, war der neu ernannte britische Oberbefehlshaber, General Edward Braddock, mit etwa 1600 regulären Soldaten und Milizen ins

Ohiotal vorgestoßen. Am 8. Juli 1755 geriet die Armee jedoch am Monongahela-Fluss in einen französisch-indianischen Hinterhalt und wurde aufgerieben; Braddock und 800 Soldaten starben oder wurden verwundet, der Rest geriet in Gefangenschaft oder floh.

In den europäischen Mutterländern begannen nun intensive Kriegsvorbereitungen, insbesondere auch auf der politischen Bühne. So warb Frankreich bei seinem preußischen Verbündeten aus den Tagen des Österreichischen Erbfolgekrieges für den Plan, bei Ausbruch des Krieges das zu England gehörende Kurfürstentum Hannover durch preußische Truppen besetzen zu lassen. Frankreich wollte sich auf diese Weise in Europa entlasten und ein Faustpfand für spätere Verhandlungen gewinnen. Friedrich II. zeigte zunächst Interesse, schreckte dann aber vor einer Zusage zurück, als er von den englischen Gegenmaßnahmen erfuhr. Denn inzwischen hatte London mit der Zarin Elisabeth die Vereinbarung getroffen, dass Russland gegen Zahlung englischer Subsidien mit 80.000 Mann in Ostpreußen einfallen sollte, falls Preußen Hannover angriff. In dieser Situation vollführte Friedrich eine Kehrtwende und schloss am 16. Januar 1756 mit der englischen Regierung die »Konvention von Westminster«, die den Frieden zwischen Preußen und England garantierte und gegenseitige Hilfe im Falle eines fremden Angriffs zusagte.

Friedrichs Schritt hatte ungeahnte Folgen, denn die bestehenden Allianzen lösten sich auf und kehrten sich um. Frankreich, Russland, Sachsen, Österreich und später Schweden schlossen nun ein gegen Preußen gerichtetes Bündnis mit dem Ziel, den Hohenzollernstaat zu dezimieren. In dem Glauben, durch einen Präventivschlag das Unheil von sich und Preußen abwenden zu können, befahl Friedrich am 29. August 1756 den Einmarsch in Sachsen – und eröffnete damit den Siebenjährigen Krieg in Europa.

In Nordamerika verlief der im Grunde seit 1754 andauernde Krieg trotz zahlenmäßiger Überlegenheit der Engländer für diese zunächst ungünstig. 1756 und 1757 scheiterten nicht nur alle Angriffe auf die französischen Stellungen, sondern die Franzosen gingen unter der geschickten Führung des Generals Louis Joseph de Montcalm-Gozon, Marquis de Saint-Véran, sogar zum Gegenangriff über und eroberten und zerstörten mehrere englische Forts. Den Höhepunkt der französischen Erfolgsserie bildete zweifelsohne die Einnahme des am Lake George gelegenen, stark befestigten Forts William Henry. Die Geschichte dieser Belagerung, die britische Kapitulation und das anschließende Massaker, das die mit Montcalm verbündeten Indianer an den abziehenden englischen Soldaten und Zivilisten verübten, ist in James Fenimore Coopers *Lederstrumpf-Erzählungen* verewigt worden. Derartige Gräueltaten waren im nordamerikanischen Konflikt, der allgemein als »French and Indian War« bezeichnet wird, keine Seltenheit, wobei sich Indianer, Engländer und Franzosen an Grausamkeit in nichts nachstanden.

Trotz der französischen Erfolge war es das Ungleichgewicht der Kräfte, das schließlich den Krieg entschied: So konnte Frankreich bis Kriegsende aufgrund der englischen Seehoheit insgesamt nur etwa 6000 Soldaten als Verstärkung nach Amerika entsenden. Dem stand der massive Zustrom englischer Kontingente gegenüber, die allein 1757 etwa 11.000 Mann zählten.

Die Eroberung der Festung Louisbourg auf Cape Breton, mit 3500 Soldaten und über 230 Geschützen das stärkste französische Bollwerk auf dem Kriegsschauplatz, bedeutete 1758 schließlich den Wendepunkt des Krieges. Noch im gleichen Jahr räumten die Franzosen fast alle Forts zwischen Louisiana und den großen Seen, um ihre Streitkräfte in Kanada bei Montreal und insbesondere Quebec, dem wichtigsten Handelszentrum Neu-Frankreichs, zu konzentrieren. Dort erwartete Montcalm mit 14.000 Mann den englischen Angriff.

Im Juni 1759 landete eine englische Armee unter General James Wolfe in der Nähe Quebecs. Ein erster Angriff auf die Verschanzungen der Franzosen östlich der Stadt wurde blutig abgewiesen, woraufhin Wolfe zu der brutalen Strategie der »verbrannten Erde« überging: Um Montcalm erstens auszuhungern und zweitens zu einem Ausfall zu provozieren, ließ der General das Gebiet um Quebec herum verwüsten und alle Siedlungen niederbrennen. Doch der Erfolg blieb aus. Im September schließlich griff Wolfe erneut an, diesmal im Westen, auf den »Plains of Abraham«. Die Schlacht am 13. September 1759 endete mit einem englischen Sieg, forderte jedoch auf beiden Seiten einen hohen Blutzoll. Unter den Toten befanden sich auch die beiden gegnerischen Generale Wolfe und Montcalm. Fünf Tage später kapitulierte Quebec.

Mit der Einnahme der Stadt war der Krieg zwar nicht beendet, wohl aber entschieden. Im Frühjahr 1760 stieß die letzte französische Armee von Montreal auf Quebec vor. Wiederum auf der Abrahams-Ebene wurde eine Schlacht geschlagen. Es sollte die letzte des Krieges sein, und sie endete erstaunlicherweise mit einem französischen Sieg. Doch an eine Rückeroberung Quebecs war nicht zu denken. Am 6. September 1760 wurde Montreal von überlegenen englischen Verbänden eingeschlossen, zwei Tage später kapitulierte die Stadt mit den Resten der französischen Armee. In Nordamerika war der Kolonialkrieg gegen Frankreich zu Ende.

Im Februar 1763 endete der Siebenjährige Krieg. Im Pariser Frieden zwischen England, Frankreich und Spanien, das 1761 auf französischer Seite in den Krieg eingetretenen war, verlor Frankreich den Großteil seiner nordamerikanischen Besitzungen, Spanien büßte Florida ein, erhielt dafür aber Louisiana.

Stefan Gläser

Literatur

Daniel Marston: The French-Indian War 1754–1760, Essential Histories 44, Oxford 2002

Stuart Reid: Quebec 1759. The battle that won Canada, Oxford 2003

René Chartrand: Monongahela 1754–55, Oxford 2004

William M. Fowler Jr.: Empires at War. The French and Indian War and the Struggle for North America, New York 2005

Marian Füssel: Der Siebenjährige Krieg. Ein Weltkrieg im 18. Jahrhundert, München 2010

Querflöte

Adolph Menzels *Flötenkonzert von Sanssouci* (1852) hat das Bild Friedrichs, seine Wahrnehmung als passionierten Flötisten und wahren Musikliebhaber, entscheidend geprägt. Schon zur Lebzeit wurde über das Flötenspiel des Königs viel berichtet. Dass der berühmte Feldherr und viel beschäftigte Herrscher täglich die Zeit fand zu musizieren, hat selbst Gegner des Preußenkönigs fasziniert.

Von Jugend an hat Friedrich Flöte gespielt. In welchem Alter er den Unterricht aufnahm, ist nicht bekannt. Schon mit 16 Jahren trat er während eines Besuchs am Hof August des Starken im Konzert auf. In Dresden lernte er auch Johann Joachim Quantz (1697–1773) kennen, der als Flötist bei der Sächsischen Königlichen Kapelle wirkte. Als Lehrer, Komponist und Flötenbauer wurde Quantz für Friedrich zur wichtigen Bezugsperson und zum Impuls gebenden musikalischen Berater. Um dem Kronprinzen Flötenunterricht zu erteilen, reiste Quantz zunächst zweimal jährlich an den Berliner Hof. Friedrich Wilhelm I., der seinen pubertierenden Sohn immer weniger verstand, störte bald der Umfang, den die Musizierstunden im Tagesablauf Friedrichs einnahmen. Sein Bestreben war es, den Kronprinzen stärker auf seine Aufgaben als zukünftiger König und Befehlshaber der preußischen Armee vorzubereiten. Die Brisanz des Konfliktes zwischen Vater und Sohn entlud sich deshalb häufig am Flötenspiel des Kronprinzen. Friedrich Wilhelm I. musste feststellen: »Fritz ist ein Querpfeifer und Poet. Er macht sich nichts aus den Soldaten und wird mir meine ganze Arbeit verderben.«[1] Er versuchte gegenzusteuern, indem er die Übungsstunden des Sohnes beschränkte. Friedrich widersetzte sich, woraufhin der Vater, der seine Autorität verletzt sah, noch verärgerter reagierte. Quantz' Bericht über die Auseinandersetzungen zwischen König und Kronprinz ist bis heute wohlbekannt: Darin schildert der Flötenlehrer, wie er sich einmal bei einer der Kontrollen von Friedrichs Vater in einem Kämmerchen verstecken musste, als dieser das Flötenspiel des Sohnes bemerkte und polternd dagegen einschritt.[2]

Gänzlich verboten wurde Friedrich das Musizieren während der Festungshaft infolge des missglückten Fluchtversuches von 1730. Die Bedeutung des Flötespielens als Mittel der Entspannung und des emotionellen Ausgleichs ist Friedrich vermutlich in dieser Zeit bewusst geworden. Auch als König hat er sich in Zeiten äußerster seelischer Anspannung zum Spiel zurückgezogen, um Klarheit oder Trost zu suchen. Bekanntermaßen ist er mit Flöte und Reiseklavier auch in den Krieg gezogen und hat während der Mußestunden im Feldlager den Schlachtenlärm zu vergessen gesucht. In Friedenszeiten gab Friedrich in kleiner Runde seine berühmt gewordenen Abendkonzerte. Trotz der wenigen Zuhörer, die daran teilhaben durften, ist viel darüber geschrieben worden. Menzels Gemälde zeigt, wie es zugegangen sein

1 Zit. nach Franz Kugler: Geschichte Friedrichs des Grossen, Leipzig 1840, S. 36.

2 Friedrich Nicolai: Anekdoten von König Friedrich dem Zweiten von Preußen (1788–1792), Heft 6, S. 147; zit. nach Johann D. E. Preuss: Friedrich der Grosse. Eine Lebensgeschichte, Bd. 1, Berlin 1833, S. 30.

könnte, wenn hohe Staatsgäste, wie Friedrichs Schwester, die Markgräfin Wilhelmine von Bayreuth (1709–1758), anwesend waren. Die meisten der allabendlichen Konzerte fanden wohl in weit weniger feierlicher Atmosphäre statt. Einige Mitglieder der Hofkapelle begleiteten den König auf ihren Instrumenten. Über den genauen Ablauf und die musikalische Gestaltung dieser Musikabende ist jedoch wenig bekannt. Man kann vermuten, dass vor allem die Konzerte von Friedrichs Flötenlehrer Quantz und die Kompositionen des Königs für die Querflöte erklangen. Quantz schrieb mehr als 200 Flöten-Solosonaten und beinahe 300 Flötenkonzerte. Friedrich werden 121 Solosonaten und vier Konzerte für Flöte, Streicher und Generalbass zugeschrieben. Es ist meist nicht mehr zu klären, wann genau Friedrich die Werke im Einzelnen schrieb und ob bzw. in welchem Umfang er die Hilfe von Mitgliedern der Hofkapelle beim Komponieren in Anspruch nahm. Erstaunlicherweise haben sich nur wenige Forscher mit dem Musikschaffen Friedrichs genauer auseinandergesetzt. Obwohl das Anekdotenwissen über den Flöte spielenden und komponierenden König weit verbreitet und umfangreich ist, begann die Edition seiner musikalischen Werke erst relativ spät. Mehr als 100 Jahre nach dem Tod Friedrichs II. gab Philipp Spitta 1889 erstmals eine drei Bände umfassende Werkausgabe heraus. Der König, soviel steht fest, war ein geübter Flötist. Die überlieferten Kompositionen verlangen vom Interpreten ein weit fortgeschrittenes Niveau. Sie sind mitunter recht virtuos ausgeführt. Manche lassen den Einfluss oder die Vorbildhaftigkeit der Quantz'schen Tonschöpfungen erkennen. Vor allem sind die Kompositionen aus der Feder des Königs aber Werke, die den Klang des Rokoko in sich tragen und einen Zugang zum Zeitgeist gewähren.

Dass der Preußenkönig mehrmals täglich zur Flöte griff, wurde von etlichen und Friedrich nahestehenden Zeitgenossen kolportiert. Franz Benda (1709–1786), langjähriges Mit-

Adolph Menzel, Das Flötenkonzert von Sanssouci, 1852.

glied der Hofkapelle, schrieb in seiner Autobiografie bereits 1763, er hätte »all die Jahre wenigstens bis 10.000 Flöten-Concerte S. Maj. zu accompagniren« gehabt.[3] Erst 15 Jahre später legte der König das Instrument endgültig zur Seite. Vier- bis fünfmal, oder noch öfter, soll Friedrich am Tag Flöte gespielt haben. Einige Biografen vermuteten deshalb, die charakteristische schiefe Kopfhaltung des alten Fritz sei eine Folge des häufigen Flötespielens.[4]

Der Lehrer Quantz, dem Friedrich gestattete, seine Spielweise zu kritisieren, hatte in seinem Lehrbuch *Versuch einer Anweisung die Flöte traversière zu spielen* (1752) ausdrücklich auf die Wichtigkeit einer aufrechten Körperhaltung verwiesen. Dachte er, als er die Zeilen niederschrieb, an seinen königlichen Schüler? Ihm hat er dieses Buch gewidmet.[5] Viele Zeitzeugen berichten, dass Friedrichs Spielweise und Beherrschung des Instruments derjenigen eines professionellen Musikers entsprochen hat: »Die herzrührenden Sätze, von welchen sich in den Quantzschen Koncerten mehrere vortreffliche finden, spielte der König vorzüglich mit einer Simplicität und inneren Empfindung, welche selbst wenige Virtuosen haben.«[6] Der greise, gichtgeplagte König gab das Flötenspiel auf, nachdem er, beinahe 70-jährig, seine Schneidezähne verloren hatte. Über Friedrichs Flötenspiel existieren zahlreiche Geschichten, die zum Teil erfunden oder auch erst nach dem Tode des Königs entstanden sind. Fast ein halbes Jahrhundert nach seinem Tod machte Giacomo Meyerbeer den Preußenkönig zum Helden des Singspiels *Ein Feldlager in Schlesien* (1844): Friedrich mit der Flöte in der Hand entkommt darin seinen Feinden, indem er als vagabundierender Musikant wahrgenommen wird. Sich gleichermaßen als Kriegsheld und Flötenvirtuose auf der Bühne inszeniert zu wissen, hätte dem König wohl geschmeichelt. Friedrichs Flötenspiel hat dazu beigetragen, ihm einen herausragenden Platz unter den Herrschern und Staatenlenkern zu sichern. Dass Friedrich die Traversflöte als sein bevorzugtes Musikinstrument wählte, hat ihrem Klang etwas Königliches verliehen und sie zu einem Modeinstrument des 18. Jahrhunderts werden lassen.

Claudia Terne

3 Die Autobiografie Franz Bendas, abgedruckt in: Franz Lorenz: Die Musikerfamilie Benda. Franz Benda und seine Nachkommen. Staatliches Institut für Musikforschung Preußischer Kulturbesitz, Berlin 1967, S. 138–159, hier S. 154.

4 Anton Friederich Büsching: Friedrich der Große privat. Bericht eines Zeitgenossen, Neuruppin 2004, S. 5.

5 Johann Joachim Quantz: Versuch einer Anweisung die Flöte traversière zu spielen, Faksimile: Kassel 2004, insbesondere S. 30.

6 Friedrich Nicolai, Anekdoten von König Friedrich dem Zweiten von Preußen (1788–1792) (= Gesammelte Werke, hg. von Bernhard Fabian u. Marie-Luise Spiekermann, Bd. 7), Hildesheim/Zürich/New York 1985, Heft 3, S. 247 f.

Literatur

Friedrich der Große, Musikalische Werke, 3 Bände, hg. von Philipp Spitta, Leipzig 1889 [Nachdruck: New York 1967, Music Reprint Series]

Das Flötenbuch Friedrich des Großen, 100 tägliche Übungen, Komponiert von Friedrich dem Großen und Johann Joachim Quantz. Zum ersten Male nach den Handschriften mit Vorwort, hg. von Erwin Schwarz-Reiflingen unter Mitwirkung von Paul Luther, Wiesbaden 1954

Die Magie der Flöte. Die Traversflöte und die Musik am Hofe Friedrichs II., hg. vom Staatlichen Institut für Musikforschung Preußischer Kulturbesitz anlässlich der Ausstellung zum 200. Todestag Friedrichs des Großen, Berlin 1986

Arndt Jubal Mehring: Der Musiker. Vom heimlichen Querpfeifer zum königlichen Dekorationsmusiker. Friedrich der Große und die Musik, in: Friedrich der Große. König zwischen Pflicht und Neigung, hg. von Dieter Alfter, Bonn 2004, S. 33–51

Johann Joachim Quantz: Versuch einer Anweisung die Flöte traversière zu spielen, Faksimile, Kassel 2004

Quilitz

Kunersdorf am 12. August 1759: die preußische Armee muss gegen russische und österreichische Truppen eine schwere Niederlage einstecken. Mitten im Kampfgetümmel und in den sich in Panik auflösenden preußischen Truppen versucht Friedrich II. die Niederlage doch noch zu vermeiden. Wie immer nimmt er aktiv an der Schlacht teil und motiviert seine Truppen damit zu einem erneuten Vorstoß gegen den Feind. Doch die Lage ist aussichtslos und vor allem gefährlich. Schon mehrere Musketenkugeln stecken im Uniformrock des Monarchen, sein Pferd wurde ihm unter dem Leib erschossen. Als er daraufhin das Pferd seines Generals übernehmen will, wird er beinahe von feindlichen Kosaken umzingelt. Diese Situation bemerkt der junge Leutnant Joachim Bernhard von Prittwitz und schafft es, gemeinsam mit einem Kameraden, den König vom Schlachtfeld zu lotsen.

Kunersdorf sollte für Friedrich zeitlebens eine schmerzliche Niederlage bleiben, doch vergaß er nicht seinem Retter zu danken. Prittwitz machte nicht nur eine steile Karriere in der Armee, die ihm schließlich das Kommando über eine Eliteeinheit und den Generalshut einbrachte, sondern er wurde vom König zeitlebens protegiert.

Bereits zwei Monate nach dem Friedensschluss von Hubertusburg 1763, der in Europa das Ende des Siebenjährigen Krieges einläutete, schenkte der König ihm die Ämter Quilitz und Rosental. Solche Geschenke waren nicht ungewöhnlich, sondern Ausdruck der persönlichen Dienstbeziehung, die zwischen Monarch und Offizieren existierte. Man diente generell nicht einem abstrakten Staatsgebilde, sondern dem König persönlich. Geschenke und Belohnungen für besondere Verdienste waren daher Teil des Entlohnungssystems.

Der Dienst als Offizier in der preußischen Armee war während des 18. Jahrhunderts alles andere als eine einträgliche Beschäftigung. Erst nach vielen Dienstjahren und der Übernahme einer eigenen Kompanie konnte ein standesgemäßes Leben geführt werden. Für die militärischen Spitzenpositionen, die Generalität, galt dies nicht. Die Generäle bekamen nicht nur einen deutlich höheren Sold, sondern erhielten vom König zusätzlich diverse Geld- und Sachgeschenke. In den Genuss solcher Geschenke kamen allerdings während der Kriegsjahre auch viele Offiziere und Soldaten niederer Dienstränge. Für Soldaten wurden eigens die sogenannten »Kanonengelder« ausgelobt, die für erbeutete Kanonen, Fahnen und anderes Feldgerät gezahlt wurden. Doch wurden in diesen Fällen meist nur Geschenke von wenigen Talern ausgezahlt. Offiziere hingegen erhielten für besondere Tapferkeit oder militärische Erfolge nicht nur Geschenke von mehreren Hundert Talern, sondern oft auch die von Friedrich II. so geliebten Tabaksdosen. Neben diversen Orden und Auszeichnungen gehörten auch die Vergabe von lebenslangen

Pensionen, zivilen Versorgungsstellen sowie die bevorzugte Beförderung zum Belohnungssystem.

Nach dem Siebenjährigen Krieg (1756–1763) beschenkte der König verschiedene Offiziere mit Ländereien. Der General Hans Sigismund von Lestwitz wurde für seinen Erfolg in der Schlacht von Torgau von Friedrich mit dem Gut Friedland belohnt. »Lestwitz hat den Staat, Prittwitz hat den König gerettet«, lautete damals ein bekanntes Sprichwort. Für beide Offiziere bedeutete dies nicht nur finanziellen Gewinn, sondern auch die persönliche Protektion durch den König.

Prittwitz wurde 1775 Generalmajor und Chef des Eliteregiments Gens d'armes, das als die vornehmste Truppe in der Armee galt. Im selben Jahr wurde er Inspekteur und damit einer der wichtigsten und einflussreichsten Generäle im Heer.

Seine Dankbarkeit gegenüber dem König ließ Prittwitz nach dessen Tod in Marmor meißeln (Abb. S. 120/121). Im Garten des Gutes Quilitz, auf dem er inzwischen ein Herrenhaus gebaut hatte, ließ er 1792 das erste Denkmal für Friedrich II. errichten. Der italienische Bildhauer Giuseppe Martini schuf es nach einem Entwurf des Berliner Akademiedirektors Johann Wilhelm Meil. Der Kriegsgott Mars – angeblich mit den Gesichtszügen des Auftraggebers – und die Göttin der Weisheit Minerva umstehen trauernd eine urnenbekrönte Denksäule, die mit dem Bildnisrelief des Königs verziert ist.

Im Jahre 1810 verkaufte der älteste Sohn des inzwischen verstorbenen Generals das Gut an die Krone. Vier Jahre später schenkt Friedrich Wilhelm III. dieses seinem Kanzler Karl August Freiherr von Hardenberg, der dem Gut in den nächsten Jahrzehnten seinen Stempel aufdrücken sollte. Zu seinen Ehren wurde es fortan »Neuhardenberg« genannt.

Carmen Winkel

Literatur

Quilitz, Marxwalde, Neuhardenberg 1348–1998. Zeugnis deutscher Geschichte und europäischer Baukunst, hg. von der Ostdeutschen Sparkassenstiftung im Land Brandenburg, Dresden 1998

Udo Geiseler, Stephan Reinert: Neuhardenberg, in: Herrenhäuser in Brandenburg und der Niederlausitz. Kommentierte Neuausgabe des Ansichtswerks von Alexander Duncker (1857–1883), hg. von Peter-Michael Hahn und Hellmut Lorenz, Bd. 2, Katalog, Berlin 2000, S. 399–404

Réfugiés

»[…] die Ärmsten, aber Fleißigsten kamen nach Brandenburg, etwa 20.000 an der Zahl. Sie halfen unsere verödeten Städte neu bevölkern und brachten uns alle die Manufakturen, die uns fehlten.«[1] Mit diesen Worten beschreibt Friedrich II. 1770 den Beitrag der seit 1685 eingewanderten Hugenotten (Réfugiés) zur wirtschaftlichen Belebung des durch den Dreißigjährigen Krieg (1618–1648) verwüsteten Landes Brandenburg.

Der Grundstein für diese durchweg positive Sicht auf die Hugenotten als besonders treue und fleißige Untertanen wurde bereits in Friedrichs Kinderstube gelegt. So kümmerte sich seit 1714 Marthe de Rocoulle als Gouvernante um die Erziehung des Kronprinzen. Zu der aus Alençon stammenden Hugenottin hielt Friedrich zeitlebens innigen Kontakt. 1737 schrieb er in einem Brief an Marthe de Rocoulle: »Ich nenne Sie Mutter und hoffe, dass Sie diesen Namen mir erlauben werden. Er gehört Ihnen gewissermaßen in Betracht der Sorgen und Mühen, welche Sie auf die Bildung meiner jungen Jahre verwendet haben.«[2] Sehr nahe standen Friedrich seit seiner Kindheit auch der Offizier Paul-Henri de Camas und dessen Frau Charlotte, die nur durch ihre Heirat der Französischen Kolonie angehörte, aber Friedrich dennoch als Hugenottin galt. Nach dem Tod von Marthe de Rocoulle 1741 wurde Charlotte de Camas zu »meiner guten Mama Camas«.[3]

Zu seinen »Adoptiveltern« zählte Friedrich weiterhin seinen Erzieher Charles Egide de Jandun, von dem er bis zu dessen Entlassung im Jahr 1727 Unterricht in der französischen Sprache erhielt und der ihn insbesondere an die französische Literatur heranführte, wie es anfänglich dem Willen Friedrich Wilhelm I. ganz und gar entsprach. Die gemeinsame Lektüre von Fénelons *Télémaque* und die von Jandun angeregte Diskussion über Aufgaben und Pflichten eines Fürsten sollten sich später in Friedrichs *Antimachiavel* niederschlagen. Jandun förderte stets das Interesse seines Schützlings an Philosophie und Literatur auch durch einen heimlichen Kredit zum Ankauf französischer Bücher. Aus diesem Grund fiel Jandun nach Friedrichs gescheitertem Fluchtversuch in Ungnade, wurde jedoch nach dessen Thronbesteigung Geheimrat im Departement für auswärtige Angelegenheiten und Mitglied der Akademie der Wissenschaften.

Auch in Rheinsberg umgab sich Friedrich gern mit hugenottischen Gesprächspartnern. Henri Auguste Baron de la Motte Fouqué blieb Friedrich bis zu seinem Tod im Jahre 1774 freundschaftlich verbunden. Er war ihm ein wichtiger Berater in militärischen Fragen. Über seinen Vorleser und Bibliothekar Charles Étienne Jordan machte der Kronprinz Bekanntschaft mit dessen Brüdern André und Jean Louis, zwei der angesehensten Berliner Goldschmiede, die später neben Daniel Baudesson seine Hoflieferanten werden sollten.

1 Die Werke Friedrichs des Großen in deutscher Übersetzung, 10 Bde., hg. von Gustav Berthold Volz, Bd. 1: Denkwürdigkeiten zur Geschichte des Hauses Brandenburg, Reprint der Originalausgabe von 1913, Braunschweig 2006, S. 211 f.

2 Johann David Erdmann Preuss (Hg.): Œuvre de Frédéric le Grand, 30 Bde., Berlin 1846–1856, Bd. 16 (1850), S. 187, zit. nach Fuhrich-Grubert.

3 Ebd., Bd. 17 (1851), S. 272.

Antoine Pesne, Marthe de Rocoulle, um 1735.

Überhaupt schätzte und förderte Friedrich die hugenottischen Juweliere und gab Dutzende Golddosen und Tabatièren bei ihnen in Auftrag. Mit einem Porträt von sich aus der Hand des Emailmalers Daniel Nikolaus Chodowiecki versehen, wurden diese Golddosen auch zum exklusiven Geschenk. Die Belieferung des Hofes mit Luxusartikeln verschaffte allerdings nur einer kleinen Gruppe von Hugenotten in den Residenzstädten ein Auskommen. Die traditionell dominierenden Gewerbezweige der Hugenottenansiedlungen (Kolonien), wie der Textilsektor in Berlin, Stettin, Brandenburg und Potsdam oder das Tabakgewerbe in Frankfurt (Oder), befanden sich auf dem Rückzug. Ganz allgemein gesprochen bedeutete die Regierungszeit Friedrich II. für die Französischen Kolonien eine Phase des wirtschaftlichen Einbruchs. Besonders die städtischen Kolonien hatten unter ökonomischen Einbußen in Folge der Schlesischen Kriege zu leiden. Die Zahl der Kolonisten in Brandenburg-Preußen ging von über 18.000 auf gut 15.000 zurück. Ausgleichend sollte hier eine intensivere Gewerbeförderung wirken sowie die Öffnung der Kolonien für ankommende Fremde durch das Wahlbürgerrecht von 1772. Diese Maßnahmen und die Friedenszeit trugen tatsächlich zur Erholung der Französischen Kolonien bei. Mit Stiftungen, wie etwa für die Holzgesellschaft in Berlin, versuchte Friedrich, die Verarmung unter den französischen Kolonisten zu lindern.

Wenn es um sein sprachliches Repräsentationsbedürfnis ging, wusste Friedrich auch hier Freundschaften für seine Zwecke zu nutzen. Bei dem Wunsch, sein mit Germanismen durchsetztes, lautmalerisches Französisch zu verbessern, konnten ihm seine hugenottischen Bekanntschaften wenig helfen. Den »Bon usage« zu lernen erhoffte er sich vielmehr von seinem Freund Voltaire, mit dem er 1736 in eine intensive Korrespondenz trat. Voltaire korrigierte nicht nur Fehler, sondern sensibilisierte seinen königlichen Freund für eine harmonische Sprachmelodie. Damit verschärfte der Philosoph Friedrichs Abneigung gegen das Deutsche, das ihm an Klarheit mangelte und an einem Übermaß an Konsonanten krankte. »Je suis un galérien enchaîné sur le vaisseau de l'État«,[4] an die Staatsführung gefesselt zu sein und daher nicht die ersehnte Perfektion im Französischen erlangen zu können, bedauerte Friedrich in einem Brief an Voltaire. Wann immer es die Amtsführung erlaubte, bevorzugte Friedrich das Französische. An manchen seiner Randbemerkungen lässt sich ablesen, dass er das Deutsche zuweilen auch vom Französischen her dachte. Für die Aufforderung an Deputierte verschiedener Städte, sich nach Berlin zu begeben »ich wil Sie alle hier Sonabent gegen 10 Uhr bei mihr Komen Lassen [...]«[5] stand vermutlich »Je veux vous faire venir chez moi« Pate und wurde Wort für Wort ins Deutsche übersetzt.

Angesichts der Vielzahl seiner hugenottischen Weggefährten und der Wertschätzung für französische Kultur ist es nicht verwunderlich, wenn Friedrich seine hugenottischen Untertanen auch in religiöser Hinsicht achtete. Anders als Friedrich Wilhelm I. respektierte Friedrich II. die Pastorenwahl französischer Gemeinden durch ihre Gemeindeältesten (Anciens) als Bestandteil ihrer reformierten Kirchenordnung und griff nicht in diese ein. Einer deutschen Gemeinde in Pommern versagte er hingegen ihren Wunsch nach einem neuen Pfarrer, als der bisherige Seelsorger in einer Predigt Zweifel an der Auferstehung der Toten äußerte: »Der Pfarrer bleibt. Wenn er am jüngsten Tage nicht mit aufstehen will, kann er ruhig liegen bleiben.«[6]

Trotz aller Nähe zu den Hugenotten blieb Friedrichs Haltung zu den französischen Gemeinden im Land nicht frei von Ambivalenzen. Einerseits beendete Friedrich 1750 recht rigoros die sonntägliche Beherbergung der Französischen Gemeinde in Potsdam, weil er die Kapelle im Stadtschloss in Gästezimmer umwandeln lassen wollte. Er milderte diesen Rauswurf aber mit dem Versprechen, der Gemeinde eine eigene Kirche zu bauen, was er wenige Jahre später auch tatsächlich einlöste. Andererseits unterstützte Friedrich französische Gemeinden bereitwillig bei der Erfüllung ihrer diakonischen Aufgaben, wie etwa der Armenversorgung. Friedrich sah deren soziales Engagement im Einklang mit seiner Regierungspraxis und ermöglichte den französischen Gemeinden hier ein eigenständiges Handeln. Auch dieses kooperative Verständnis resultiert aus der eingangs zitierten Wertschätzung der Réfugiés. Seine hugenottischen Untertanen gaben dieses Kompliment aber auch gern zurück. So würdigten Jean-Pierre Erman und Pierre C.F. Reclam in ihrer Geschichte der Französischen Kolonien die Wohltätigkeiten Friedrichs etwa mit folgenden Worten: »Der hochselige König unterließ nichts, Talente zu fördern, die ohne die Hilfe, die er ihnen angedeihen ließ, dahin gewelkt wären.«[7]

Silke Kamp

Literatur

Sabine Beneke/Hans Ottomeyer: Zuwanderungsland Deutschland. Die Hugenotten, Ausst.-Kat., Berlin 2005

Volker Wittenauer: Im Dienste der Macht. Kultur und Sprache am Hof der Hohenzollern, Paderborn/München/Wien/Zürich 2007

Ursula Fuhrich-Grubert: »»Meine gute Mama Camas, vergessen sie mich nicht. Friedrich‹ Hugenottische Netzwerke um Friedrich II. von Preußen«, in: Andreas Flick/Walter Schulz (Hg.): Von Schweden bis Südafrika. Vorträge der Internationalen Hugenotten-Konferenz in Emden 2006 (= Geschichtsblätter der Deutschen Hugenotten-Gesellschaft e.V., Bd. 43), Bad Karlshafen 2008, S. 147–174

Silke Kamp: Die verspätete Kolonie. Hugenotten in Potsdam 1685–1809, Berlin 2011

4 Friedrich II. an Voltaire am 5. März 1749, in: Reinhold Koser/Hans Droysen, Briefwechsel Friedrichs des Großen mit Voltaire, 2. Teil, Neudruck d. Ausg. 1909, Osnabrück 1965, S. 250 f.

5 Georg Borchardt: Die Randbemerkungen Friedrichs des Großen, Teil II, Potsdam 1937, S. 96, zit. nach Wittenauer.

6 Ebd., Teil I, Potsdam 1936, S. 87, zit. nach Wittenauer.

7 Jean Pierre Erman/Pierre Chrétien Frédéric Reclam: Mémoires pour servir à l'histoire des Réfugiés françois dans les états du Roi, 9 Bde., Berlin 1782–1799, hier Bd. V, S. 182.

Rheinsberg

Im Oktober 1737 entwarf der 25-jährige Kronprinz seine Grabinschrift. Sie lautet: »Hier liegt, der ein Jahr gelebt hat.«[1] Seit seinem Einzug in Rheinsberg im Herbst 1736 also zählte er sein Leben. Vom nahe gelegenen Neuruppin aus war er auf diesen Ort erstmalig gestoßen, auf seine Bitte hin hat ihm der Vater das Anwesen bereits 1734 gekauft. Die Rheinsberger Zeit währte bis zum Tod des Vaters und dem Regierungsantritt im Mai 1740, nur noch einmal im Herbst desselben Jahres war Friedrich für längere Zeit hier. 1746 räumte er das Schloss für seinen Bruder Heinrich. Er bezeichnete diese Zeit auch rückblickend als glücklichste seines Lebens.

Nach der Küstriner Gefangenschaft und der Neuruppiner Verbannung ist die zugestandene Hofhaltung in Rheinsberg auch ein Zeugnis des langsam wieder keimenden Verständnisses zwischen Vater und Sohn. Sie ist zugleich die einzige Zeit ehelicher Gemeinschaft mit der 1733 angetrauten Elisabeth Christine. Ein herzlicher Ton spricht aus den Briefen, die er ihr von Reisen fast täglich schrieb. Die Rheinsberger Jahre sind Friedrichs Studienzeit. Er ist (anders als noch unter Aufsicht des Vaters mit den Lehrern) mit Feuereifer bei den ernsten Beschäftigungen, dem Studium der Philosophie, Geschichte und Sprachen ebenso wie bei den angenehmen Beschäftigungen, Musik, Theater und Maskeraden. Naturwissenschaften blieben die Achillesferse seiner Bildung, Geometrie mochte er nie. In der Philosophie schwenkte er bald vom Hallenser Christian Wolff zu Voltaire und John Locke, von deutschen zu ihm überlegen scheinenden französisch-englischen Autoren. Die deutsche Bühnen- und Dichtkunst lehnte er ab und bewunderte die französische, Voltaire durfte seine Verse korrigieren. Fanatisch frankophil schaute er auch auf die bildenden Künste, in allem ein Gegenstück seines Vaters. Kein Wunder: Schon seine erste Erzieherin war Französin und sprach nur wenige Worte deutsch.

Dabei war Friedrichs Leben in Rheinsberg alles andere als weltfern. Die politischen Entwicklungen verfolgte er mit gespannter Aufmerksamkeit, ja leidenschaftlicher Erregung. Material boten die Depeschen, die der Kriegsminister Friedrich Wilhelm von Grumbkow aus Berlin schickte. Es ging um die zukünftige Rolle Preußens in Europa, um die Frage seiner Politik zwischen England, Frankreich, Österreich und Russland und darüber hinaus grundsätzlich um die Art von Erwerb, Ausbau und Erhaltung von Fürstenmacht. Erste politische Schriften wie sein *Antimachiavel* bekräftigen das.

Zum Rheinsberger Freundeskreis gehörten in wechselnder Besetzung ca. 40 Personen, die sich zwanglos trafen. Da waren die alten Freunde Egmont von Chasôt und Dietrich von Keyserling, der 1737 in Friedrichs Auftrag zu Voltaire reisten, sodass ein reger Briefwechsel entstand und Voltaire im November 1740 tatsächlich nach Rheinsberg kam. Als seinen Vorleser und Bibliothekar holte Friedrich Charles

1 Zit. nach Reinhold Koser: Friedrich der Große als Kronprinz, Stuttgart 1901, S. 123 (aus einem undatierten Brief, Ende Oktober 1737, an Grumbkow; Publ. LXXII 164 »Ci gît qui a vécu un an«).

Étienne Jordan herbei. Christoph Ludwig von Stille war ein intimer Freund dieser Zeit, der ihn bis zu seinem Tod 1752 auf allen Kriegen begleitete. Heinrich August de la Motte Fouqué kam öfter vorbei. Es waren Franzosen oder Kenner französischer Kultur, die er bevorzugte. Auch Damen gehörten zum Kreis, neben der Ehefrau Elisabeth Christine einige Hofdamen und die Mutter. Erwähnt sei auch Jakob Friedrich Freiherr von Bielfeld, der ihn 1738 in die Freimaurerei einführte. Knobelsdorff aber war die Seele des künstlerischen Rheinsberger Lebens, er entwarf für Schloss und Garten.[2] Der Hofmaler Antoine Pesne, auch ein Franzose und mit Lancret befreundet, kam häufiger. Von ihm sind einige Deckengemälde im Schloss erhalten. An Künstlern arbeiteten Friedrich Christian Glume und Johann Carl Scheffler an den Verzierungen, die Supraporten schuf Augustin Dubuisson, Pesnes Schwager.

Weil der Rheinsberg-Besucher von heute diese so glückliche Kronprinzenzeit nacherleben möchte, hält er es mit dem noch Sichtbaren, mit französisch geprägter Gartenkunst, Architektur und Malerei. Das Schloss wurde von dem kurmärkischen Baudirektor Johann Gottfried Kemmeter und ab 1737 von Knobelsdorff um einen Flügel mit einem zweiten Turm und eine Kolonnade zu einer Dreiflügelanlage erweitert. Eine Achse führt nach Süden und an deren Ende schuf Knobelsdorff 1741 ein Gartenportal, das mit seinen Kolonnaden schon wenige Jahre später Vorbild für das Obe-

Georg Wenzeslaus von Knobelsdorff, Antoine Pesne (Staffagefiguren), Ansicht von Rheinsberg, um 1737.

2 Seine Ansicht von Rheinsberg mag bald nach der Rückkehr aus Italien entstanden sein, denn das Schloss ist noch im Zustand vor der Erweiterung dargestellt, im Garten sieht man aber bereits einen Pavillon.

liskportal in Sanssouci wurde. Dazwischen liegen barocke Parterres, wovon der Salon im Orangerieparterre ein Rest der nie fertiggestellten Orangerie Knobelsdorffs ist. Hecken, inzwischen wiederhergestellt, bildeten das Herzstück des Gartens und intime Bereiche. Weitere Spuren im Äußeren sind rar. Rheinsberg ist im April 1740 vollständig abgebrannt. Das Schloss blieb verschont, der Bruder Heinrich aber hat es im Inneren verändert. Friedrich-Verehrer können noch den großen Saal (ehemaliges Musikzimmer) mit der Vorkammer und dem Bacchuskabinett im Obergeschoss des Nordflügels in der Gestalt von 1739/40 erleben. Von den privaten Räumen des Kronprinzenpaares im Südflügel sind nur wenige Spuren zu finden, wie der Kamin in Heinrichs Bildergalerie oder das Deckenbild mit der Minerva im Turmkabinett, der ehemaligen Bibliothek Friedrichs. In Garten, Stadt und Schloss ist der Bruder Heinrich allerorten anzutreffen. Eigentlich ist zuzugeben, dass er das sichtbare Rheinsberg prägte, nicht Friedrich – und vielleicht genau das hat er aus Bitterkeit über die gefühlte Zurücksetzung vor dem Bruder auch beabsichtigt.

Das Erhaltene und etwas Fantasie vermögen es, die heiteren und besinnlichen Tage nachzuempfinden, die Friedrich und sein Kreis in Schloss und Garten sahen. Die Gemälde von Pesne und Knobelsdorff geben davon eine bildhafte Vorstellung. Die Vorbilder hierfür sind die Gemälde von Watteau, Lancret und Pater, die damals die Wände zu schmücken begannen und die Friedrich auch noch später für Charlottenburg und Sanssouci ankaufte. Auf diese Begeisterung geht die heute größte Sammlung von Gemälden Antoine Watteaus außerhalb Frankreichs zurück.

Iris Berndt

Literatur

Paul Seidel: Friedrich der Große als Kronprinz in Rheinsberg und die bildenden Künste, in: Jahrbuch der Königlich Preußischen Kunstsammlungen (1888), Ausgabe 8, S. 108–127

Rheinsberg: eine märkische Residenz des 18. Jahrhunderts, Ausstellung zur 650-Jahrfeier der Stadt Rheinsberg 1985 im Schloss Rheinsberg, hg. von der Generaldirektion der Staatlichen Schlösser und Gärten Potsdam-Sanssouci, o.O. 1990

Schloss Rheinsberg, bearb. von Claudia Sommer, hg. von der Stiftung Preußische Schlösser und Gärten Berlin-Brandenburg (Amtliche Führer. Stiftung Preußische Schlösser und Gärten Berlin-Brandenburg), Potsdam 1998

Der Schlosspark in Rheinsberg, bearb. von Michael Seiler, hg. von der Stiftung Preußische Schlösser und Gärten Berlin-Brandenburg (Amtliche Führer. Stiftung Preußische Schlösser und Gärten Berlin-Brandenburg), Potsdam 1998

Günter Rieger: Rheinsberg. Ein Gang durch die Residenz des Kronprinzen Friedrich und des Prinzen Heinrich, Karwe bei Neuruppin 2006

Bagatellen aus Berlin. Briefe Friedrich II. an Wilhelmine von Bayreuth, aus dem Französischen übersetzt und hg. von Günter Berger und Julia Wassermann, Berlin 2011

RUHM

Friedrich wollte seinen Namen ins Buch der Geschichte eintragen. Ruhm zu erlangen, der die Zeiten überdauern sollte, war daher für seine Handlungen die wesentliche Antriebskraft. Fast alle Historiker und Schriftsteller, die sich mit dem König auseinandersetzten, haben das festgestellt – wenn auch nicht mit dieser Unbedingtheit und Ausschließlichkeit. Zumeist, und viel lieber, wurde sein Streben nach Ruhm als Ausdruck jugendlichen Leichtsinns und ersten Überschwangs gedeutet, nur widerwillig wurde es als Ausdruck seiner Rationalität gesehen. Gern zitiert man deshalb Friedrichs Brief an seinen Berater und Vertrauten Charles Étienne Jordan, geschrieben am 3. März 1741 nach dem Einfall in Schlesien, einen Monat vor seiner erster Feldschlacht: »Meine Jugend, die Glut der Leidenschaft, der Ruhmesdurst, ja selbst die Neugier, um Dir nichts zu verhehlen, kurz ein geheimer Instinkt hat mich den Freuden der Ruhe entrissen, die ich genoß. Die Genugtuung, meinen Namen in den Zeitungen und später in der Geschichte zu sehen, hat mich verführt.«[1] Gern nennt man auch seine Worte aus der *Geschichte meiner Zeit* von 1775: »Hinzu kam ein schlagfertiges Heer, ein wohlgefüllter Kriegsschatz und vielleicht auch der Drang, sich einen Namen zu machen. Dies alles bewog den König von Preußen zum Kriege.«[2] Doch wollte man all »das nicht ganz ernst nehmen. Selbstironie und Selbstverspottung«, meint u.a. Sebastian Haffner, »gehörten zu Friedrichs Eigenarten.«

Das ist aber nur zum Teil richtig. Denn Friedrich ironisierte oder verspottete nicht zweckfrei und sich selbst schon gar nicht öffentlich. Die gelegentliche Ironisierung seiner selbst sollte die Wahrheit nur verschleiern; sie sollte verdecken, wie bitter ernst er nahm, was er sagte. So den Aufbruch zum »Rendevous des Ruhms«, ebenfalls ein berühmtes Zitat aus den ersten Regierungsjahren. Es war an die Offiziere seiner in den ersten Krieg ausrückenden Berliner Regimenter gerichtet. Vollständig lautet es: »Meine Herren, ich unternehme einen Krieg, für welchen ich keinen anderen Bundesgenossen habe, als Ihre Tapferkeit und keine andere Hilfsquelle als mein Glück. Erinnern Sie sich stetig des unsterblichen Ruhms, den Ihre Vorfahren auf den Gefilden von Warschau und Fehrbellin erworben haben, und verleugnen Sie nie den Ruf der brandenburgischen Truppen. Leben Sie wohl, brechen Sie auf zum Rendevous des Ruhms, wohin ich Ihnen ungesäumt folgen werde.«[3] Ruhm zu erlangen, oder *gloire*, wie er selbst, französisch sprechend und schreibend, es nannte, war ihm so wichtig, dass er deswegen sogar den *Antimachiavell*, seine erste wichtige Staatsschrift und Eintrittskarte in die Welt der Intellektuellen, dem Vorwurf der Verschleierung, ja sogar der Verlogenheit aussetzte. Was er selbst an den Grafen Algarotti freundlicher formulierte, Remusberg, den 28. Oktober 1740: »Sehr gern gebe ich zu, daß mein Macchiavel die Fehler hat, die sie mir anzeigen; ich bin sogar sehr überzeugt,

1 Briefe Friedrichs des Großen. In deutscher Übersetzung, hg. von Max Hein, deutsch von Friedrich von Oppeln-Bronikowski und Eberhard König, 2 Bde., Berlin 1914, Bd. 1, S. 187.

2 Œuvres de Frédéric le Grand, 30 Bde., ergänzt um eine »Table chronologique générale des ouvrages de Frédéric le Grand et Catalogue raisonné des écrits, qui lui sont attribués«, Berlin 1846–1857, Bd. 2, S. 55 f.; Die Werke Friedrichs des Großen. In deutscher Übersetzung, 10 Bde., hg. von Gustav Berthold Volz, Berlin 1913, Bd. 2, S. 60.

3 Reinhold Koser: Geschichte Friedrichs des Großen, Bd. 1, 6. u. 7. Auflage, Stuttgart/Berlin 1913, S. 253.

Johann Martin Will, Friedrich II. von Preußen, um 1775.

Johann Friedrich Athing, Friedrich der II. von Preußen, vor 1791.

daß man eine Menge Dinge hinzufügen und weglassen könnte, wodurch das Buch um vieles gewinnen würde. Allein der Tod des Kaisers« – Karl VI. war am 20. Oktober 1740 verstorben – »ist für mich ein sehr schlechter Corrector. Diese Zeit ist verhängnisvoll für mein Buch und vielleicht ruhmvoll für meine Person.«[4] Aus diesem alles überlagernden Antrieb heraus – seiner Sucht nach Ruhm – beschritt Friedrich noch im Jahr seines Regierungsantritts den Weg in den Krieg, den er in seiner Schrift – vermeintlich – infrage gestellt hatte. Denn im Krieg zuerst ließ sich *gloire* gewinnen, jener »Inbegriff des höchsten Ansehens in der europäischen Fürstengesellschaft«.[5]

Friedrich wusste es. Er hatte es als Kronprinz 1735 im Lager des Prinzen Eugen von Savoyen erfahren. Der Prinz war aufgrund seiner Siege im Feld die wohl ruhmreichste Persönlichkeit seiner Zeit. Ihm wollte es Friedrich gleichtun.

4 Friedrichs des Zweiten, Königes von Preußen, Briefwechsel mit dem Grafen Algarotti. Ein Nachtrag zu Friedrichs des Großen hinterlassenen Werken, Berlin 1837, S. 18.

5 Theodor Schieder: Friedrich der Große. Ein Königtum der Widersprüche, Frankfurt a.M./Berlin/Wien 1983, S. 136.

Deshalb begann er den Krieg gegen Österreich. Auch wenn er Ende 1740 noch verhandelte, Franz Stephan und Maria Theresia seine Kurstimme und seine Truppen anbot – für die Abtretung Schlesiens oder wenigstens eines Teils dieser Provinz. Die Offerte, vorgetragen von Graf Gotter am Wiener Hof, war nicht aufrichtig gemeint. Sie hätte, dort akzeptiert, Friedrich nicht jene *gloire* gebracht, die er sich vom kriegerischen Triumph versprach. »Eine Lumperei, wie der Tod des Kaisers«, hatte er Ende Oktober geschrieben, »verlangt keine großen Bewegungen. Alles war vorhergesehen, Alles angeordnet. Es handelt sich nur darum, die Pläne, welche ich seit langer Zeit in meinem Kopfe herumgetragen habe, auszuführen.«[6] Aus dem Ersten und Zweiten Schlesischen Krieg ging der König, der seine Heere selbst kommandierte, als glorreicher Sieger hervor, wurde zum »Großen« in der Geschichte, wie er es gewollt hatte. Dieses hart erkämpfte Ansehen hat er Jahre später im Siebenjährigen Krieg gegen eine Übermacht der Feinde verteidigen können. Friedrich triumphierte zwar nicht mehr in diesem Ringen mit Österreich, Frankreich, Russland und Schweden. Aber er konnte sich mit seinen Soldaten behaupten, was für die Nachwelt seine *gloire* noch vergrößerte.

Friedrich beschritt noch einen weiteren Weg zum Ruhm. Er folgte der Spur der großen Dichter, Denker und Schriftsteller. Homer, Vergil und Horaz, Julius Cäsar, Hadrian und Mark Aurel waren ihm die klassischen Zeugen der Antike dafür, dass auch diese Bahn zum ersehnten Ziel führt. In der Gegenwart gaben ihm Racine und vor allem Voltaire das Beispiel. So widmete Friedrich sich bis ans Ende seines Lebens der Verskunst, der Philosophie und der Schriftstellerei aus Neigung und um in der Welt aufzufallen. Das Verseschmieden, das hatte er als Kronprinz schon herausgefunden, bot ihm eine schöne und sichere Möglichkeit, sich einen Namen zu machen – sofern seine Reime nur ein wenig Niveau besaßen und daran arbeitete er mit Hilfe Voltaires und Charles Étienne Jordans, seines Sprachlehrers und Vertrauten. 1750 veröffentliche er die *Œuvres du philosophe de Sanssouci*, damit die Welt ihn auch als Poeten ehrte. 1740 war bereits der *Antimachiavel* erschienen, ihm folgten philosophische Schriften, 1770 etwa über *Die Eigenliebe als Moralprinzip* oder 1777 über *Regierungsformen und Herrscherpflichten*. Diese Werke brachten ihn in den Kreis der Philosophen.

Wichtiger als die philosophische wurde Friedrich aber die historische Schriftstellerei. Ihm war bewusst, dass die Beobachtung »von der Gunst der Geschichtsschreiber hänge der Ruf der Fürsten ab« richtig sei – und zeitlos zudem. Ebenso klar war ihm, dass er in eigener Sache nicht einer fremden Feder vertrauen, sondern sich besser auf sich selbst verlassen sollte, so wie Cäsar es einst getan hatte. Deshalb beschloss er, seine Taten selbst aufzuzeichnen, denn nur dann konnte er sicher sein, sich seinen Ruhm auch zu erhalten, wie er ihn überliefert wissen wollte. Über seine Person und Handlungsweise könne – und dürfe – nur er allein das historische Urteil fällen, gingen diese großen Ereignisse doch sein Haus besonders an, lautete seine Begründung. Er hat den Nachgeborenen vorgegeben, wie man diese Darstellungen zu lesen und zu verstehen habe, und seinen Aussagen durften oder wollten spätere Generationen nicht misstrauen. Seine Schriften sind neben seiner Kriegskunst bis heute die Grundlage seines Ruhms.

Jürgen Luh

LITERATUR

Jürgen Luh: Der Große. Friedrich II. von Preußen, München 2011

6 Briefwechsel mit dem Grafen Algarotti, wie Anm. 4, S. 18.

Sanssouci

Der 14. April 1745 stellte eine besondere Zäsur im Leben Friedrichs II. dar: An diesem Tag erfolgte die Grundsteinlegung für den Bau seines neuen Lustschlosses in Potsdam. Hatte er die Stadt früher als Wohnort abgelehnt, da sie ihn zu sehr an seinen Vater Friedrich Wilhelm I. erinnerte, baute er nun sein eigenes Schloss als Residenz für den Sommer in landschaftlich reizvoller Lage. Der Name war gleichzeitig Programm: Sans Souci – französisch für »ohne Sorge«. Es entstand ein Rückzugsort vor den Toren der Stadt, wo sich Friedrich vom Frühjahr bis zum Spätherbst seinen persönlichen Neigungen und Interessen neben seinen Verpflichtungen als Staatsoberhaupt widmen konnte. In den Wintermonaten lebte der König im Potsdamer Stadtschloss.

Bereits im August 1744 ging die Ordre an den Baumeister Diterich, den vor dem Brandenburger Tor liegenden »Wüsten Berg« als einen Weinberg zu kultivieren und sechs Terrassen anzulegen. Die Anlage wies neben dem streng angelegten barocken Garten am Fuße des Weinbergs aber gleichzeitig eine Besonderheit auf, die auf die persönliche Vorliebe Friedrichs für frisches Obst zurückzuführen war: Pflanzenhäuser prägten das Bild, der spätere Park zu Sanssouci wurde gleichzeitig als Zier- und Nutzgarten angelegt.

Auf der oberen Terrasse des Weinberges sollte das »maison de plaisance« gebaut werden. Der Vorstellung Friedrichs zufolge sollte das Schloss jedoch nicht als Mittelpunkt den Garten dominieren, sondern sich als krönender Abschluss des Weinberges in die Gesamtanlage einfügen. 1745 wurde Georg Wenzeslaus von Knobelsdorff beauftragt, nach einer Skizze von Friedrich einen Entwurf für das Lustschloss zu gestalten. Er war bereits für das Schloss in Rheinsberg verantwortlich. Nach der Thronübernahme Friedrichs hatte der Architekt das Potsdamer Stadtschloss und Schloss Charlottenburg umgestaltet. Nun sollte er auf der Terrasse des Weinberges das *Sanssouci* konzipieren. »Come à Rheinsberg« – »wie in Rheinsberg« hörte Knobelsdorff dabei häufiger vom König: Das Altbewährte aus früheren Projekten, nicht nur des Kronprinzenschlosses, sollte als Vorbild für Architektur- und Raumformen dienen. Für Friedrich war Sanssouci eine ganz persönliche Angelegenheit, die exakt nach seinen individuellen Vorstellungen umgesetzt werden sollte. Er selbst griff häufiger in die Baupläne ein, was oft zu Konflikten zwischen Friedrich und seinem Architekten führte. Heinrich Ludewig Manger ließ in seiner *Baugeschichte von Potsdam* nicht unerwähnt, dass der Architekt der ständigen Kontrolle des Königs beim Bau des Schlosses unterstand, denn klar war »dass die erste Idee dazu der König selbst dem Freih. von Knobelsdorf gegeben habe, und dass es aller Einwendungen des Letztern ungeachtet, so wie es jetzt dasteht, hat gebauet werden müssen.«[1]

Beispielhaft dafür steht der Vorschlag Knobelsdorffs, den Bau näher an den Rand der oberen Terrasse zu setzen, sodass

1 Heinrich Ludewig Manger: Baugeschichte von Potsdam, besonders unter der Regierung König Friedrichs des Zweiten. Erster Band, welcher die Baugeschichte von den ältesten Zeiten bis 1762 enthält, Berlin/Stettin, 1789, S. 50.

es vom Park unten besser zu sehen wäre. Friedrich wünschte jedoch eine breite obere Terrasse und Knobelsdorff fügte sich diesem Wunsch. Schwerwiegender als dieser ästhetische Eingriff in die Kompetenzen des Architekten war jedoch die Entscheidung Friedrichs, das Gebäude nicht zu unterkellern bzw. nicht auf einen Sockel zu bauen – und somit einen weiteren Rat des Architekten zu ignorieren. Nicht nur die ins Mauerwerk dringende Feuchtigkeit, sondern vor allem die ebenerdigen Räume stellten ein unangenehmes Problem dar. Die Gesundheit des Königs litt »auf diesem kältenden und Feuchtigkeiten aushauchenden Fußboden auf bloßer Erde, wo die Dünste sich nicht auf den Seiten herausziehen können, ungeachtet alles Kaminfeuers, auch in Sommer- und Herbstmonaten, sonderlich bei feuchter Luft«.[2] Bekanntlich litt Friedrich ja vor allem in seinen letzten Lebensjahren unter starken Gichtanfällen und in Sanssouci war es feucht und kalt.

Bereits Ende 1745 war der Rohbau abgeschlossen und am 1. Mai 1747 wurde das Schloss mit einer Mittagstafel eingeweiht. Nach der Fertigstellung nahm es fast die gesamte Länge der obersten Terrasse ein und wirkte eher wie ein privates Wohnschloss denn ein repräsentativer Prachtbau. An der nach Süden gewandten Seite stellten Bacchanten-Figuren – Gehilfen des Weingottes Bacchus – den Bezug zum Weinberg her. Das Konzept war geprägt von einer engen Verbindung zwischen Wohnkultur und freier Natur. Die Gartenseite war mit hohen Fenstern ausgestaltet, die leicht Assoziationen zu einer Orangerie aufkommen ließen. Ein Besucher des Schlosses spottete sogar, Friedrich käme ihm wie eine Orange im Treibhaus vor, »so sehr ist sein Wohnzimmer der Sonne ausgesetzt«.[3]

Im leicht hervorstehenden Mittelbau des Schlosses unter der Kuppel befand sich auf der Gartenseite der Marmorsaal, der Ort der legendären Tafelrunde. Nach Norden hin schloss sich das Vestibül an, über das man in den von Kolonnaden umgebenen Ehrenhof gelangte. Das Vestibül als Eingangsraum war mit korinthischen Säulen gestaltet und setzte so die Formsprache der Kolonnaden im Inneren des Schlosses fort. Die nördliche Seite von Sanssouci mit dem Ehrenhof stellt einen Gegensatz zur Südseite dar: Steht die letztere für ein frohes, französisch-mediterran geprägtes Leben, so strahlt die Nordseite mit dem Ehrenhof Gradlinigkeit und Ordnungssinn aus. Diese Nordseite war für die Öffentlichkeit sichtbar, die Südseite und der Park hingegen waren nur Friedrich und seinen Gästen zugänglich.

Westlich des Marmorsaals lagen fünf Gästezimmer. In den östlich vom Mittelbau gelegenen Räumen befanden sich die Privatgemächer Friedrichs, die ganz im Stil des friderizianischen Rokoko gestaltet waren. Neben dem Arbeits- und Schlafzimmer, der Galerie, dem Audienz- und dem Konzertzimmer befand sich am äußeren Ende des Schlosses die Bibliothek Friedrichs. Die Besonderheit an den Zimmern in Sanssouci war die Anordnung in einer Achse, einer sogenann-

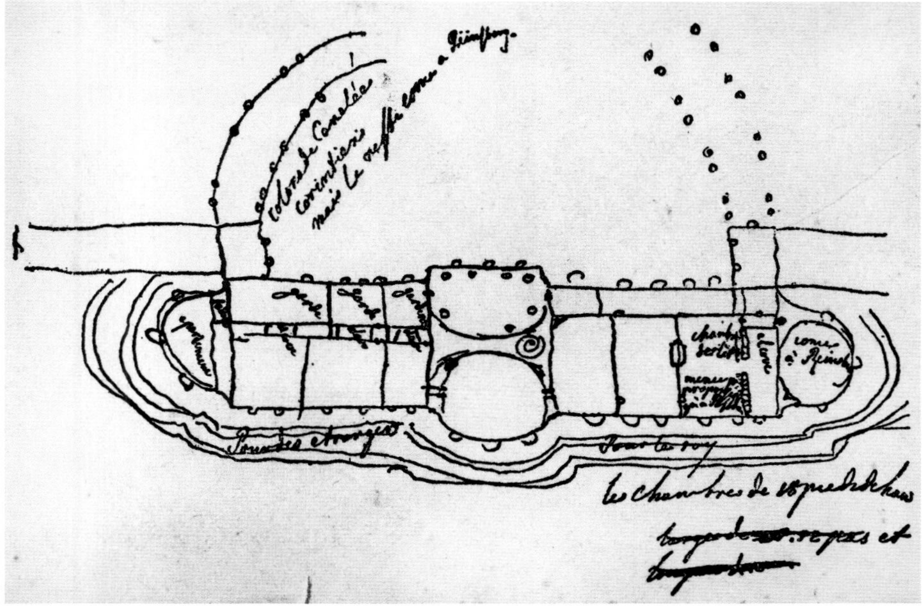

Friedrich II., Entwurf zum Grundriss von Schloss Sanssouci, vermutlich 2. Hälfte 1744.

2 Wie Anm. 1, S. 51.

3 Zit. nach Nele Thomsen: Das Schloss Sanssouci, in: Potsdamer Ge(h)schichte: Das friderizianische Potsdam, S. 74–82, hier S. 74.

Schloss Sanssouci, Konzertzimmer.

ten Enfilade. Man konnte von einem Ende zum anderen durch das Schloss sehen und so die Ausdehnung des Schlosses mit einem Blick erfassen. Die Bibliothek Friedrichs allerdings war ein wenig abseits der Achse angeordnet und konnte über einen schmalen Gang vom Arbeits- bzw. Schlafzimmer erreicht werden. Durch diese architektonische Anordnung wurde die private Lage des Raums für den »Philosophen von Sanssouci« besonders hervorgehoben.

Während des Schlossbaus wurde auch der Park selbst erweitert. Interessanterweise geschah dies in Richtung Osten und Westen des Weinbergs, was dazu führte, dass das Schloss mit den Terrassen die dominierende Stellung behielt. Die Hauptallee verlief parallel zum Sanssouci-Hügel und bildete das künstlerische Rückgrat des Gartens. Im östlichen Bereich wurde der Garten durch das Obelisk-Portal abgeschlossen. Der von Knobelsdorff entworfene Eingangsbereich ist erneut eine Reminiszenz an Rheinsberg. Die Gemäldegalerie prägte den östlichen Gartenbereich. Westlich des Schlosses Sanssouci bestimmte ein Gästeschloss die Parkanlage, die Neuen Kammern am Fuße der Windmühle zu Sanssouci.

Das gewünschte sorgenfreie Leben war Friedrich letztendlich trotzdem nicht vergönnt, wie er selbst feststellte – denn als er die Grabanlage auf der Terrasse besuchte, sprach er die Worte »Quand je serai là, je serai sans souci« (»Wenn ich dort sein werde, werde ich ohne Sorge sein«). In seinem Testament legte er frühzeitig das Prozedere für seine Beerdigung fest: Er veranlasste eine Bestattung ohne Prunk und Zeremoniell, am dritten Tag nach seinem Tod, genau um Mitternacht und ohne Publikum. Die Intention dahinter war, dass er wie ein Philosoph gelebt hatte und eines Philosophen würdig beerdigt werden wollte. Dieser Wunsch wurde ihm nach seinem Tod verwehrt und es sollte 205 Jahre dauern, bis er seine letzte Ruhe auf der Terrasse von Sanssouci fand.

Daniela Morgenstern

Literatur

Hans-Joachim Giersberg: Friedrich als Bauherr. Studien zur Architektur des 18. Jahrhunderts in Berlin und Potsdam, Berlin 1986

Gert Streidt und Peter Feierabend (Hg.): Preußen. Kunst und Architektur, Köln 1999

Hans-Joachim Giersberg, Hillert Ibbeken, Thomas Blisniewski: Schloss Sanssouci. Die Sommerresidenz Friedrichs des Großen, Berlin 2005

Potsdamer Ge(h)schichte. Bd. 3: Gärten und Parklandschaften. Im Auftrag des Militärgeschichtlichen Forschungsamtes und der Professur für Militärgeschichte der Universität Potsdam, hg. von Daniela Morgenstern, Stephan Theilig und Nele Thomsen, Berlin 2006

Potsdamer Ge(h)schichte. Bd. 5: Das friderizianische Potsdam. Im Auftrag des Militärgeschichtlichen Forschungsamtes und der Professur für Militärgeschichte der Universität Potsdam, hg. von Tobias Kunow, Daniela Morgenstern und Stephan Theilig, Berlin 2007

Schloss Sanssouci, Bibliothek.

Potsdam, Park Sanssouci, Schloss und Weinbergterrassen.

Schloss Sanssouci, 1745–1747 von Georg Wenzeslaus von Knobelsdorff für König
Friedrich II. errichtet.

Potsdam, Park Sanssouci, Chinesisches Haus, 1754–1756 nach Angaben Friedrichs II. von Johann Gottfried Büring erbaut.

Potsdam, Park Sanssouci, Grabplatte Friedrichs II.

Potsdam, Park Sanssouci, Neues Palais, 1763–1769 von Johann Gottfried Büring und Heinrich Ludewig Manger errichtet.

Potsdam, Park Sanssouci, Belvedere auf dem Klausberg, 1770–1772 von Georg Christian Unger erbaut.

Schatulle

Die »Schatulle« galt den Lexika des 18. und 19. Jahrhunderts als eine dem »unmittelbaren Gebrauche« des Regenten dienende Kasse, aus der keine Zahlung ohne seine persönliche »Anordnung« erfolgt.[1] Diese »unscharfe« Definition zeigt, wie schwer es auch damals fiel, Status und Zweck dieser Gelder zu fassen. Handelte es sich tatsächlich um eine reine »Privatkasse« bzw. um »persönliche Einkünfte und damit auch zur persönlichen Verfügung« des Herrschers stehende Mittel?

Friedrich II. standen monatlich Summen zur Verfügung, die »ganz verschieden, bald hoch bald niedrig waren«, jedoch nie mehr als 220.000 Reichstaler (im Folgenden RTl) jährlich betrugen.[2] Für ihn zählte aber vor allem, dass er keine staatlichen Einkünfte, die ja die Verteidigungsbereitschaft Preußens sichern mussten, für den eigenen Bedarf verwendete. Ein Monarch des 18. Jahrhunderts, dem eigentlich alle Einnahmequellen »seines« Staates zu Gebote standen, hatte deshalb – wollte er verantwortungsbewusst regieren – bei »der Verwaltung der Finanzen [...] die eigenen Launen, Leidenschaften und Gelüste zu zügeln.«[3] Die Einhaltung dieses lobenswerten Grundsatzes war ein ständiger Balanceakt, sind doch die Ausgaben eines »Alleinherrschers« oft schwer in staatliche und private zu unterscheiden. Zu letzteren zählen sicher die Kosten für den im persönlichen Testament Friedrichs II. von 1769 vermachten Ungarwein, für die wertvollen Tabatieren, die englischen Pferde sowie die Service aus Gold und Silber. All das war größtenteils aus der Schatulle (»Chatoulle«) bezahlt worden. Doch in den dort als Einnahmen des Königs (!) verbuchten Kontributionen, die Leipzig 1760 zahlen musste, sieht man wohl – zumindest heute – schon problematische Privateinkünfte des Herrschers.

Unter Friedrichs Großvater kamen die umfangreichen Einnahmen der Schatulle vor allem aus bestimmten Landbesitzungen, sogenannten Schatullgütern. Der Nachfolger, Friedrich Wilhelm I., um eine klarere Trennung staatlicher von persönlichen Finanzen bemüht, »begnügte« sich mit jährlich 52.000 RTl aus der Generaldomänenkasse. Die Schatullgüter wurden dagegen dieser Kasse zugeordnet und damit Bestandteil der ordentlichen Staatseinkünfte. Neben diesen »Handgeldern« verfügte sein Sohn Friedrich II. über ein jährliches »Reisegeld« von 20.000 RTl, die Einkünfte seiner kronprinzlichen Kasse sowie Erträge aus Forsten, von Jagden und im Kriege über die erwähnten Kontributionen. Dazu traten Zahlungen aus der Hofstaatskasse wegen »vacanter Tractamente«, das heißt, diese Kasse musste auch Gehälter für nicht mehr besetzte Stellen weiterzahlen – und zwar an des Königs Schatulle. Insgesamt betrugen solche auch als Monatsgelder bezeichneten Einnahmen monatlich ca. 9000–13.000 RTl, wovon jeweils nur zwei Vertraute des Monarchen wussten.

1 Johann Georg Krünitz: Oekonomische Encyklopädie oder allgemeines System der Staats- Stadt- Haus- und Landwirthschaft in alphabetischer Ordnung, 1773–1858, Stichwort »Chatoulle« (digitale Edition: http://www.kruenitz1.uni-trier.de/).

2 Geheimes Staatsarchiv PK, 2. HA Gen.-Dir., Abt. 5, Titel 43 Hofstaats- u. Dispositionskasse, Nr. 19, Bl. 1rev.

3 König Friedrich II. von Preußen: Betrachtung über die preußische Finanzverwaltung, in: Bardong, S. 536.

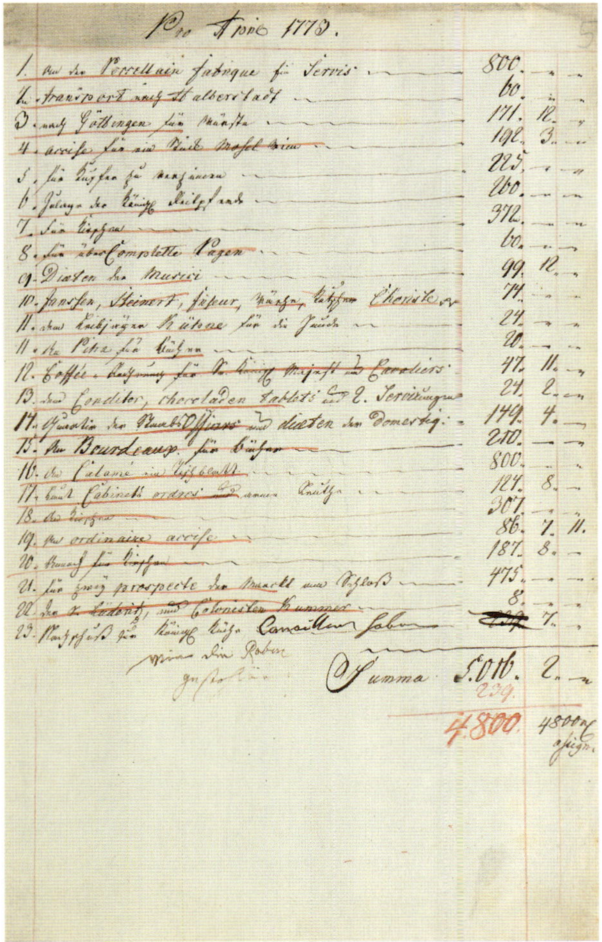

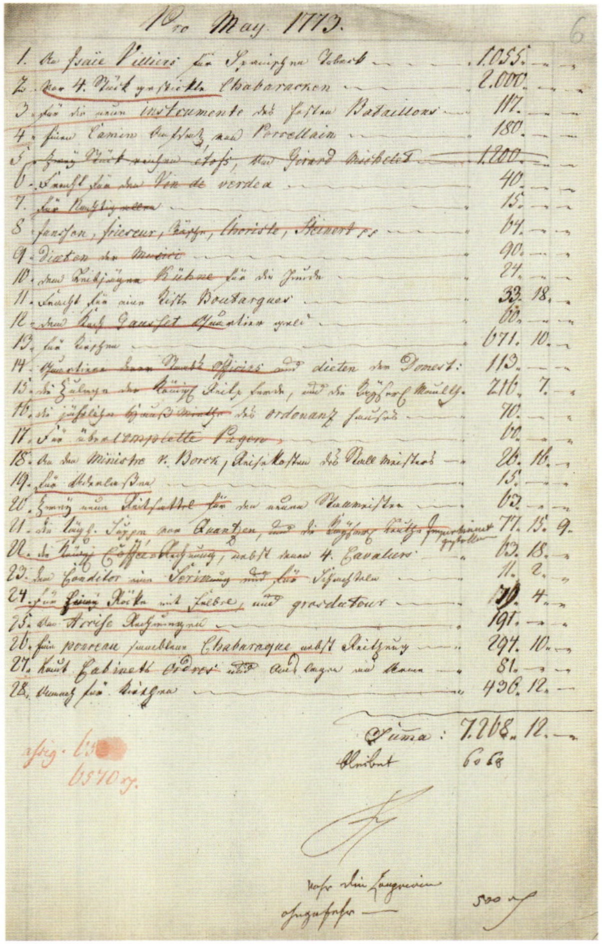

Schatullrechnung vom April 1773.
»Canaillien, haben wie die Raben gestohlen« ist Friedrichs Kommentar zum letzten Eintrag Nr. 23, »Nachschuß zur Königl. Küche«.

Schatullrechnung vom Mai 1773.
Eintrag Nr. 21 dokumentiert das »Gnadenbrot« für den Flötenlehrer Quantz, der am 12. Juli 1773 starb: »die tägliche Suppe für Quantzen u. die Kaiserlichen Leute«, Friedrich kommentiert den Betrag: »Impertinent gestollen«.

Friedrich erfand zu seiner alleinigen Verfügung die sogenannten »Dispositions- und Überschussgelder«, die bis 1786 auf mindestens 6.280.000 RTl anwuchsen. Hierfür hatten alle Kassen durch stetige Einsparungen beizutragen. Zu diesen Einnahmen zählten darüber hinaus alle Gewinne aus den von ihm erworbenen Provinzen und aus neuen Steuern (Regie). Da auch aus diesen Geldern persönliche Ausgaben getätigt wurden, ergaben sich letztlich doch Überschneidungen zwischen staatlicher und persönlicher Sphäre.

Das Studium der Schatullrechnungen offenbart Friedrichs Vorlieben, auch wenn er – ganz im Gegensatz zu vielen anderen Monarchen des 18. Jahrhunderts – seine Leidenschaften und Gelüste zügelte. Schließlich erfolgten aus der Schatulle keine Zahlungen ohne des Königs Wissen. Die Zahlungen aus der Schatulle erfolgten regelmäßig (Tracta-

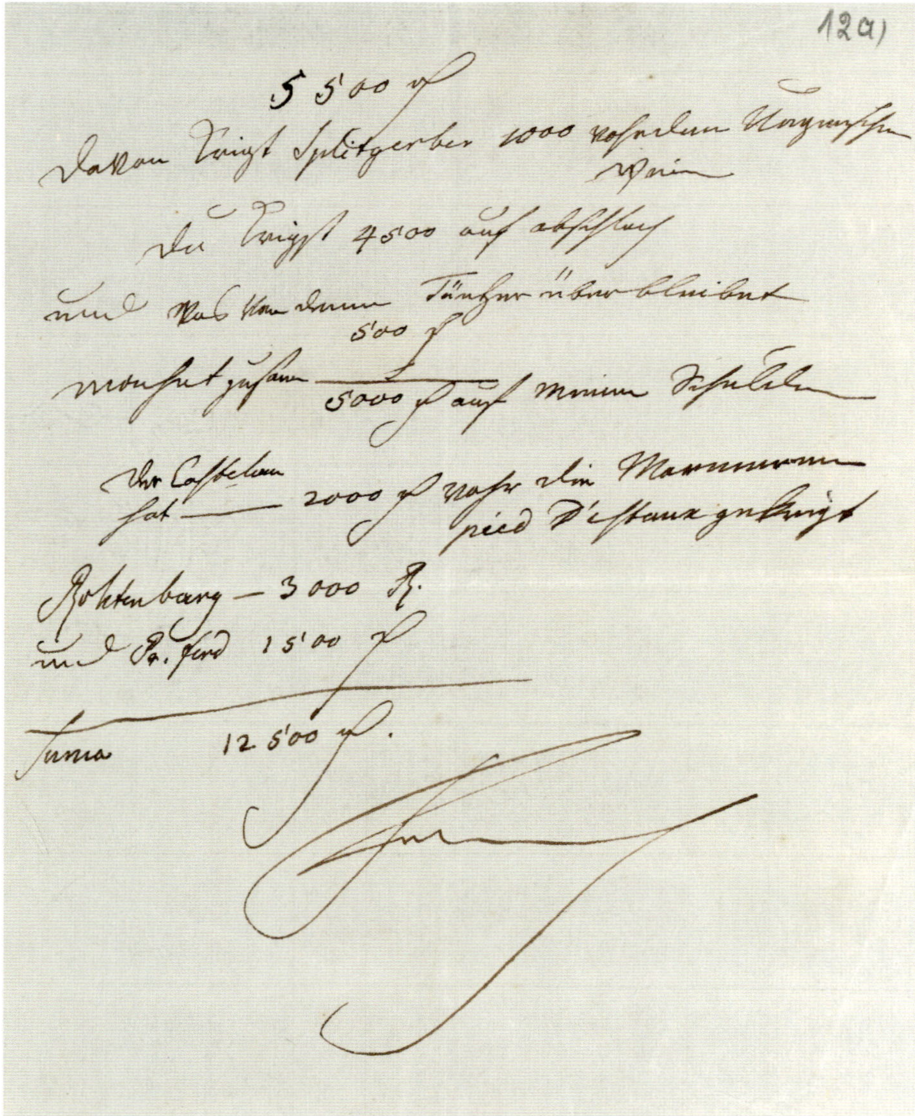

Eigenhändige Rechnung Friedrichs II. vom Juli 1748: 3000 RTl für Graf Rothenburg, Offizier und Vertrauter des Königs, eventuell für Kunsterwerb; 2000 RTl an einen Kastellan für Piedestale.

mente, Pensionen, bestimmte Reparaturen) oder im Falle besonderer Anschaffungen einmalig.

Viele Gelder flossen zum Beispiel an Kaufleute, die dem König aus ganz Europa Gemälde besorgten. Neben solchen Neuanschaffungen fielen immer wieder Rechnungen für Tischlerarbeiten in der Gemäldegalerie an, waren »allerlei kleine Reparaturen« und das Putzen der Fenster zu bezahlen. Die Schatulle beglich auch einen großen Teil der Möbel im Neuen Palais sowie der dortigen Wandbespannungen, obwohl es einen Etat für das »BauComtoir« gab.

Bekannte Goldschmiede und Juweliere fertigten Tabatieren, die als Geschenk oder Repräsentationsobjekt dienten, aus Gold, Bernstein oder schlesischem Chrysopras. Manche davon enthielten Friedrichs geliebten und in großen Mengen aus Spanien gelieferten Schnupftabak, dessen Spuren nicht selten des Königs Kleidung oder Uniform »zierten«.

Die berühmten Flöten des Monarchen baute sein Lehrer, der »Virtuose« Johann Joachim Quantz. Der kümmerte sich auch darum, dass bei den abendlichen Konzerten auf den Pulten des Herrschers und der Musiker die zuvor abgeschriebenen Noten lagen. Die Ausbildung talentierten Nachwuchses wurde ebenfalls aus der Schatulle bezahlt. So unterrichtete kein Geringerer als Carl Philipp Emanuel Bach, ein Sohn des bekannten Johann Sebastian Bach, für 16 RTl im Monat den Harfenisten Brennessel. Überschneidungen mit anderen Kassen zeigen sich, wenn die berühmte Tänzerin Barbara Campanini (Barberina) eine monatliche Zulage in Höhe von 333 RTl erhielt oder die Sopranistin Giovanna Astrua im letzten Jahr ihres Engagements in Preußen laut Schatullrechnungen 4725 RTl empfing. Wahrscheinlich überstiegen diese Ausgaben die eigentlich für Sänger und Tänzer zuständigen Etats der Hofstaatskasse.

Nicht nur Ausgaben für Preziosen oder Künstler sind verzeichnet. Aus der Schatulle erhielt unter anderem der königliche Leibjäger Kühne von 1767 bis 178[illegible] Futtergeld für Hunde, deren Nachwuchs im Winter außerdem zuweilen mit »Kleid[ern]« geschützt wurde.

Zahlungen an den Leibschneider Wöhner zeigen, dass der König wohl nicht immer nur den einfachen blauen Waffenrock des 1. Gardebataillons trug. Interessant sind auch die hohen Kosten für neue Pagenmonturen sowie für die Kleidung des Kammerhusaren Rüdiger, die kaum geringer, mitunter sogar höher als die für die königliche Garderobe waren.

Auch die Tafel verschlang hohe Summen. Obwohl des Königs Küche von der Hofverwaltung monatlich 1000 RTl bezog, waren immer wieder Zuschüsse aus der Schatulle nötig. Das weckte allerdings das Misstrauen Friedrichs, der nicht nur mittels »Special=Befehlen« Zahlungen anordnete, sondern auch immer wieder die Rechnungen kontrollierte. So kommentierte er den »Nachschuß« für die Küche im April 1773 eigenhändig mit der Bemerkung »Canaillen haben wie die Raben gestohlen«. Vielleicht wusste er allerdings nicht immer, welch hohe Kosten seine Vorliebe für delikates Essen verursachte, wenn er zum Beispiel Pasteten aus Paris kommen ließ oder 1744 sogar im Felde Weintrauben, Feigen und Pfirsiche verlangte. Die 66 RTl und zwölf Groschen für eine Pastete aus acht Rebhühnern bedachte er in den Schatullrechnungen jedenfalls mit dem höchsteigenhändigen Zusatz »Canaille!«.

Traditionelle Aufgaben eines Herrschers zeigen Zahlungen an verarmte adlige Witwen. Fielen solche Beträge schon recht mäßig aus, dürften die in den letzten Lebensjahren Friedrichs in der Schatulle erscheinenden Ausgaben zur Unterstützung armer Bürger, meist ehemaliger Militärangehöriger bzw. ihrer Hinterbliebenen, das Überleben der mit acht Gr »beschenkten« Invaliden kaum gesichert haben.

Friedrich, für den eine schlagkräftige Armee unverzichtbar zur Sicherung der Existenz Preußens war, bestritt ihren Unterhalt nicht allein aus einer der zentralen staatlichen Kassen (Generalkriegskasse). Schäden, die die zweimal im Jahr stattfindenden großen Manöver auf den Feldern der Bauern hinterließen, wurden auch aus der Schatulle beglichen.

Zusammenfassend kann man sagen, dass wohl nur wenige Quellen »intimere« Auskünfte über Friedrich II. erlauben. Allerdings lässt auch die Auswertung der Schatullrechnungen allein noch nicht klar erkennen, welche Summen der König für persönliche Zwecke wirklich ausgegeben hat. Immerhin scheint soviel festzustehen: Wenn Friedrich behauptete, keine Staatseinkünfte für sich verwendet zu haben, war das formal zwar nicht gelogen, aber doch gewollt blauäugig, weil seine »Dispositionsgelder« eben auch aus den die Etats der anderen Kassen übersteigenden »Überschüssen« bestanden.

Ralf Zimmer

Archivalie

GStA PK, 2. HA Gen.-Dir., Abt. 5, Titel 43 Hofstaats- u. Dispositionskasse, Nr. 19, Bl. 1 revers

Literatur

König Friedrich II. von Preußen, Betrachtung über die preußische Finanzverwaltung, in: Friedrich der Große (= Ausgewählte Quellen zur deutschen Geschichte der Neuzeit, Bd. 22), hg. von Otto Bardong, Darmstadt 1982, S. 535–537

Die Schatullrechnungen Friedrichs des Großen, 1742–1786 (digitale Edition: http://quellen.perspectivia.net <25.01.2012>)

Sterbekittel

Als »Sterbekittel« bezeichnete der junge Friedrich die ihm verhasste Uniform des Vaters, denn König Friedrich Wilhelm I. hatte seinen Sohn bereits seit dem fünften Lebensjahr militärisch erziehen lassen. Ab 1717 zunächst im eigens aufgestellten Kadettenkorps in Berlin, schließlich im eigenen Regiment in Potsdam, dem Königsregiment, das wegen der Größe seiner Soldaten als Regiment »Lange Kerls« bekannt war.

Die Sterbekleider, in denen die Verstorbenen zur letzten Ruhe gebettet wurden, bezeichnete man gemeinhin als »Sterbekittel«. Diese Hemden oder Kleider waren aus Leinwand oder Kattun gefertigt und je nach sozialem Status des/der Verstorbenen mit Stickereien und Perlenverzierungen versehen. Das Hemd ähnelte dem Büßergewand und begleitete den Toten beim Übergang vom Diesseits in das Jenseits – damit erhielt das einfache Hemd auch eine wesentliche religiöse Komponente. Friedrich hatte diese Bezeichnung als Abwertung für die militärische Uniform wohl nicht zufällig gewählt. Zum einen spiegelt der Ausspruch die problematische Beziehung zwischen dem musisch begabten und feinsinnigen Kronprinzen und seinem derben und dem Militär wie der Religion tief verbundenen Vater wider. Zum anderen zeigt es die generelle Geringschätzung des jungen Friedrich gegenüber der Armee des Vaters und der pietistischen »Frömmelei«, welche durch die enge Beziehung zwischen dem König und August Herrmann Francke in Halle noch gesteigert wurde. Die Generale und Minister, die den gemeinsamen Terminen von Vater und Sohn beiwohnten, berichteten deshalb immer wieder von Spitzen und Spötteleien des Kronprinzen gegen die fromme Einstellung des Königs und seiner Umgebung.

Um sich von der Regierung des ersten Preußenkönigs Friedrich I. abzugrenzen, der durch seine vermeintlich opulente Hofhaltung zum Negativbild eines Monarchen stilisiert wurde, hatte Friedrich Wilhelm I. als Regimentschef die Uniform der Königsgrenadiere zur Kleidung bei Hofe ausgewählt.

Doch nicht nur der König trug den Soldatenrock: Im Verlauf des 18. Jahrhunderts wurde der »blaue Rock« von männlichen Untertanen während der militärischen Ausbildung und später in der jährlichen Exerzierzeit beim Regiment getragen. Friedrich Wilhelm hatte 1733 in Preußen das Kantonsystem eingeführt, welches das preußische Territorium in verschiedene Kantone einteilte, denen wiederum die garnisonierenden Regimenter zugeordnet wurden. Damit konnte die Armee dauerhaft mit Rekruten versorgt und die männliche Bevölkerung zum Militärdienst herangezogen werden. Der Soldatenrock gehörte bald zum alltäglichen Bild in den brandenburgischen Städten und Gemeinden. Nach der Verabschiedung aus dem Militärdienst wurden die Uniformen als preisgünstige Kleidungsstücke weiter genutzt und zum Teil auch von Familienangehörigen getragen – der

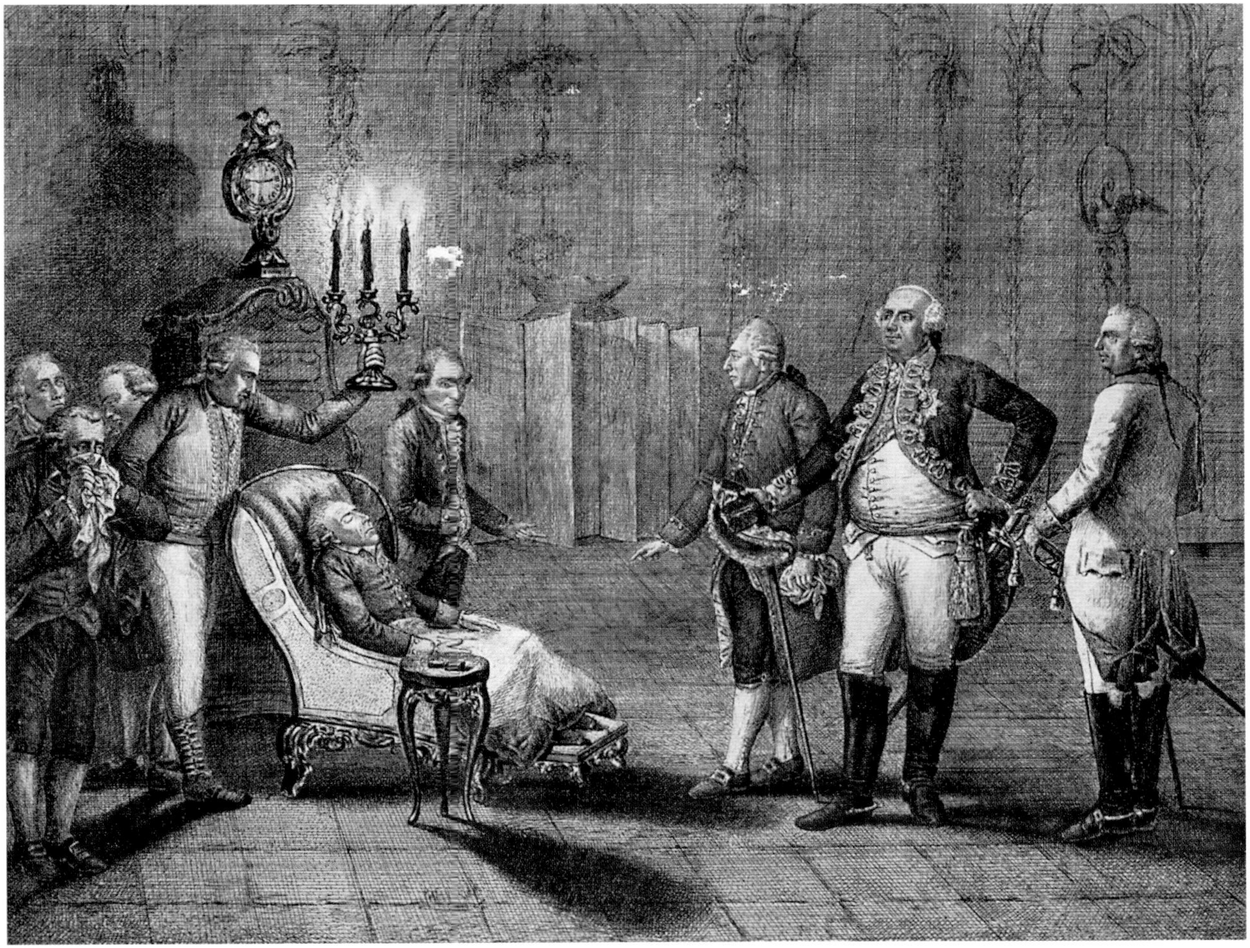

Johann Friedrich Bock, Der Tod Friedrichs des Großen, 1786.

»blaue Rock« prägte somit in der Wahrnehmung der Zeitgenossen und Besucher aus dem Ausland lange Zeit das Bild Brandenburgs und Preußens. Diese Sichtbarkeit und das im 19. Jahrhundert durch Historiker und Militärschriftsteller hervorgehobene Ehrverständnis vom Militärdienst formte schließlich im 20. Jahrhundert die Vorstellung vom »preußischen Militarismus«, die vor dem historischen Hintergrund heute zunehmend relativiert wird.

In der Anspielung auf den »Sterbekittel« des Vaters kulminieren also verschiedene wesentliche Aspekte, die Friedrich an den Herrschaftsverhältnissen, der Politik und an dem militärischen Verständnis des Vaters kritisierte. Weitaus schwerer wog jedoch die persönliche Ablehnung, welche durch die Bemerkung des Kronprinzen gegenüber dem König offenbar wurde. Diese kann hier nur vor dem Hintergrund der Eskalation der Auseinandersetzung zwischen den Anforderungen des Vaters und den Wünschen Friedrichs, der erlebten Tragödie von Flucht, Kriegsgericht und Bestrafung verstanden werden. In Folge seines Versuches, sich nach England außer Landes zu begeben, wurde Friedrich im August 1730 nicht nur der Degen, wichtiges Symbol des preußischen Offiziers, vom Vater entzogen. Zwei Wochen später musste der Prinz seine »Mundierung« (Montierung) komplett gegen die zivile Kleidung eintauschen und war somit der Uniform enthoben.

In Folge der Exekution des Hans Hermann von Katte und der andauernden Inhaftierung des Kronprinzen auf der Festung Küstrin verschärfte sich der Ton zwischen dem König und dem Kronprinzen. Friedrich Wilhelm äußerte offene Zweifel an der Befähigung Friedrichs für die Nachfolge auf den preußischen Thron. Die spöttischen Bemerkungen des jungen Prinzen waren dem Monarchen von allen Seiten zugetragen worden. Ein Bericht des Ministers Friedrich Wilhelm von Grumbkow gibt die Spannungen zwischen König und Kronprinz wieder. So habe Friedrich Wilhelm seinen Sohn direkt angesprochen: »Wie Ihm das Leben von Cüstrin gefiele? Ob er noch so eine Aversion vor Wusterhausen und seinen Sterbekittel, wie er ihn genannt, zu tragen? Es könnte sein, daß ihm des Königs Compagnie nicht anstünde, es wäre wahr, er der König, hätte keine französischen Manieren, könnte auch keine bon-mots auf die Petitmaitres-Manier hervorbringen [...]. Er wäre ein deutscher Fürst, und würde als solcher leben und sterben.«[1]

Der König hatte offenbar die Abneigung Friedrichs gegen die Geselligkeit im »Tabakskollegium« des Vaters und gegen die Repressalien durch den Vater, die Friedrich als Kadett und später als Offizier erleiden musste, genau erkannt. Friedrich Wilhelm hatte seinem Sohn bereits frühzeitig klargemacht, dass ein Austritt aus der Armee für ihn nicht möglich war und er sich damit in einer gänzlich anderen Situation gegenüber den übrigen Offizieren befand.

Erstaunlicherweise hat Friedrich nach seinem Regierungsantritt 1740 weder die Uniform abgelegt noch die Armee des Vaters verkleinert. Die königliche Riesen-Garde wurde zwar aufgelöst und anderen Regimentern zugeordnet, die Struktur der Streitkräfte änderte der junge König jedoch nur marginal. Im Gegenteil: Friedrich erweiterte die vorher kaum genutzte Kavallerie, errichtete ein erstes Husarenregiment, führte die königliche Garde wieder ein und verstärkte die Infanterie um weitere Einheiten. Friedrich hatte sich somit entschlossen, den »Sterbekittel« weiterzutragen, aber die preußische Armee nicht nur als bloßes Repräsentationsmittel, sondern als Instrument zum Ausbau der preußischen Macht einzusetzen. Dies hat er schließlich in den Schlesischen Kriegen, in denen er stets als Befehlshaber seine Streitkräfte anführte, gezeigt und damit den Bedeutungswandel der preußischen Armee eingeleitet.

Im Lager von Mollwitz 1741 stellte der französische Beobachter Marschall Graf de Belle-Isle bereits folgerichtig fest: »Vom Aufstehen, bis er zur Ruhe geht, bleibt er gestiefelt und gespornt und in blauer Uniform, die sich lediglich durch seinen Ordensstern und durch ein etwas reicheres Achselstück als das seiner Adjutanten auszeichnet.« Im Rock seines ersten Gardebatallions wurde der König kurz nach seinem Tod 1786 aufgebahrt und dieser damit nun doch zu seinem »Sterbekittel«.

Janine Rischke

Literatur

Friedrich der Große im Spiegel seiner Zeit, hg. von Gustav Berthold Volz, Bd. 1, Berlin 1925

Dieter Radtke: Kronprinz Friedrich und die wahre Liebe zum Soldatenstand. Die ersten 23 Jahre Friedrich des Großen als Soldat (1717–1740), Hildesheim 2011

1 Friedrich Förster: Friedrich Wilhelm I. König von Preussen, Bd. 3, Potsdam 1835, S. 52.

Tafelrunde

Das Gemälde *König Friedrichs II. Tafelrunde in Sanssouci* gehört zu den bekanntesten Arbeiten des Berliner Künstlers Adolph Menzel (1815–1905). Es zählt zu einer elf Gemälde umfassenden Folge über Friedrich den Großen. Die Darstellungen Menzels haben die Vorstellungen über das Leben Friedrichs nachhaltig und über lange Zeit geprägt.

1839 erhielt Menzel von dem Leipziger Verleger Johann Jacob Weber den Auftrag, Franz Kuglers *Geschichte Friedrichs des Großen* zu illustrieren. Bis 1842 entstanden 400 kleine Zeichnungen für das vierteilige Geschichtswerk.[1] Elf dieser kleinen Zeichnungen übertrug Menzel zwischen 1849 und 1859 in großformatige Ölgemälde und schuf auf diese Weise den berühmten Friedrich-Zyklus, der ihn auch als Maler und nicht nur als Grafiker bekannt machte.[2] Die Zeichnung der Tafelrunde wurde für das zweite der vier Bücher von Kuglers *Geschichte*, das den Titel *Glanz* trägt, angefertigt. Es beschreibt die zehnjährige Friedensperiode nach den Schlesischen Kriegen (1745–1755). Das 22. Kapitel darin widmet sich speziell dem *Philosophen von Sanssouci* und diesem ist das Sujet der Tafelrunde entnommen.[3] Nach der Zeichnung entstand eine Ölskizze (Abb. S. 176) und darüber von 1848 bis 1850 das Ölgemälde.

Auf dem Bild ist eine Tischgesellschaft Friedrichs II. im Marmorsaal des Schloss Sanssouci in Potsdam dargestellt. Das Souper ist beendet. An einer ovalen Tafel, in entspannter Atmosphäre bei Obst und Wein sitzend, diskutieren zehn Herren. Durch die weit geöffneten Fenstertüren des Saals fallen die Strahlen der im Süden stehenden Sonne. Das Licht umspielt die in ihre Gespräche vertieften Männer. Der Hintergrund des Raumes versinkt leicht im Halbdunkel, sechs Lakaien heben sich jedoch deutlich von der Raumausstattung ab.

Die personelle Zusammensetzung der Tafelrunde kann anhand einer Bleistiftskizze Menzels, in der die Teilnehmer namentlich bezeichnet sind, und der Ausführungen Kuglers – bis auf eine Ausnahme – genau wiedergegeben werden. Unschwer zu erkennen, weil deutlich im Bildmittelpunkt platziert und durch die beiden Kronleuchter, die über ihm an der Decke hängen, noch einmal akzentuiert, ist Friedrich II. Er nimmt einen leicht hervorgehobenen Platz am schmalen Ende des ovalen Tisches ein. Mit ihm an der Tafel sitzen neun weitere Herren: Rechts vom König der Generalmajor Christoph Ludwig von Stille (1696–1752), der schon seit der Rheinsberger Kronprinzenzeit zu den engen Begleitern des Königs zählte; neben diesem François-Marie Arouet de Voltaire (1694–1778), französischer Philosoph und von 1750 bis 1753 Gast des Königs in Potsdam. Dessen Tischnachbar ist der Lord Marschall von Schottland George Keith (1693–1778), der 1747 in preußische Dienste trat. Er ist in ein Gespräch mit seinem rechten Nachbarn vertieft und wendet sich diesem zu. Allerdings zeigt dieser Nachbar dem Betrachter

1 Claude Keisch und Marie Ursula Riemann-Reyher (Hg.): Adolph Menzel. Briefe, Bd. 1, 1830–1855, Berlin 2009, S. 63.

2 Wie Anm. 1, S. 134 f.

3 »[…] nur die Abendmahlzeit pflegte den Kreis der Vertrauten zum heitersten Genusse zu vereinen. Hier war alles Witz und Geist, und Voltaire und Friedrich standen einander als die Herrscher im Reiche des Geistes gegenüber.« Zit. nach Franz Kugler: Geschichte Friedrichs des Großen. Gezeichnet von Adolph Menzel, Leipzig 1840, S. 224.

Adolph Menzel, König Friedrichs II. Tafelrunde in Sanssouci, 1848, Skizze.

den Rücken, sodass er – vielleicht ist es Pierre-Louis Moreau de Maupertuis (1698–1759) – nicht mit Sicherheit benannt werden kann. Menzel hat ihn in seiner Skizze nicht bezeichnet. Maupertuis würde die Runde jedoch in sinnvoller Weise ergänzen, denn der Mathematiker und Historiker war seit 1744 Präsident der von Friedrich ins Leben gerufenen Preußischen Akademie der Wissenschaften. Unbemerkt von der Tischgesellschaft kommt neben ihm eines der Windspiele des Königs unter dem Tisch hervor. Der ungezwungene Umgang mit den Haustieren soll den Eindruck der familiären und vertraulichen Atmosphäre im Speisezimmer des Königs unterstreichen.

Im Vordergrund, sich höflich zu seinem Gesprächspartner auf der rechten Seite neigend, gibt Jean Baptiste de Boyer Marquis d'Argens (1704–1771), Philosoph, Schriftsteller und Gesellschafter des Königs, den Blick auf die Tafel frei. D'Argens war seit 1744 am Hof. Sein Verhältnis zum König war aber keineswegs nur freundschaftlich, denn 1768 verließ der Marquis, gekränkt von Friedrichs Spott, endgültig den preußischen Hof. Sein Gesprächspartner an der Tafel ist Julien Offray de la Mettrie (1709–1751). Als Arzt und Philosoph hielt er sich nur wenige Jahre, von 1748 bis zu seinem Tod, am preußischen Hof auf. Neben La Mettrie hat Friedrich Rudolf Graf von Rothenburg (1710–1751) Platz genommen. Seit 1741 in preußischem Militärdienst stehend, zählte der Generalleutnant ebenfalls zu den engen Vertrauten Friedrichs.

Der Venezianer Francesco Algarotti (1712–1764), auch schon seit der Kronprinzenzeit mit Friedrich bekannt, war Schriftsteller und Kammerherr des Königs. Er kehrte Friedrich 1753 endgültig den Rücken. Angeregt unterhält er sich über die Tafel hinweg mit Voltaire. Dies beobachtet aufmerksam Feldmarschall Jacob Keith (1696–1758), der wie sein älterer Bruder George seit 1747 in preußischen Diensten stand.[4]

4 Jürgen Kloosterhuis: Die revidierte »Tafelrunde«, in: Italienerinnen und Italiener am Hof Friedrich II. (1740–1786), hg. Rita Unfer Lukoschik, Berlin 2008, S. 27 f.

Diese neun Herren und der König bilden auf Menzels Gemälde die seither so berühmte Tafelrunde von Sanssouci. Die Persönlichkeiten repräsentieren das philosophisch-akademische Geistesleben und die Armee in Preußen. Zusammen stehen sie für die intellektuelle Vielfalt am preußischen Hof und sollen den Bildungshorizont des Königs verdeutlichen.

Menzels Darstellung hat viel zu den Mythen um Friedrich beigetragen. Die dargestellte Gesprächsrunde gilt als ideales Bild der intellektuell-offenen Diskussionen, die der König mit seinen engsten Vertrauten geführt haben soll. Allein der Begriff »Tafelrunde von Sanssouci« weckt ja zunächst Assoziationen zur Tafelrunde des sagenhaften König Artus. Doch während Artus und seine Ritter der Legende nach gleichberechtigt an einem runden Tisch gesessen haben sollen, stellt Menzel die Gesellschaft um einen ovalen Tisch versammelt dar. Und obwohl es unter den bekanntesten Begleitern Friedrichs keine Hierarchisierung im Bild gibt, nimmt der König am schmalen Ende des Ovals den Vorsitz an der Tafel ein. Dies ist auch an seiner exponierten Stellung im Bildmittelpunkt ablesbar. Friedrich wird von Menzel also nicht als Gleicher unter Gleichen, sondern als Erster unter Gleichen dargestellt, in einer Haltung, die ihn zum Schiedsrichter macht, ihn also intellektuell heraushebt.

Die Annahme, es habe sich bei dieser geistreichen Tafelrunde um eine regelmäßig zusammentreffende Gesellschaft gehalten, ist weit verbreitet. Aber an der Tafelrunde Menzels sind Personen vereint, die aufgrund ihrer quellenmäßig belegten Aufenthalte in Sanssouci niemals gleichzeitig zusammengekommen sind. Einzeln haben zwar einige der abgebildeten Herren mit dem König gespeist, doch selbst dann waren die Tischgespräche keineswegs ausgeglichen. Vielmehr war es Friedrich, der das Wort führte, und von offener Diskussion kann nicht die Rede sein, denn der König duldete nur sehr selten Widerspruch.[5]

Menzels Idee der regelmäßig stattfindenden, intellektuell herausragend besetzten und von Friedrich entschiedenen Tafelrunde ist durch das Gemälde trotzdem weit verbreitet und prägt noch heute die Vorstellungen über das Leben am friderizianischen Hof. Dies ist umso erstaunlicher, da heute nur noch die Ölskizze der Tafel erhalten ist. Das Gemälde verschwand in den Kriegswirren des Jahres 1945 und existiert heute nur noch als Reproduktion.

Nadja Geißler

5 Jürgen Luh: Der Große. Friedrich II. von Preußen, München 2011, S. 137, 187.

Testamente

Schon früh hat Friedrich seinen Nachlass geregelt. Im Jahr 1752, also mit gerade einmal 40 Jahren, hat der König sein Testament aufgesetzt. Siebzehn Jahre später hat er die Verfügung noch einmal aktualisiert. In diesem letzten Willen bestimmte er den Neffen Friedrich Wilhelm, Sohn seines schon verstorbenen Bruders August Wilhelm, zum Thronfolger. Er sollte über alle Provinzen herrschen, die Friedrich erobert oder ererbt hatte. Ebenso wurden ihm alle Schlösser, Festungen und Landhäuser, ferner die Bibliothek, das Münzkabinett, die Gemäldesammlung und schließlich der Staatsschatz übertragen.

In weiteren, ausführlichen Bestimmungen verteilte Friedrich seinen Besitz auf die verschiedenen Mitglieder des weitverzweigten Hauses Hohenzollern. Fast immer war es Geld, dazu kamen meist noch andere Wertgegenstände: Schmuck, Porzellan, oft auch eine wertvolle Tabaksdose oder Pferde, Kutschen, Gemälde und ungarischer Wein. Mit 200.000 Reichstalern sollte Prinz Heinrich am meisten erben. Ihm vermachte Friedrich außerdem einen grünen Diamanten, den er selbst am Finger trug. Man kann vermuten, dass diesem Ring auch ein gewisser ideeller Wert zukam, wie überhaupt die Verfügungen nicht nur materielle Werte verteilten, sondern auch eine persönliche Wertschätzung ausdrückten. Dies wird man auch bei seinem Bruder Ferdinand unterstellen können, dem Friedrich neben 50.000 Reichstalern (es war der zweithöchste Betrag) und Wein eine Galakutsche mit Bespannung und Zubehör hinterließ. Vor allem aber fällt auf, dass der König nur ihn, Ferdinand, und dessen Frau als »mon cher frère« bzw. »ma chère nièce« tituliert hat. Besonders herausgehoben wurde auch Ferdinand von Braunschweig, den der König zwar nur mit einer mit Brillanten versetzten Tabaksdose bedachte, ihn aber als »mon beau-frère, que j'ai toujours estimé« [meinen Schwager, den ich allzeit geschätzt habe] auszeichnete. Wie sehr Friedrich sich treu blieb, zeigte er auch gegenüber seiner Frau Elisabeth Christine. Zwar ordnete er für sie eine angemessene Versorgung an, doch schlug er diesen Punkt den Staatsgeschäften zu – persönliche Nähe drückte er mit keinem Wort aus.

Bemerkenswert an dem Testament ist jedoch vor allem, dass erstmals ein preußischer Herrscher deutlich zwischen Staatseigentum und Privatbesitz unterschied. Noch sein Vater Friedrich Wilhelm I. hatte in seinem Testament über die Territorien und die Untertanen verfügt, als ob es sich hier um den Besitz der regierenden Dynastie handelte. Auch Friedrich legte die Nachfolge im Königsamt kraft seiner Herrschaftsrechte völlig autonom fest, doch bei ihm ist die alte patrimoniale Staatsauffassung nicht mehr zu erkennen. Dabei war seine Unterscheidung zwischen der staatlichen Sukzession und der privatrechtlichen Erbfolge nicht sehr überraschend; vielmehr klang dies schon in der früh formulierten

Maxime an, dass er als König nur der erste Diener seines Staates sei.

Die Thronfolge regulierte der Monarch in diesem Testament mit nur wenigen Sätzen, während die privatrechtlichen Bestimmungen deutlich detaillierter waren. Das überrascht, denn das größte Vermächtnis Friedrichs war der Staat, den er selbst maßgeblich geprägt hatte. Verständlich wird diese Gewichtung erst dann, wenn man ein weiteres, berühmtes Dokument hinzuzieht, nämlich das sogenannte *Politische Testament*. In diesem hat Friedrich mit großer Sorgfalt und viel Detailwissen ausgeführt, wie man den Staat zu regieren habe und was es dabei zu beachten gelte, sowohl in den eigenen Territorien als auch mit Blick auf die benachbarten Mächte. Eine erste Fassung dieses Dokuments datiert, ähnlich wie im Fall des eigentlichen, »privaten« Testaments, aus dem Jahr 1752. Und ebenso hat der König auch das Politische Testament nach dem Siebenjährigen Krieg einer gründlichen Überarbeitung unterzogen, nämlich im Jahr 1768.

Für Friedrich als einen von den Idealen der Aufklärung geprägten und höchst gebildeten Herrscher war es naheliegend, seine Auffassung von einer guten Regierung selbst zu formulieren und schriftlich niederzulegen. Doch hat er das *Politische Testament* vor allem als Praktiker der Macht verfasst; er schöpfte aus einem reichen Schatz an Regierungserfahrung, den er dem Nachfolger im Königsamt weiterzugeben bestrebt war. Der direkte Bezug zum Regierungshandeln erklärt auch die Neufassung nach dem Siebenjährigen Krieg: Friedrich wollte die früher gemachten Angaben aktualisieren, erweitern und präzisieren. Es handelt sich bei diesem *Politischen Testament* also um einen zentralen Text, der wichtige Aufschlüsse über Friedrichs Selbstverständnis als Monarch, sein Staatsverständnis und seine Regierungsmaximen bietet. Dabei waren diese Ausführungen dem Bereich der sogenannten *arcana imperii* zuzuordnen, also dem Bereich, den ein Herrscher unbedingt geheim halten sollte. Nur ein

Wilhelm Tischbein, Prinz August Ferdinand von Preußen, um 1777/1779; bedacht im Testament »mon cher frère«.

kleiner Kreis von Ratgebern, womöglich sogar nur der Thronfolger, sollte Zugang zu diesem Herrschaftswissen erhalten.

Das *Politische Testament* behandelt alle Bereiche, in denen der Staat aktiv ist. Systematisch wie in einer Enzyklopädie werden mit dem Justizwesen, den Finanzen und der Wirtschaft, dem Militär sowie der Innen- und Außenpolitik alle Aufgabenfelder des Herrschers durchgegangen. Dabei finden sich Aussagen genereller Natur, aber auch sehr spezifische Empfehlungen, so etwa beim Heerwesen, wo der König mit großer Akribie zwischen den Waffengattungen unterscheidet. Eingefügt ist zudem eine mehrseitige Abhandlung über die »Grundprinzipien des Krieges«, in denen der königliche Feldherr seine Kriegserfahrung mit viel Anschaulichkeit und präzisen Angaben in Handlungsanweisungen überführt. In vielen Passagen wird Friedrichs Überzeugung deutlich, dass die preußischen Provinzen nicht fruchtbar, sondern eher karg seien. Entsprechend häufig finden sich allgemeine und konkrete Hinweise zur Steigerung der Wirtschaft und Förderung des Handels, zur Landgewinnung, Urbarmachung und Neuanlage von Dörfern – sicher auch ein Reflex darauf, dass das Land nach dem langen und verlustreichen Krieg eine intensive Aufbauphase benötigte. Eingefügt in die Maximen der hohen Regierungskunst sind auch »Träume und chimärische Projekte«: Dahinter verbergen sich geostrategische und machtpolitische Erwägungen über die gegenwärtige Situation Preußens im Gefüge der Mächte. In kaum einem anderen Dokument wird das politische Kalkül des Lenkers eines der europäischen Großmächte so klar nachvollziehbar. Das Testament beschließen Anmerkungen zur Erziehung und Ausbildung des Thronfolgers. Sie lenken noch einmal den Blick auf den Adressaten all dieser Ausführungen. Friedrich geht es um einen bestmöglich auf das Herrscheramt vorbereiteten Nachfolger, in dessen Hand das Schicksal des Staates liegen wird.

Das *Politische Testament* in der Fassung von 1768 war nicht das letzte Dokument, in dem Friedrich bemüht war, seine Staatsklugheit zu formulieren. 1776 schrieb er eine Darlegung (*Exposé*) der preußischen Regierung, 1782 folgten noch Betrachtungen (*Considérations*) über den politischen Zustand Europas und 1784 verfasste der König Anweisungen (*Réflexions*) für den Nachfolger hinsichtlich der Regelung der Finanzen. All diese Texte wie auch das *Politische Testament* selbst besaßen keine Rechtsverbindlichkeit, im Gegensatz zu seinem eigentlichen, »privaten« Testament, für das er auch seinen Schwager Karl I. Herzog von Braunschweig-Wolfenbüttel zum Testamentsvollstrecker bestimmt hatte. Dabei beanspruchten die politischen Reflexionen sicher normative Gültigkeit, doch bekamen sie nur durch die Autorität ihres Verfassers Gewicht. Aus diesem Blickwinkel stehen sie in der Tradition der Fürstenspiegel, die seit dem Mittelalter einem Nachfolger im Herrscheramt das Idealbild des Fürsten, aber auch politische Klugheit zu vermitteln strebten.

Doch ist Friedrichs *Politisches Testament* nur ein Dokument des politischen Nachhilfeunterrichts im Hause Hohenzollern? Der belehrende Zug ist nicht zu leugnen, doch bei einer so stark reflektierenden Persönlichkeit wird man einkalkulieren müssen, dass der König dies auch zur eigenen Selbstvergewisserung schrieb. Gleichzeitig scheint in diesem Dokument das Bewusstsein Friedrichs für das auf, was er selbst für Preußen geschaffen hat; verbunden damit wird ebenso seine Sorge um die Zukunft des Staats erkennbar. Auch dies mag ein Grund dafür sein, dass gerade im *Politischen Testament* viel von der Persönlichkeit Friedrichs und seinen Überzeugungen zu finden ist.

Michael Kaiser

Literatur

Hermann von Caemmerer (Hg.): Die Testamente der Kurfürsten von Brandenburg und der beiden ersten Könige von Preußen, München/Leipzig 1915

Richard Dietrich (Bearb.): Die politischen Testamente der Hohenzollern, Köln/Wien 1986

Toleranz

Die Handhabung des Toleranzprinzips im friderizianischen Preußen ist bis heute sprichwörtlich – gemäß der bekannten Devise des Königs, dass jeder Bürger seines Landes bei ihm glauben könne, was er wolle, »wenn er nur ehrlich sei [...]«. Friedrich hat sich immer wieder derart unmissverständlich zum Grundsatz uneingeschränkter Duldung Andersdenkender bekannt, dass man in der Gewährung von Glaubens- und Gewissensfreiheit geradezu den Grundpfeiler seiner inneren Politik erblicken kann. Und dies geschah nicht etwa bloß aus Gründen religiöser Indifferenz. Friedrichs Bekenntnis zur Toleranz entfaltete sich vielmehr vor dem Hintergrund eines weitgespannten intellektuellen Argumentationsrahmens, dessen Eckpunkte das philosophische und staatstheoretische Denken der europäischen Aufklärung markierten und dabei vor allem ihrer spezifisch französischen Variante folgten.

Alle höher stehenden Religionen zeichneten sich für Friedrich durch ein im Wesentlichen gleichgeartetes Moralfundament aus, und sie besaßen daher auch einen Anspruch auf Gleichbehandlung seitens der Staatsführung. Geleitet von einem prinzipiellen philosophischen Skeptizismus, wie er ihm durch die Lektüre der Schriften Pierre Bayles vermittelt worden war, empfand Friedrich jeglichen Anspruch irgendeiner Konfession auf die Vermittlung absolut gültiger Heilsgewissheiten als Zumutung. Vielmehr seien viele verschiedene Wege zur Wahrheitserkenntnis möglich, ja sogar erforderlich, was dem Einzelnen Vorsicht und Zurückhaltung beim Urteilen über die Meinungen anderer nahelege und vom Staat die Duldung aller dieser unterschiedlichen Wege zwingend fordere.

Neben solchen religionsphilosophischen Erwägungen speiste sich Friedrichs Toleranzdenken aus der naturrechtlichen Lehre vom Staats- und Herrschaftsvertrag, wie sie in einer für das 18. Jahrhundert repräsentativen Weise von Montesquieu, Voltaire und Rousseau an ihn herangetragen worden war. Demnach hatte das Volk als Gesamtheit einstmals freier und gleicher Individuen – und damit als Träger der ursprünglichen Souveränität – dem Herrscher zwecks Wahrung von Gesetz und Ordnung zwar gewisse Herrschaftsrechte übertragen, das Recht, über die Gewissen der Untertanen zu entscheiden, gehörte indes nicht das zu. Dieses Recht war prinzipiell unveräußerlich, und es durfte vom Herrscher unter keinen Umständen angetastet werden. Denk-, Glaubens- und Gesinnungsfreiheit waren in diesem Sinne integrale Bestandteile der friderizianischen Staatstheorie.

Friedrichs Toleranzforderung ergab sich zudem aus konkreten herrschaftspraktischen Gegebenheiten. Seit dem Übertritt des brandenburgischen Kurfürsten Johann Sigismund vom Luthertum zum Calvinismus 1613 galt den hohenzollernschen Regenten eine Politik der Duldung unterschiedlicher Glaubensbekenntnisse geradezu als Gebot der politischen Notwendigkeit, denn der Landesherr besaß eine andere Konfession als die große Mehrheit seiner Untertanen. Nur durch eine Politik der religiösen Toleranz konnten der konfessionelle Friede gewährleistet und ein harmonisches Zusammenleben der Untertanen unterschiedlichen Bekenntnisses garantiert werden. Wohlstand und Wachstum des Landes hingen also unmittelbar von der freien geistig-religiösen Entfaltungsmöglichkeit seiner Bewohner ab – wenn man nicht, wie in Spanien oder seit 1685 in Frankreich, einen konfessionell einheitlichen Staat anstreben und dieses Ziel durch Unterdrückung, Vertreibung oder Ausrottung anderer Bekenntnisse erreichen wollte. Eine solche Politik ist von Friedrich niemals auch nur ansatzweise erwogen worden. Er erblickte vielmehr im konfessionellen Pluralismus ein der Wohlfahrt seines Landes dienliches Element, das es zu fördern und zu bewahren galt.

Friedrichs Toleranzpflege wird auf vielen Feldern und Bereichen seines praktischen Regierungshandelns sichtbar. Die Ausländerpolitik des friderizianischen Staates sah in der Zuwanderung landfremder Fachkräfte und Kolonisten, unabhängig von ihrem jeweiligen religiösen Bekenntnis, eine willkommene Bereicherung der Volkszahl und des Volkswohlstandes. Durch entsprechende Ansiedlungspatente wurden zwischen 1741 und 1770 die rechtlichen Voraussetzungen für die privilegierte Niederlassung ausländischer Glaubensflüchtlinge geschaffen. In der Kirchenpolitik strebte Friedrich danach, konfessionelle Gegensätze zwischen Lutheranern und Reformierten zugunsten der Ausbreitung aufklärerischen Ideenguts innerhalb der protestantischen Kirche auszugleichen. Darüber hinaus nötigte ihn die durch den Erwerb Schlesiens 1740 auf das Achtfache gestiegene Zahl seiner katholischen Untertanen dazu, jedes öffentliche Verketzern ihrer Konfession strikt zu unterbinden. Und auch die Judenpolitik des aufgeklärten Monarchen basierte auf dem Prinzip der rechtlichen Gleichbehandlung aller Staatsbürger, unabhängig von ihrem religiösen Bekenntnis. Das königliche Generalpatent von 1750 garantierte den preußischen Juden weitgehende Freiheit bei der Praktizierung ihres Glaubens und nahm sie vor möglichen Übergriffen anderer Konfessionen ausdrücklich in Schutz. Ob sie darüber hinaus Benachteiligung oder Bevorzugung seitens des Königs erfuhren, ob ihnen erhöhte Steuerlasten, Sonderabgaben und Handelsbeschränkungen auferlegt wurden oder ob ihnen Prämien und Privilegien, Konzessionen und Monopole bei Fabrikgründungen winkten, dies richtete sich zuallererst nach dem Nutzeffekt solcher Maßnahmen, nach ihrem Gewinn für das Wirtschaftsleben des Landes und damit letztlich nach dem Kriterium ihrer Zweckmäßigkeit für das Gemeinwohl.

Die friderizianische Toleranz war in ihren theoretischen und praktischen Dimensionen mit alledem ein Ergebnis des zweckrationalen Nützlichkeitsdenkens der Aufklärung. Sie stand im Dienst des Staatsinteresses und folgte dem Prinzip der preußischen Staatsräson. Das markiert zugleich ihre Möglichkeiten und Grenzen. Toleranz war bei Friedrich ausschließlich eine Angelegenheit der geistig-religiösen Sphäre. Sie war bezogen auf den Bereich des Glaubens, des Gewissens und der Gesinnung, auf die innere Freiheit persönlichen Meinens und Denkens. Sie war nur insofern politisch, als sie die Rechtsgleichheit der Bürger verschiedener Konfessionen gewährleistete. Einen darüber hinausgehenden Anspruch auf aktive politische Mitsprache, auf bürgerlich-emanzipatorische Mitgestaltung staatlichen Lebens, wie sie von prominenten Vertretern der preußischen und österreichischen Spätaufklärung verfochten wurde – etwa von Carl Gottlieb Svarez oder von Karl Anton von Martini zu Wasserberg –, lag jenseits der Grenzen des friderizianischen Toleranzbegriffs.

Insofern wird man in Friedrichs Toleranzverständnis nur sehr bedingt einen Wegweiser in die Richtung moderner, individualrechtlicher Anschauungen erblicken können, wie sie das Denken des nachfolgenden 19. Jahrhunderts bestimmen sollten. Dennoch hält des Königs Umgang mit dem Problem der Toleranz eine Grundeinsicht bereit, die auch heute hohe Gültigkeit besitzt: die Einsicht nämlich, dass Toleranz gegenüber fremden Meinungen und anderen Auffassungen nicht nur ein Gebot humaner Lebensführung ist, sondern auch dem staatlichen Gemeinwesen Nutzen, Gewinn und Vorteile bringt.

Frank-Lothar Kroll

Literatur

Gerd Heinrich: Religionstoleranz in Brandenburg-Preußen. Idee und Wirklichkeit, in: Preußen. Beiträge zu einer politischen Kultur, hg. von Manfred Schlenke, Reinbek 1981, S. 61–88

Frank-Lothar Kroll: Das Problem der Toleranz bei Friedrich dem Großen, in: ders.: Das geistige Preußen. Zur Ideengeschichte eines Staates, Paderborn/München/Wien/Zürich 2001, S. 11–30

Ders.: Friedrich der Große, in: Deutsche Erinnerungsorte, Bd. III, hg. von Etienne François und Hagen Schulze, München 2001, S. 620–635

Ders.: Friedrich der Große als Gestalt der europäischen Geschichtskultur, in: Geist und Macht. Friedrich der Große im Kontext der europäischen Kulturgeschichte, hg. von Brunhilde Wehinger, Berlin 2005, S. 185–198

Ders.: Die Hohenzollern, München 2008, S. 55–71

Peter Baumgart: Brandenburg-Preußen unter dem Ancien régime. Ausgewählte Abhandlungen, hg. von Frank-Lothar Kroll, Berlin 2009, S. 122 ff., 133 ff.

Tobias Schenk: Wegbereiter der Emanzipation? Studien zur Judenpolitik des »Aufgeklärten Absolutismus« in Preußen (1763–1812), Berlin 2010, S. 78 ff.

Untertan

rechte Seite
Peter Haas, »Hier bin ich!«,
1786 oder 1796 (?).

Im Preußen des 18. Jahrhunderts war – streng genommen – jeder Preuße außer dem König dessen Untertan. Aber der gewöhnliche Preuße war nicht nur Untertan des Königs.

Ein Blick in die Register von Rechtssammlungen und Landrechtsbüchern zeigt, dass im Preußen des 18. Jahrhunderts dann, wenn von »Untertanen« die Rede war, nicht zuerst an den Staat, sondern an die Stellung der Menschen unter lokalen oder landschaftlichen Herrschaftsträgern gedacht wurde: Der Landbewohner stand unter einem in der Regel adligen Gutsherrn oder unter einem bürgerlichen Amtmann, d.h. unter dem Pächter eines staatlich-landesherrlichen Domänenamtes. Das war seine »Herrschaft« und der Bauer, der Knecht, der Handwerker oder die Magd waren diesem Untertanen – und das in vielfacher Beziehung. Die Herrschaft übte nicht nur ökonomische und finanzielle Rechte aus. Der Gutsherr oder in der Stadt der Magistrat besaß auch Gerichtsrechte und bestimmte ferner als Patronatsherr auf geistlichem Gebiet, d.h. in der Kirche und immer dann, wenn es etwa um das Schulwesen am Orte ging. Auf dem Lande galt in einzelnen Regionen nicht nur die »Erbuntertänigkeit«, sondern, in verschärfter Form, die »Leibeigenschaft«, die freilich in den betroffenen Landschaften Brandenburg-Preußens nie die schroffe Qualität annahm wie in Osteuropa. In Brandenburg-Preußen waren Leibeigene keine Sklaven, sie blieben stets rechtsfähig, sie konnten also vor Gericht sehr wohl ihre Interessen verteidigen und haben dies – auch gegen ihre Herrschaft – sehr wohl und oftmals mit Erfolg getan. Die Untertanen besaßen immer das Recht auf Eigentum an dem, was sie erarbeitet hatten, und in den Jahrzehnten guter und immer besserer Agrarkonjunktur – gerade auch in der Regierungszeit Friedrichs des Großen – verblasste in der Lebenspraxis der Untertanen längst das, was im 17. Jahrhundert Leibeigenschaft gewesen war, zu einer Rechtsform schlechten Besitzrechts, mit zeitlich begrenzter Dienstpflicht der Untertanenkinder und einer in der Regel gut erschwinglichen Sonderabgabe für den Fall, dass der Betreffende das Gut unter Stellung eines Nachfolgers verlassen und andernorts frei leben wollte. Friedrich der Große hat zwar die ländliche Sozialverfassung mit tradierter Untertänigkeit prinzipiell konserviert und indem er die Stellung des Adels auf dem Lande stets stabilisierte, festigte er auch die Untertänigkeitsverhältnisse für die große Masse der ja auf dem platten Lande lebenden Preußen. Aber er hat doch mit seiner Agrarpolitik, zumal nach 1763, dazu beigetragen, die Härten der Leibeigenschaft, die er als solche sehr wohl missbilligte, abzuschleifen und zu mildern. Die steigenden Agrarpreise – man denke etwa an die wachsende Nachfrage aufgrund des Städtewachstums in dieser Zeit – vergrößerten den ökonomischen und sozialen Spielraum bäuerlicher Untertanen, und die Politik des Königs begünstigte dies.

P: Haas fecit.
Fridrich der Grosse befriedigt den Wunsch eines Sacktraegers, der den König zu sehen wünschte, mit der unvermutheten Anrede:
Hier bin ich!
P. 13.

In der Zeit Friedrichs des Großen wandelte sich also die Untertänigkeit, beschleunigten sich soziale Prozesse, die freilich schon vor 1740 eingesetzt hatten. Aber wurden nun die Menschen in Preußen auch zu bewussten Preußen, wurden sie unter Friedrich II. in ihrer Mentalität und in ihrer (Selbst-)Wahrnehmung zu Untertanen des Königs und des Staates?

Der Anspruch des Monarchen und des entstehenden Staates sind das eine, die emotionale Wirklichkeit der Menschen in Preußen das andere. Gerade für den kleinen Mann und die einfache Frau in den Dörfern und in Städten, in den Landschaften und Provinzen blieb auch noch in der Regierungszeit Friedrichs die mentale Landkarte, d.h. die Selbstorientierung, geprägt nicht von den Grenzen des Staates, sondern z.B. von der Mittelmark, dem jeweiligen Teil Pommerns oder dem östlichen Preußen, um nur Beispiele zu nennen. In der Zeit Friedrichs gab es noch kein Allgemeines Preußisches Landrecht, jedes einzelne alte »Land« besaß sein eigenes Recht, das für den Untertanen soziale Orientierung bot. Es war unter den Kommunikationsbedingungen des 18. Jahrhunderts schlichtweg unmöglich, von Berlin aus in zentralistischer Weise für jedes Territorium ein staatseinheitliches Recht zu verordnen. Wenn z.B. in einem der westfälischen Gebiete, die seit Langem zum preußischen Staat gehörten, ein neues Bauernrecht gegeben werden sollte, musste das Wissen der Menschen »vor Ort« mobilisiert werden: Die Vertreter der Landstände und die preußischen Beamten traten in diesem Fall zusammen und verhandelten einen neuen Rechtstext. Versuche, von Berlin aus für alle Provinzen zu oktroyieren, hatten unweigerlich zur Folge, dass aus den Landschaften die Meldung im Berliner Schloss eintraf, dass der staatliche Befehl dort schlechterdings nicht umgesetzt werden könne, weil die soziale Realität eine ganz andere sei. Und auch im preußischen Absolutismus traten dann die Minister sehr schnell den Rückzug an. Die Lebenswelt der Untertanen Friedrichs des Großen war gekennzeichnet dadurch, dass der Staat auf bestimmten Feldern wie Militär, Finanzen und Wirtschaftspolitik in modernerer Weise zugriff. Aber auf anderen Lebensgebieten tat er es nicht, und die Herrschaftsrealität des preußischen Absolutismus war da eine Praxis des Omnipotenzverzichts.

Mindestens so wichtig wie die weltliche Ordnung war für die »Preußen« auch in der Zeit Friedrichs die Religion, genauer: die jeweilige spezifische Konfession und Glaubenswelt, geprägt von lokalem und landschaftlichem Herkommen. Die große Mehrheit der Menschen in Brandenburg-Preußen war nach wie vor tief religiös. In der Wolle gefärbte Aufklärer bildeten eine Minderheit und je entschiedener sie auftraten, desto isolierter waren sie. Deshalb gab es Probleme der Wahrnehmung Friedrichs durch die preußischen Untertanen, denn das, was den König im 19. und 20. Jahrhundert so populär machte, war in seiner Zeit umstritten. Als der König in seinen späten Jahren wenigstens ein neues, aufgeklärtes Kirchengesangbuch für seine Untertanen einführen wollte, stieß er bei ihnen auf selbst für ihn unüberwindlichen Widerstand. Die »Untertanen« Friedrichs, so heißt es in einer Schilderung aus Schlesien, »seufzten, daß ein so großer König nicht auch Christ sein solle«, und manche »zweifelten, ob auch die Nachrichten von seinen freigeisterischen Meinungen wahr wären« (Christian Garve).

Dies zeigt, dass wir uns die preußischen Untertanen nicht immer nur untertänig vorstellen dürfen. Distanzen wurden gelebt, regionale und mentale Distanzen sind neben Feldern der Identifikation wichtig gewesen für die politische Kultur Preußens in der Zeit Friedrichs II. Und in der Tat: In den Briefen einfacher Menschen, zumal solchen von Soldaten, ist noch nicht vom Staat und sehr selten von »Preußen« die Rede, sondern viel öfter von der Wahrnehmung des Königs. Gerade Friedrichs unzeremoniöse Art, im Frieden seine Länder zu bereisen und für Untertanen direkt erreichbar zu sein sowie im Krieg unter seinen Grenadieren zu leben, bot neue Chancen politischer Identifikation. Nicht der abstrakte Staat, sondern die Person des Königs wurde zum Element der Identifikation in Frieden und Krieg. Die gemeinsam durchlebten und durchlittenen Gefahrenlagen, zumal diejenigen des Siebenjährigen Krieges (1756–1763), die Niederlagen und die sinnfällig verkündeten und zelebrierten Siege ließen neue politische Emotionen wachsen, die langsam aus Untertanen preußische Untertanen machten. Die Rolle von Dankfesten und politischen Gottesdiensten ist dabei nicht gering zu veranschlagen. Das Bild des gerechten und klugen Königs, nicht zuletzt in Gestalt von preiswerten Medaillen und Kupferstichen, reduzierte Distanzen. Im Krieg war die vertrauliche Anrede für den Soldaten gegenüber dem König möglich und Friedrich verstand nicht nur das Französisch der Eliten, er sprach auch das Plattdeutsch des gemeinen Mannes. Der Mythos der Unmittelbarkeit im Verhältnis von König und Untertan hatte politische Langzeitfolgen.

Es war ein langsamer, über mehr als ein Jahrhundert andauernder Prozess, in dem sich das Bewusstsein, preußischer Untertan zu sein, über ältere Orientierungen legte. Die Regierungsjahrzehnte Friedrichs des Großen markieren eine wichtige Phase auf dem Weg zum preußischen Untertanen.

Wolfgang Neugebauer

LITERATUR

Otto Hintze: Zur Agrarpolitik Friedrichs des Großen, in: Forschungen zur Brandenburgischen und Preußischen Geschichte (1898), Bd. 10, S. 275–309

Wolfgang Neugebauer: Die Leibeigenschaft in der Mark Brandenburg, in: Brandenburgische Landesgeschichte und Archivwissenschaft. Festschrift für Lieselott Enders zum 70. Geburtstag, hg. von Friedrich Beck und Klaus Neitmann, Weimar 1997, S. 225–241 (und die Bibliografie Lieselott Enders: S. 471–476)

William W. Hagen: Ordinary Prussians, Cambridge 2002

Jan Klußmann (Hg.): Leibeigenschaft. Bäuerliche Unfreiheit in der frühen Neuzeit, Köln/Weimar/Wien 2003

Wolfgang Neugebauer: Zur Geschichte der preußischen Untertanen – besonders im 18. Jahrhundert, in: Forschungen zur Brandenburgischen und Preußischen Geschichte (2003), Neue Folge 13, S. 141–161

Wolfgang Neugebauer: Friedrich der Große in der Sicht von Untertanen und Geschichtsschreibern, in: Jahrbuch für die Geschichte Mittel- und Ostdeutschlands (2010), Bd. 56, S. 135–156

VATER

1 Œuvres de Frédéric le Grand, 30 Bde., ergänzt um eine »Table chronologique générale des ouvrages de Frédéric le Grand et Catalogue raisonné des écrits, qui lui sont attribués«, Berlin 1846–1857, Bd. 18, S. 181 und Bd. 19, S. 202.

2 Friedrich der Große, hg. von Otto Bardong, Darmstadt 1982 (=Ausgewählte Quellen zur deutschen Geschichte der Neuzeit, 22), S. 41.

3 Friedrich an Camas, 10. Januar 1739, in: Briefe Friedrichs des Großen an seine Freunde, hg. von Meta Baetke, Jena 1942, S. 77.

4 Reinhold Koser: Geschichte Friedrichs des Großen, Bd. 1, 6. u. 7. Aufl., Stuttgart, Berlin 1913, S. 17f.; Werner Hegemann: Das Jugendbuch vom Großen König oder Kronprinz Friedrichs Kampf um die Freiheit, Hellerau 1930, S. 171.

5 Œuvres (wie Anm. 1), Bd. 1, S. 125–175; Die Werke Friedrichs des Großen. In deutscher Übersetzung, 10 Bde., hg. von Gustav Berthold Volz, Berlin 1913, Bd. 1, S. 120–163.

6 Œuvres (wie Anm. 1), Bd. 27, 3, S. XI.

7 Beispielhaft bei Willy Norbert: Friedrichs des Großen Rheinsberger Jahre, Berlin 1911, S. 13f.

Das Verhältnis von Vater und Sohn war niemals gut. Zu unterschiedlich waren ihre Temperamente. Friedrichs Welt war eine vollkommen andere als die Friedrich Wilhelms I. und damit konnte der Vater nicht umgehen. Er gab sich alle Mühe, den Willen seines Sohnes zu brechen, dessen Träume zu zerstören und aus ihm ein vom Vater abhängiges, geistig beschränktes, untertäniges Geschöpf zu machen. Er behandelte ihn schlechter als seine Hofnarren oder »lustigen Räte«, wie er sie nannte: den armen Gundling, Faßmann, Poellnitz oder Morgenstern, die von Friedrich Wilhelm I. malträtiert und gedemütigt wurden. Friedrich Wilhelm hat Friedrich beschimpft und geschlagen, ihn, wann immer er konnte, unter psychischen Druck gesetzt, ihn erniedrigt, auch entwürdigt, kurz: ihm am Leben sämtliche Freude vergällt. Nie jedoch hat der Vater den Sohn gelobt, bestenfalls und nur durch unterwürfige Verrenkungen konnte er dessen Gnade erwerben. Friedrich Wilhelm I. hat von seinem ältesten Sohn Liebe und Gehorsam verlangt, als Herrscher und Vater auch rabiat eingefordert. Im Gegenzug aber hat Friedrich Wilhelm nicht ein einziges Mal vermocht, Friedrich Zuneigung zu zeigen. Die auf uns gekommenen Quellen, vor allem die noch heute erhaltenen Briefe der beiden, bezeugen das alles.

Friedrich hatte seit frühen Zeiten wöchentlich, ja oft mehrmals in der Woche an seinen Vater geschrieben, zumeist allerdings auf äußere Veranlassung – und, wenn man seine übrigen Schreiben anschaut, offenbar mit fremder Hilfe. »Die ganz unterthänige Form der Briefe, ohne alles innere Leben«, bemerkte zu Recht Johann David Erdmann Preuß, Friedrichs erster großer Biograf und der Herausgeber seiner Œuvres, »ist der schlagendste historische Beweis, wie entfernt Sohn und Vater im Herzen immer von einander geblieben sind.« Seine Kindheit sei »die Schule der Widerwärtigkeiten« gewesen, schrieb Friedrich dann auch 1760 an die Herzogin von Gotha und an den Marquis d'Argens im selben Jahr: »Meine Jugend habe ich meinem Vater geopfert«.[1] Zuvor, noch zu Lebzeiten Friedrich Wilhelms I., hatte er gegenüber dem Minister v. Grumbkow geäußert, Küstrin 19. März 1732: »Ich bin mein ganzes Leben unglücklich gewesen, und ich glaube, es ist mein Schicksal, unglücklich zu bleiben.«[2] Ein Jahr vor Friedrich Wilhelms Tod schrieb Friedrich an einen fast väterlichen Vertrauten, Paul-Heinrich von Camas: »Ich darf niemals damit rechnen, in Frieden mit einem Vater zu leben, der leicht aufzubringen und ruchlosen Einflüsterungen gegen mich durchaus zugänglich ist. Ich muß ihn fortan als meinen ärgsten Feind ansehen, der mich unaufhörlich umlauern läßt, um den Augenblick zu erhaschen, in dem er den tödlichen Schlag gegen mich führen kann.«[3] Friedrich, das erweist das Studium der verfügbaren Äußerungen, hat seinen Vater nicht geliebt, er hat ihn gehasst, sogar »aus tiefster Seele«, wie Friedrich Rudolf von Rothenburg, ein Getreuer Friedrichs, überliefert.[4]

Man muss das so drastisch sagen. Denn um den Charakter Friedrich Wilhelms zu retten, führte und führt man sogleich die Biografie des Vaters an, die der Sohn in den *Denkwürdigkeiten zur Geschichte des Hauses Brandenburg* gegeben hat.[5] »Der humane Leser«, schrieb schon Preuß 1856, ganz um Relativierung und Abschwächung des familiären Konflikts bemüht, findet darin »die erhebendste historische Anerkennung der bedeutenden Regierungstugenden des [...] mehr gefürchteten als geliebten Fürsten, dessen weise Reglements in der vaterländischen Armee-, Oekonomie- und Finanz-Verwaltung noch jetzt Früchte tragen, ohne welche Preussen, wie das der größere Sohn auch immer hervorgehoben hat, niemals das geworden wäre, was es ist.«[6] Später einigte man sich innerhalb der Historikerzunft auf die Aussage: »Die harte Schule des Lebens, die der junge Prinz durchmachen mußte, hat ihn für das Leben und seinen hohen Beruf erzogen und gefestigt, und in reifen Jahren erkannte er ihren Segen und erinnerte sich dankbar des oft mehr als gestrengen Vaters.«[7] Friedrich, lautet das Fazit, habe schließlich doch Verständnis für die Behandlung durch seinen Vater aufgebracht, sich dessen Willen am Ende einsichtsvoll gebeugt, auch dessen rohe und rücksichtslose Aufführung für einen höheren Zweck, nämlich den des preußischen Staates, anerkannt und wertgehalten.

Dem war nicht so. »Der Kronprinz, ohnerachtet er nur ein Herr von 14 Jahren, muß sich eben diese Lebensart gefallen lassen.« Das meldete Graf Seckendorff, Habsburgs Vertreter am Berliner Hof, 1726 nach Wien dem Prinzen Eugen. Und Seckendorff war ein scharfer und schlauer Beobachter. Weiter: »Die Absicht des Königs geht dahin, daß er nach seiner ihm beiwohnenden Inclination« – seiner Neigung – »den Soldatenstand allen übrigen Wissenschaften vorziehe, die Sparsamkeit und Genügsamkeit bei Zeiten kennen lerne und in keine Commodité oder Plaisir, als was er, der König, selbst nur erachtet, sich verlieben sollte. Man merkt aber gar augenscheinlich, daß diese Art zu leben wider des Kronprinzen In-

Carlo Francesco Rusca, König Friedrich Wilhelm I., 1737.

clination und folglich just einen contrairen Effect mit der Zeit haben wird, maßen des Kronprinzen Humeur ohnedem mehr auf Generosität, Propreté, Gemächlichkeit und Magnificence gerichtet.«[8]

Friedrich aber wollte sich vom Vater nicht unterdrücken lassen und unternahm deshalb einen Fluchtversuch. Dieser brachte ihm den erhofften Abstand. Im Gefängnis in Küstrin hatte er von Friedrich Wilhelm keine physische Gewalt mehr zu leiden; psychische aber wohl. Gegen seinen Willen zwang ihn der Vater zur Heirat. Um diesem Gefängnis und den gefühlten wie wirklichen Schikanen zu entkommen, willigte der Kronprinz schließlich, nachdem er sich vergeblich auf alle erdenkliche Art gesträubt hatte, in die verordnete Vermählung ein, weil sie ihm Freiheit versprach.

Denn seine Eigenständigkeit und Selbstbestimmtheit gingen ihm über alles. In der Zeit seiner ersten Freiheit, 1734 am Rhein im Lager des Prinzen Eugen, während des Feldzugs gegen die Franzosen, hatte er deshalb den Tod des Vaters herbeigesehnt. Dies macht der Briefwechsel zwischen Friedrich und Wilhelmine ganz deutlich. »Die Nachrichten vom König sind sehr schlecht. Man prophezeit ihm kein langes Leben. Doch ich habe beschlossen, mich über alles was geschehen mag zu trösten; denn schließlich bin ich fest überzeugt, daß ich bei seinen Lebzeiten keine guten Tage haben werde, und ich glaube, ich finde hundert Gründe gegen einen, daß auch Du ihn rasch vergessen wirst; denn was Dich an ihm rühret, meine Liebe, ist, daß Du ihn lange nicht gesehen hast«, schrieb er an Wilhelmine am 9. September 1734.[9] Die Worte, die Friedrich nach dem Tod des Vaters dann sagte, »er starb [...] mit dem Heroismus eines großen Mannes und hinterließ uns allen den aufrichtigen Schmerz über seinen Verlust«, stehen dem nicht entgegen.[10] Er musste so sprechen. Die Staatsräson gebot dies.

Jürgen Luh

8 Friedrich Förster: Friedrich Wilhelm I. König von Preussen, 3 Bde., Potsdam 1834–1835, Bd. 2: Urkundenbuch, S. 43.

9 Friedrich der Große und Wilhelmine von Baireuth, hg. u. eingeleitet von Gustav Berthold Volz, Bd. 1: Jugendbriefe 1728–1740, Leipzig 1924, S. 238.

10 Friedrich an Voltaire, 27. Juni 1740, in: Briefe Friedrichs des Großen. In deutscher Übersetzung, hg. von Max Hein, Deutsch v. Friedrich von Oppeln-Bronikowski und Eberhard König, 2 Bde., Berlin 1914, Bd. 1, S. 177 f.

Literatur

Ernest Lavisse: Friedrichs des Grossen Vater, Berlin o.J.

Voltaire

Am 8. August 1736 schrieb Friedrich aus Rheinsberg seinen ersten Brief an Voltaire, die unumstrittene Leitfigur der französischen Gelehrtenrepublik. Voltaire war es, der dem Kronprinzen Zutritt zu dieser französischsprachigen Republik verschaffen konnte. Ihm zu schmeicheln, fiel Friedrich nicht schwer. Schon früh bezeichnete er ihn als seinen Lehrer, ja als einen Lehrer der Fürsten überhaupt. Dafür titulierte Voltaire seinen neuen Eleven als einen Fürsten-Philosophen. Nichts anderes hatte Friedrich gewollt. Daran galt es weiterzuarbeiten.

Allein der Briefwechsel mit dem berühmtesten Universalgelehrten seiner Zeit, der abgesehen von wenigen Phasen der Unterbrechung bis zu Voltaires Tod im Jahr 1778 fortgeführt wurde, verschaffte Friedrich öffentliche Aufmerksamkeit und nobilitierte ihn. Der Kontakt war der Öffentlichkeit nicht verborgen geblieben und er sollte es auch nicht bleiben. Bereits fünf Monate nach der Aufnahme des Briefwechsels spekulierten Zeitungen in Holland über einen bevorstehenden Besuch Voltaires beim Kronprinzen in Rheinsberg.

Friedrich wollte sich als gebildeter, den Gelehrten nahestehender Thronfolger inszenieren, und dazu musste er mit ihnen in Kontakt treten. Denn diese Intellektuellen, allen voran Voltaire, erzielten mit ihren Schriften eine breite öffentliche Wirkung und waren deshalb hervorragende Multiplikatoren. Friedrich wollte wahrgenommen werden, deshalb musste er Voltaires Gunst gewinnen. Umgekehrt hatte Voltaire keine Zweifel daran, dass ihm, dem berühmtesten Gelehrten seiner Zeit, eine Einflussnahme auf die europäischen Herrscher zustand, die ihm in Frankreich verweigert wurde. Geschickt verstand es der Kronprinz, Voltaire diese Illusion zu erhalten. Er pries ihn als seinen Mentor, ließ sich über philosophische Systeme aufklären, schickte im regelmäßig seine poetischen Versuche zur Korrektur, bekannte sich zur religiösen Toleranz und klagte gemeinsam mit Voltaire über die christlichen Kirchen. Eine politische Einflussnahme jedoch verbat sich Friedrich zeitlebens. In diplomatischen Fragen setzte der Monarch kein Vertrauen in den Philosophen, nannte ihn wiederholt eine »Wetterfahne«, da er politisch nie eindeutig Position beziehe.[1]

Einfluss nahm Voltaire trotzdem: mit seinen Werken. Deren Zusendung, wenigstens der Manuskripte, verlangte Friedrich immer wieder hartnäckig. Vor allem die historiografischen Schriften des Franzosen, allen voran dessen Geschichte des Zeitalters Ludwigs XIV., interessierten ihn. Diesen französischen König hatte Voltaire als »le grand«, »den Großen«, gefeiert. Hier wollte Friedrich nachlesen, welche Kriterien er erfüllen muss, um als solcher in die Geschichtsbücher einzugehen. Seine Chancen standen nicht schlecht, so bezeichnet zu werden. Schon in den frühen Briefen hatte

1 Vgl. den Beitrag von Andreas Pečar: Wie wird man als König zum Philosophen? Überlegungen zur Autorschaft Friedrichs des Großen, in: Friederisiko – Friedrich der Große. Die Essays, hg. von der Generaldirektion der Stiftung Preußische Schlösser und Gärten Berlin-Brandenburg, München 2012.

Pierre Charles Baquoy nach Nicolas André Monsiaux, Friedrich II. von Preußen und Voltaire, um 1800.

Voltaire den Thronfolger zum »großen Prinzen« erhoben – und damit dessen Erwartungen erfüllt.

Friedrich gab den gelehrigen Schüler: Er hatte nach dem Tod des Vaters den Thron kaum bestiegen, da bemühte er sich um die glaubhafte Versicherung, auch als König Dichter und Philosoph zu bleiben. »Es gibt unendlich viel zu tun [...]. Aber trotz all dieser Arbeit bleibt mir noch immer Zeit genug, Ihre Werke zu bewundern und bei ihnen Belehrung und Erholung zu suchen«, schreibt der junge König am 6. Juni 1740 an Voltaire. Und am 12. Juni: »Wie Sie aus den beiliegenden Versen sehen, hat mich der Wechsel meines Schicksals nicht ganz von der Dichtkunst kuriert. [...] Ich liebe die Kunst eines Horaz und Voltaires zu sehr, um darauf zu verzichten [...].« Ganz in diesem Sinne unterrichtet er Voltaire am 27. Juni darüber, dass er die Akademie neu ordnen wolle und dafür bereits namhafte Wissenschaftler aus ganz Europa berufen habe, Künstler nach Preußen holen sowie Handel und Industrie fördern wolle. An erster Stelle aber nennt er die Verstärkung der Armee.[2] Ein Problem hatte Voltaire damit zunächst nicht, bis Friedrich im Ersten Schlesischen Krieg seinen Verbündeten Frankreich durch einen Separatfrieden mit Österreich düpierte.[3]

Die Geschichte seiner Kriege schrieb der Monarch lieber selbst nieder. Er tue dies wie einst Cäsar, und wie der Römer werde auch er von sich in der dritten Person sprechen, lässt Friedrich im Vorwort der »Geschichte meiner Zeit« den geneigten Leser wissen. Schon als Kronprinz hatte er die Rolle der Geschichtsschreiber gewürdigt, die den lebenden Fürsten belehren und über die toten Herrscher richten dürften, heißt es 1736 in einem Brief an Rollin, den Verfasser einer mehrbändigen Geschichte des römischen Altertums.[4] Da war es für Friedrich nur konsequent, seine Sicht der Dinge darzulegen. So bedachte er in den *Denkwürdigkeiten zur Geschichte des Hauses Brandenburg* seine Ahnen, abgesehen vom Großen Kurfürsten, mit wenig wohlwollenden Worten und in der *Geschichte meiner Zeit* sowie der *Geschichte des Siebenjährigen Krieges* ging er noch rigoroser mit seinen Standesgenossen ins Gericht. Urteilte die Nachwelt über eine Epoche, dann las sie deren Geschichte. Dies würden nachfolgende Generationen tun, wenn sie etwas über Friedrich und seine Zeit erfahren wollten. So schrieb Friedrich historiografische Werke, in denen er der Nachwelt soufflierte, wie er von ihr gesehen werden wollte. Auf diesem Feld akzeptierte Friedrich Voltaire nicht als Lehrer, vielleicht nicht einmal als Konkurrenten. Denn glaubwürdig sei nur der, der die von ihm beschriebenen Ereignisse auch selbst gesehen habe, stellt er der *Geschichte meiner Zeit* voran.[5]

Die Beziehung zwischen dem König und dem Philosophen war weniger eine innige Freundschaft, wie oft zu lesen ist, sondern ein Zweckbündnis zweier Männer die sich durch ihre jeweiligen gesellschaftlichen Stellungen gegenseitig nützlich sein konnten.

Voltaires Aufenthalt in Potsdam blieb eine kurze Episode: 1750 kam er dort an, erhielt jene Hofämter, die man ihm in Paris verweigert hatte, veröffentlichte 1751 sein epochales Kulturgeschichtswerk *Das Zeitalter Ludwigs XIV.*, an dem er seit den 1730er Jahren gearbeitet und dessen Manuskripte Friedrich schon als Kronprinz in den Händen gehalten hatte, verspottete 1752 Maupertuis, den Präsidenten der Berliner Akademie, und verließ 1753 Potsdam gekränkt und im Streit mit dem König.

Erst Ende der 1750er Jahre wurde ein langes Schweigen gebrochen. Noch immer bildeten die Kritik an Religion und Kirche eine thematische Basis, auf der sich der Kontakt wieder intensivieren ließ. Als Voltaire 1778 starb, widmete ihm Friedrich eine Gedächtnisrede, die vor der Berliner Akademie verlesen wurde: Sie gab einen Abriss des Werkes eines Universalgelehrten, Philosophen, Dichters, Historikers und Naturwissenschaftlers, verfolgt von fanatischen Theologen, bewundert vom Pariser Volk. Nicht der französische König, sondern Friedrich, so die Botschaft, würdigt als Aufklärer und Philosoph auf dem Thron die Verdienste Voltaires.

Ullrich Sachse

LITERATUR

Briefe Friedrichs des Großen. In deutscher Übersetzung, hg. von Max Hein, 2 Bde., Berlin 1914

Die Werke Friedrichs des Großen, hg. von Gustav Berthold Volz, 10 Bde., Berlin 1912–1914

Andreas Pečar: Wie wird man als König zum Philosophen? Überlegungen zur Autorschaft Friedrichs des Großen, in: Friederisiko – Friedrich der Große. Die Essays, hg. von der Generaldirektion der Stiftung Preußische Schlösser und Gärten Berlin-Brandenburg, München 2012

2 Briefe Friedrichs des Großen. In deutscher Übersetzung, hrsg. von Max Hein, Deutsch v. Friedrich von Oppeln-Bronikowski und Eberhard König, 2 Bde., Berlin 1914, Bd. 1, S. 174 f. 178.

3 Ebd.

4 Ebd., S. 146.

5 Geschichte meiner Zeit, in: Die Werke Friedrichs des Großen. In deutscher Übersetzung, hg. von Gustav Berthold Volz, 10 Bde., Berlin 1912, Bd. 2, S. 12.

Wilhelmine

Friederike Sophie Wilhelmine wurde am 3. Juli 1709 im Berliner Schloss geboren. Als Erwachsene unterschrieb sie im privaten Schriftverkehr meistens nur mit »Wilhelmine«, und unter diesem Namen ist sie in die Geschichte eingegangen.

Ab 1717 genoss Wilhelmine eine sorgfältige Erziehung bei dem Philologen Maturin Veyssière de la Croze, der die Stärken und Interessen seiner Schülerin erkannte und förderte. Wie ihr Bruder Friedrich und die jüngste Schwester Amalie war auch Wilhelmine sehr musikalisch. Ihre Jugend in Berlin hat sie in ihren Memoiren allerdings in grellen negativen Farben gezeichnet. Sie stellt sich als Opfer der Launen ihrer Mutter und ihres Vaters, als verkannt und missgünstig behandelt dar.

Ab etwa 1720 verfolgte Königin Sophie Dorothea mit allen Mitteln ihr Projekt einer »englischen Doppelhochzeit« für die beiden Kinder Wilhelmine und Friedrich. Die daraus entstehenden Streitigkeiten überschatteten zehn Jahre lang die Jugend der beiden. Wilhelmine sollte den ältesten Sohn des Thronfolgers heiraten, würde also einmal Königin werden. Bei der jugendlichen Prinzessin wirkten sich diese Jahre fatal aus. Ihr wurde von der Mutter und deren Umgebung eine glänzende Zukunft als Königin von England ausgemalt. Für diese Position, eine der hochrangigsten in ganz Europa, sei sie bestimmt. Wilhelmine stellte sich voll und ganz auf die Seite ihrer Mutter und beeinflusste auch ihren jüngeren Bruder Friedrich in deren Sinne. Umso mehr hatte sie in der Folge unter dem Zorn des Vaters zu leiden und umso tiefer empfand sie ihren Fall, als schließlich der ganze Traum von der englischen Heirat platzte. Wilhelmine und Friedrich schlossen sich in dieser Zeit eng zusammen. Wilhelmines größere Distanz zu den nach Friedrich geborenen Geschwistern war schon allein durch den Altersunterschied bedingt. Von ihrem Vater als Mitwisserin bei dem Fluchtplan ihres Bruders Friedrich betrachtet, wurde Wilhelmine zeitweise im Berliner Schloss unter Hausarrest gestellt. Anschließend erzwang Friedrich Wilhelm I. ihre Heirat mit dem Bayreuther Erbprinzen Friedrich, wobei er ihr zwei alternative Bewerber vorschlug, die sie aber ablehnte. Prinz Friedrich, der gerade seine Studienjahre in Genf beendet und Wilhelmine noch nie gesehen hatte, reiste im Sommer 1731 zur Verlobung am 3. Juli und Hochzeit am 20. November nach Berlin.

Wilhelmines erste Jahre in Bayreuth gestalteten sich schwierig. Sie war enttäuscht von dem kleinen bescheidenen Hof, litt unter ihrem gesellschaftlichen Abstieg von der Königstochter zur Markgräfin eines Duodezfürstentums und gab ihrer neuen Umgebung allzu deutlich zu verstehen, dass sie sich zu Höherem berufen gefühlt hatte. Auf der anderen Seite war ihr Bayreuther Schwiegervater Georg Friedrich Carl unzufrieden über die Mitgift, die er sich großzügiger gewünscht hatte. Insbesondere gelang es Wilhelmine nicht, ihre Aufgabe zur Fortführung der Dynastie zu erfüllen – ihr einziges Kind war die 1732 geborene und 1748 mit dem Herzog Carl Eugen von Württemberg verheiratete Prinzessin Elisabeth Friederike Sophie.

1735 starb Markgraf Georg Friedrich Carl und Wilhelmines Ehemann trat die Regierung an. Er besaß Bildung und Kultur, war ein echter Vertreter der Aufklärung und trotz seines leichtfertigen Umgangs mit der schlechten finanziellen Lage seines Fürstentums scheint er bei seinen Landeskindern beliebt gewesen zu sein. Er galt als charmant und frei von Standesdünkeln, er fand Kontakt zu den unterschiedlichsten Schichten – ganz im Gegensatz zu Wilhelmine, die sich ausschließlich in Hofkreisen bewegte und größten Wert auf Distanz zu ihren Untertanen legte. Markgraf Friedrich (1711–1763) unterstützte die künstlerischen Neigungen seiner Gemahlin Wilhelmine finanziell und ideell. Überschattet wurde die Ehe von Markgraf Friedrichs langjähriger Liebesbeziehung zu einer Hofdame, die mit Wilhelmine aus Berlin gekommen war.

Wilhelmine erwartete, dass das Vertrauensverhältnis zu ihrem Bruder Friedrich auch nach ihrer Heirat unverändert bestehen werde und wurde enttäuscht. Auf der anderen Seite konnte sie ihrerseits nicht dessen Hoffnung erfüllen und den kaisertreuen Bayreuther Hof im Sinne Preußens beeinflussen. Doch gibt es trotz zeitweiliger Entfremdung und Verärgerung immer wieder mündliche und schriftliche Beteuerungen enger Verbundenheit zwischen den Geschwistern. Oft erscheint Friedrich im Briefwechsel als der Realist und Skeptiker. Wenn Wilhelmine begeistert von etwas berichtet, antwortet er gern mit ironischen Bemerkungen und versucht, sie mit den Argumenten der kühlen Vernunft auf den Boden der Realität zurückzuholen.

Neben ihrem Briefwechsel sind die Memoiren eine zweite wichtige Quelle zu Wilhelmines Leben. Sie berichtet, dass sie das Manuskript 1744 in der Eremitage niedergeschrieben habe. Diese Memoiren, die sie – ebenso wie ihre Briefe – in

Antoine Pesne, Friedrich der Große als Kronprinz und seine Schwester Wilhelmine, 1714.

Französisch verfasst hat, enden abrupt mit dem Sommer 1742. Wilhelmine neigt darin dazu, ihre eigene Rolle als Opfer fremder Willkür und Bosheit sehr zu betonen. Der aufmerksame heutige Leser kann in ihren Memoiren schnell feststellen, dass viele ihrer Erkrankungen und »Unpässlichkeiten« eine Flucht sind und dass Wilhelmine unter psychosomatischen Störungen litt. Ihr Stil als Autorin ist von scharfem, oftmals sarkastischem Witz. Nur ganz wenige Menschen werden von ihr als uneingeschränkt positive Charaktere gezeichnet, so ihre Hofmeisterin Dorothea Henriette Louise von Wittenhorst-Sonsfeld. Auch ihr Ehemann wird als liebenswürdig dargestellt, doch ein tiefes Vertrauensverhältnis zwischen den beiden hat es nicht gegeben.

Die Epoche des Markgrafenpaares Friedrich und Wilhelmine war die kulturelle Blütezeit der kleinen Residenz Bayreuth und ihres Umlandes. Die Eremitage, eine einfache Anlage mit einem bescheidenen Schlösschen aus der Zeit um 1715/1720, wurde zu einem Sommersitz umgestaltet, der

Antoine Pesne, Markgräfin Wilhelmine von Brandenburg-Bayreuth in Pilgertracht, um 1750.

einzigartig in der deutschen Gartenkunst seiner Zeit war. Es entstanden ab 1744 der Felsengarten Sanspareil und ab 1753 in der Residenzstadt das Neue Schloss. 1748 wurde das Bayreuther Opernhaus eröffnet, das einzige erhaltene Werk des großen Theaterarchitekten Giuseppe Galli-Bibiena und seines Sohnes Carlo. Die Gründung einer Universität in Bayreuth im Jahr 1742 scheint maßgeblich von Wilhelmine und ihrem Leibarzt und Berater Daniel de Superville beeinflusst worden zu sein. Diese Hochschule wurde schon 1743 nach Erlangen verlegt und besteht bis heute. Das 1686 als Zufluchtsstätte für französische Hugenotten gegründete Erlangen war eine »moderne« Stadt, wie sie Wilhelmine besonders gefiel. Besonders lagen der Markgräfin das Theater und die Musik am Herzen. Sie spielte mehrere Instrumente, schrieb Opernlibretti und komponierte selbst.

Gegen Ende ihres Lebens erfüllte sich ihr Traum von einer Reise nach Italien. Nun sah sie die antiken Stätten, über die sie so viel gelesen hatte. Die Route der Reisegruppe führte von Oktober 1754 bis August 1755 über Südfrankreich, Florenz und Rom bis Neapel. Auf dem Rückweg besuchte man Bologna, Padua und Venedig. In ihren letzten Monaten litt Wilhelmine an Ödemen und Wassersucht, konnte kaum mehr laufen und starb am 14. Oktober 1758 im Alter von 49 Jahren in Bayreuth. Stets hatte sie sich vor allem als Prinzessin von Preußen empfunden und verhalten und nur in zweiter Linie als Bayreuther Markgräfin.

Nach dem Tod des Markgrafen Friedrich im Jahr 1763 begann ein Exodus der Künstler aus Bayreuth. Manche von ihnen wurden von Friedrich dem Großen übernommen, so die Architekten Gontard und Unger, der Stuckateur Pedrozzi, die Bildhauer Johann David Räntz und Lorenz Wilhelm Räntz, die Möbelschreiner Spindler. Auf diese Weise lebte die Bayreuther Hofkunst in Berlin und Potsdam fort.

Sylvia Habermann

Literatur

Gustav Berthold Volz (Hg.): Friedrich der Große und Wilhelmine von Bayreuth. Jugendbriefe und Briefe der Königszeit, 2 Bde., Berlin, Leipzig 1924–1926

Heinrich Thiel: Wilhelmine von Bayreuth, München 1967, Nachdruck Bayreuth 1981

Lorenz Seelig: Friedrich und Wilhelmine von Bayreuth. Die Kunst am Bayreuther Hof 1732–1763, München/Zürich 1982

Peter O. Krückmann (Hg.): Paradies des Rokoko – Das Bayreuth der Markgräfin Wilhelmine, Ausst.-Kat., München/New York 1998

Uwe A. Oster: Wilhelmine von Bayreuth. Das Leben der Schwester Friedrichs des Großen, München 2005

Friederike Sophie Wilhelmine, Memoiren. Deutsche Übersetzung von Günter Berger, Bayreuth 2007

WINDSPIELE

Friedrich II. hatte bereits die 30 überschritten, als er »auf den Hund kam«. Von da an bis zu seinem Lebensende waren die zierlichen italienischen Windhunde Friedrichs ständige Begleiter. Im hohen Alter ersetzten sie ihm mehr und mehr die menschliche Gesellschaft. So war die Hündin Superbe neben einem seiner Kammerhusaren und Kammerlakaien das einzige Lebewesen, das in Friedrichs Todesstunde zugegen sein durfte. Superbe galt angeblich auch Friedrichs letzte Sorge. Man solle sie zudecken, damit sie nicht friere habe der Sterbende noch kurz vor seinem Ende gesagt. Bei seinen Hunden begraben zu liegen, hatte Friedrich bereits 1752 testamentarisch verfügt. Doch anstatt im Kreise seiner Windspiele Alkmene, Thisbe, Diana, Phillis, Biche, Pax, Superbe, Hasenfuß und Amourette auf der Terrasse von Sanssouci die letzte Ruhe zu finden, wurde der Sarg Friedrich II. zunächst in die Garnisonkirche verbracht.

Friedrich hielt sich bereits in Rheinsberg Windspiele, aber erst zu der Hündin Biche, ein Geschenk seines Vertrauten Friedrich Rudolf Graf von Rothenburg, entwickelte er eine starke Zuneigung. Ursache hierfür war eine heikle Situation während des Schlesischen Krieges, in die Herrchen und Hund gerieten. Bei einem Erkundungsritt soll Friedrich von einem Trupp Panduren des österreichischen Heeres überrascht worden sein und konnte sich gerade noch ungesehen unter einer Brücke verbergen. Bei ihm war Biche, die, anstatt beim Geräusch der herannahenden Pferde zu bellen und ihren Herrn damit zu verraten, sich ganz still an ihn geschmiegt habe. Der dramatischen Ereignisse nicht genug: Kurz darauf wurde Biche vom ungarischen General Radasdy aus dem Feldlager entführt und Friedrich wähnte sie schon tot. Als die Hündin auf wiederholte Bitten zurückgegeben wurde, rührte die Wiedersehensfreude den König zu Tränen.

In Briefen an seine Geschwister schlüpfte Friedrich sogar in die Rolle Biches. Auf ein Schreiben seiner Schwester Wilhelmine, das sie im Namen ihres Zwergspaniels Folichon verfasst hatte, antwortete Friedrich: »Die große Liebe meines Herrn für Deine Herrin bestimmt mich, einen einzigen Hund zum Liebhaber zu nehmen. Ja, Folichon, ich nehme nicht allein Deine Geschenke, sondern auch Deine anmutige Pfote an, und ich schenke Dir um so lieber mein Herz, als ich stets der Meinung war, daß ein philosophischer Köter am besten zu mir paßt.«[1] Seinem Bruder August Wilhelm trug Friedrich in Biches Namen die Patenschaft für ihre Welpen an und lies hierzu sogar einen mit Turteltauben verzierten Gevatterbrief drucken. Bei soviel Empathie wundert es nicht, dass der Hofmaler Antoine Pesne von Friedrich den Auftrag erhielt, die Lieblingshündin in einem Porträt zu verewigen. Pesne setzte sie 1747 im Bad der Diana prominent in Szene. Biche lehnt mit den Vorderpfoten auf dem Schenkel der in

1 Zit. nach von Preußen 2006, S. 64.

der Bildmitte thronenden Jagdgöttin und blickt sie erwartungsvoll an. Noch heute kann das Werk im Konzertzimmer von Sanssouci bewundert werden.

Auch Biches Nachfolgerin, Alkmene, war Gegenstand privater Korrespondenz. In einem Brief an Fredersdorff erinnerte Friedrich an das Schicksal seiner Hündinnen als Mahnung, die Gesundheit als höchstes Gut zu achten und daher Quacksalbereien am eigenen Körper sein zu lassen: »die arme bische [Biche] mus schon toht bleiben, weil sie 10 Docters hin-curiret haben, mene [Alkmene] Sol nichts innehmen, als wie petit lät [Molke], und Kein hunde-Docter sol sie nicht angreifen!«[2] An seinen Hunden bewunderte Friedrich ihre Feinfühligkeit und liebte ihre muntere, verspielte Art. Der junge Carel, vermutlich sein späterer Leibpage Carl Friedrich von Pirch, tollte gern mit Alkmene herum und war auch sonst mit ihr wesensverwandt, weswegen Friedrich den Kosenamen der Hündin, Mene, auf Carel übertrug. Wie sehr beide Menes ihn erheiterten, gestand Friedrich wiederum Fredersdorff: »Carel hat Schwesternschaft mit die mene gemacht, er heißet die »Weiße mene« jetzunder ist er Himlisch artig! [...] Die Schwartze mene lässet Dihr grüßen. und die Weiße leichtfertige bestie überbringet Dihr dieses.«[3]

Seine Anstellung als Vorleser im Jahr 1780 verdankte der italienische Graf Lucchesini nach eigenem Bekunden wiederum Alkmene, die zu seiner Begrüßung freudig an ihm hochsprang. Verständlich, dass im Laufe der Zeit eine verwirrende Zahl Windspiele Sanssouci bevölkerten und nur Friedrich sie mit Namen auseinanderhalten konnte. Alkmene war bereits 1763 gestorben, sodass wohl eher die neue Favoritin Thisbe die Einstellung des Grafen in beide Pfoten genommen hatte. Überhaupt kursieren die Hundeanekdoten in mannigfaltigen Variationen und scheinen zuweilen in legendenhafte Übertreibungen abzugleiten.

Antoine Pesne, Diana im Bade, 1747.

Wissenschaftlich gesichert hingegen ist die Tierliebe Friedrichs II. Von ihr legt bis heute sein letztes Reitpferd Condé – vielmehr dessen Skelett – Zeugnis ab. Dabei besaß Friedrich viele Leibreitpferde. Wurden sie anfänglich noch nach Charakter und Aussehen Sternrappe, Fuchs oder Brillant genannt, erhielten sie später die Namen kleiner und größerer Staatsmänner, wie Bute und Caesar, oder der Lieblingsfeinde, wie Brühl, dem sächsischen Premierminister. Sein letztes Lieblingsross wurde nach dem Prinzen Louis Henri de Bourbon-Condé benannt. Der Wallach gelangte 1777 elfjährig in Friedrichs Besitz. Zeitgenossen beschrieben ihn als außerordentlich umgänglich und ausgeglichen. Von gelegentlichen Spazierritten und der alljährlichen Potsdamer Herbstparade abgesehen, durfte sich das Pferd im Park Sanssouci, angetan mit einem silberbestickten, blausamtenen Reiterzeug, frei bewegen. Selbst wenige Wochen vor seinem Tod unternahm der schon stark geschwächte König einen letzten vergeblichen Ausreitversuch auf Condé. Das Pferd verbrachte seinen Lebensabend auf den saftigen Wiesen der Königlichen Tierarzneischule in Berlin, wo es 1804 starb. Sein Skelett dient seitdem angehenden Veterinärmedizinern als Studienobjekt. Knochenbau und vor allem der Gebisszustand verraten Condés biblisches Lebensalter von 38 Jahren nicht. Das Pferd wurde demnach behutsam geritten und bekam vorwiegend weiches Futter, das seine Zähne nicht stark abrieb, wie etwa Melonen und Feigen aus den Gewächshäusern Sanssoucis, von königlicher Hand überreicht.

Die Fürsorge, die er seinen Windspielen angedeihen ließ, wäre demnach keiner Marotte eines schrulligen, vereinsamten Mannes, sondern Friedrichs Respekt vor der Kreatur entsprungen. Wie gerade die Namensgebung verrät, war die Liebe zu Pferd oder Hund stets verbunden mit der Wertschätzung eines anderen Menschen, sei es Freund oder Feind.

Silke Kamp

Literatur

Johannes Richter (Hg.): Die Briefe Friedrichs des Großen an seinen vormaligen Kammerdiener Fredersdorf, Berlin 1926

Klaus-Dieter Budras und Rolf Berg: Einmal quer durch den runden Salon von Sanssouci. Condé – das letzte Leibreitpferd Friedrich II. von Preußen als Zeitzeuge der Geschichte Preußens und der Veterinärmedizin in Berlin, in: Reiten und Zucht in Brandenburg (1998), Heft 1, S. 20–22

Sibylle Prinzessin von Preußen/Friedrich Wilhelm Prinz von Preußen: Die Liebe des Königs. Friedrich der Große, seine Windspiele und andere Passionen, München 2006

2 Richter 1926, S. 213.

3 Zit. nach von Preußen 2006, S. 97.

Zernikow

Am 26. Juni 1740, also kurze Zeit nach seinem Regierungsantritt, verfügte Friedrich II., »daß Wir in Erwägung deren unermüdeten, fleißigen, allerunterthänigsten und getreuen Dienste, welche Michael Gabriel Fredersdorff, Unser erster Cammerdiener, bishero zu Unsern allergnädigsten Wohlgefallen geleistet, und noch ferner zu leisten im Stande ist, demselben in königlichen Gnaden das von Uns als Cronprinz erkaufte, im Ruppinschen belegene Ritter Guth Zernickow mit allen Gnaden und Gerechtigkeiten [...] geschenket und dergestalt unwiderruflich zugeeignet haben«. Auch das Besitzrecht der Erben und Erbnehmer beiderlei Geschlechts ist in der Schenkungsurkunde verankert.[1]

Michael Gabriel Fredersdorff (1708–1758) war dem Kronprinzen Friedrich bei einem Aufenthalt in Frankfurt/Oder als ausgezeichneter Flötenspieler aufgefallen und seit der Zeit zunächst als Lakai, dann als Kammerdiener in dessen Diensten. Das Flötenspiel hatte er in seiner Geburtsstadt Gartz an der Oder bei seinem Vater, dem Kunstpfeifer und Stadtmusikus Joachim Fredersdorff, erlernt. Es war jedoch nicht nur das Musizieren, das Friedrich an ihm schätzte. Fredersdorff verstand es, alle Aufgaben zur Zufriedenheit seines Herrn zu erfüllen und war sorgfältig und verschwiegen. Fast ein Jahrzehnt hatte sich Friedrich schon von seiner Treue und Zuverlässigkeit überzeugen können, und so beförderte er ihn auch gleichzeitig vom Ersten Kammerdiener zum Geheimen Kämmerer und Verwalter der königlichen Schatulle.

Das war sicher nicht die Position, in der man auch noch ein Gut bewirtschaften konnte, zumal es sich in keinem guten Zustand befand. Der Kronprinz hatte das Gut an fünf Nachkommen Schweizer Einwanderer verpachtet, war aber mit deren Wirtschaft recht unzufrieden gewesen. Fredersdorff hatte nun den Ehrgeiz, auch mit eifrigem Wirken in Zernikow seinem König zu gefallen. Da er wusste, wie viel Friedrich an der Beförderung des Seidenbaus gelegen war, ließ er eine Maulbeerplantage von mehr als 8000 Bäumen anlegen und ein Seidenbauhaus errichten. Darin wurden die Seidenraupen gefüttert, aus den Kokons Seide gehaspelt, und schon 1748 soll Fredersdorff daraus einen Gewinn von 30 Talern erzielt haben. Da er guten Lehm auf seinem Gelände fand, errichtete er eine Ziegelei und ließ 1747 mit den selbst gebrannten Steinen ein ansehnliches Gutshaus erbauen, wobei ihm der Lehrer Knobelsdorffs, Oberbaurat Christian Friedrich Feldmann, zur Seite stand. Es folgten ein Dörr- und Brauhaus und später ein Wohnhaus für seinen Verwalter.

Allerdings war es mit Fredersdorffs Gesundheit nicht zum Besten bestellt. Schon 1745 im Zweiten Schlesischen Krieg konnte er deshalb den König nicht begleiten. Friedrich erteilte ihm aus dem Feldlager eine Reihe von Aufträgen und

1 BLHA, Rep. 37, Herrschaft Bärwalde-Wiepersdorf, Nr. 2086.

schloss mit den Worten »gott bewahre Dihr Brauche braf [Arznei], nim Dihr in acht und werde gesundt «[2] Immer wieder wurde Fredersdorff von Anfällen geplagt und Friedrich machte sich ernsthafte Sorgen. Während der König mit seinen Untergebenen oft ruppig und spöttisch umging, war seine Haltung zu Fredersdorff äußerst fürsorglich, ja sogar liebevoll. So schreibt er seinem Kämmerer im Januar 1752: »wenn ein Mitel in der welt währe, Dihr in zwei minuten zu helffen, so wollte ich es Kaufen; es Mögte auch So theuer seindt, wie es immer Wollte. Allein nun, lieber fredersdorf, du hast 30 Doctors probiret! Sie haben Dihr ehr verschlimmert, als Deinen tzustandt verbessert«, und er bittet ihn, doch ja nur seinem Leibarzt Cothenius zu folgen.[3]

Tatsächlich besserte sich Fredersdorffs Zustand etwas, ja er dachte sogar ans Heiraten. Im Oktober 1752 verlobte er sich mit Caroline Marie Elisabeth Daum, Tochter und reiche Erbin des 1743 verstorbenen Bankiers Gottfried Adolf Daum. Nun ist überliefert, dass es Friedrich gar nicht gefiel, wenn seine engsten Untergebenen heirateten, und daher wollte er – vielleicht mit einem Augenzwinkern – in diesem Falle seine Zustimmung erst nach der vollständigen Genesung seines Kämmerers geben. Mit dessen Krankheit ging es hingegen auf und ab. Als aber ein Jahr verstrichen und keine Aussicht auf eine Heiratserlaubnis in Sicht war, wurde Fredersdorff immer kränker. Erst als der Feldprobst Decker nach einer Beichte am Krankenlager Fredersdorffs den König wissen ließ, daß es seinem Kämmerer zur großen Beruhigung in der Todesstunde dienen würde, wenn er sich mit der Mademoiselle Daum trauen lassen dürfe,[4] schrieb Friedrich seinem Kämmerer: »lasse Dihr lieber heüte wie Morgen Trauen, wann Das zu Deiner flege helfen kan«.[5] Das half tatsächlich besser als jede Medizin, und so wurden die beiden am 20. Dezember 1753 getraut, wie Caroline berichtete, und »es lebte indessen mein lieber Mann zwar auf einem beständigen Krankenbette noch bis 1758«.[6]

Antoine Pesne (Werkstatt), Michael Gabriel Fredersdorff, 1740.

Da es Fredersdorff auch nach seiner Eheschließung nicht an Diensteifer fehlen ließ, konnte der König zufrieden sein, ermahnte ihn aber immer wieder, Diät zu halten, seine Medizin brav zu nehmen und bei schlechtem Wetter nicht auszugehen. Um ihn zu trösten, berichtete ihm Friedrich auch von seinen eigenen Unpässlichkeiten. Trotz aller Wertschätzung, in den Adelsstand erhob er seinen Kämmerer nicht. Schweren Herzens gab er ihm 1757 den Abschied. Fredersdorff starb am 12. Januar 1758 in Potsdam.

Zernikow hinterließ er in ansehnlichem Zustand. Die Siedlungspolitik des Königs weitgehend ausnutzend, hatte er seinen Besitz erheblich vergrößert. Für eines seiner Geschäfte

2 Johannes Richter: Die Briefe Friedrichs des Großen an seinen vormaligen Kammerdiener Fredersdorf, Berlin 1926, S. 56.

3 Richter 1926, S. 184.

4 Vgl. Heinrich Ludewig Manger: Baugeschichte von Potsdam besonders unter der Regierung König Friedrichs des Zweiten, Berlin, Stettin 1789/90, S. 649.

5 Richter 1926, S. 240.

6 BLHA, Rep. 37 Herrschaft Bärwalde-Wiepersdorf, Nr. 1382, Bl. 3.

Gutshaus in Zernikow, um 1930.

ließ er sich vom Freiherrn von Trachenberg sogar adoptieren.[7] Durch Fredersdoff angesetzte Kolonisten erhielten nur etwas Gartenland, während er das Ackerland seinem Gut einverleibte. Immerhin waren zur Verschönerung von Zernikow neben den genannten Bauten auch Gärten und Alleen angelegt worden, die bis heute das Bild des Ortes prägen.

Dem Erhalt und der Pflege dieses Erbes fühlt sich der Verein »Initiative Zernikow e.V.« verpflichtet. So sorgte er mit Unterstützung von Stiftungen für die Wiederherstellung des Fredersdorff'schen Erbbegräbnisses, welches seine Witwe Caroline, später verehelichte Labes, im Jahre 1777 errichten ließ. Auch an der Restaurierung des Gutshauses ist der Verein beteiligt. Die von Fredersdorff angelegte Maulbeerallee zwischen Gutshof und der Mühle am Polzefließ, von der noch 21 Bäume aus seiner Zeit existieren, wurde mit neuen Setzlingen ergänzt. Dem Andenken an Friedrich II. und seinen Kämmerer Michael Gabriel Fredersdorff wurden und werden viele Veranstaltungen gewidmet, darunter auch ein jährliches Maulbeerfest, zu dem eine Schauanlage mit lebenden Seidenraupen, Filme und Vorträge über den Seidenbau damals und heute gezeigt werden.

Gisela Langfeldt

7 Emmi Wegfraß: Die Geschichte von Kiekemal, Berlin ca. 2003, S. 14.

LITERATUR

Clara von Arnim: Der grüne Baum des Lebens. Lebensstationen einer märkischen Gutsfrau in unserem Jahrhundert, Gütersloh 1990

Zieten

Hans Joachim von Zieten, der 1786 ein halbes Jahr vor Friedrich II. starb, war einer der bekanntesten und beliebtesten Generale, beschrieben als tapfer, gottesfürchtig, aufrichtig und draufgängerisch. Mit seiner ungestümen Art lieferte er Stoff für immer neue Legenden.

Der klein gewachsene Chef der Husarentruppe wurde nach dem Siebenjährigen Krieg als »Zieten aus dem Busch« populär. Seine oft überraschenden Angriffe auf den Gegner und die gut abgestimmten Attacken seiner Reiter in diversen Schlachten sollten das Bild vom unerschrockenen und verwegenen Husarenführer bis weit nach seinen Tod prägen.

Dabei hatte Zietens Laufbahn nicht sehr vielversprechend begonnen und war immer wieder durch seine aufbrausende, unbeherrschte Art gebremst worden. Hans Joachim von Zieten, 1699 in Wustrau geboren, stammte, wie fast alle Offiziere der preußischen Armee, aus dem niederen Landadel, der meist wenig vermögend war. Zieten trat noch unter der Regierung Friedrich Wilhelms I. in ein Infanterieregiment ein, dass er allerdings acht Jahre später wieder verließ, weil er mehrmals bei der Beförderung übergangen worden war. Zietens Kleinwüchsigkeit stellte ein Karrierehindernis dar, wollte man doch aus optischen und auch aus waffentechnischen Gründen möglichst große Soldaten haben. Nur wenig später konnte er aufgrund einer Heeresvergrößerung jedoch

Anna Dorothea von Lisiewska, Hans Joachim von Zieten, 1769.

Daniel Chodowiecki, Zieten sitzend vor seinem König den 25sten Januar 1785, 1786.

wieder in die Armee eintreten und diente fortan in der Kavallerie. Doch Zieten geriet wieder in Schwierigkeiten, ein Duell und eine anschließende Festungshaft beendeten beinahe seine Karriere. Der König hatte aber ein Einsehen, verzieh ihm und versetzte den jungen Offizier 1730 zur neuen, noch im Aufbau befindlichen Husarentruppe.

Die Husaren galten damals als wenig prestigeträchtige, ja verrufene Truppe. Sie wurden vor allem mit Sicherungs- und Aufklärungsaufgaben betraut. Im sogenannten »Kleinen Krieg« attackierten sie immer wieder feindliche Kolonnen und zerstörten Nachschublinien und Lebensmittelmagazine. Die Offiziere durften, anders als in den übrigen Truppenteilen, bürgerlicher Herkunft sein. Ein Großteil der Mannschaften rekrutierte sich aus Ungarn oder dem Reich. Zudem wurden unliebsame Offiziere, wie eben Zieten, hierher »abgeschoben«. Noch waren die Husaren eher ein Fremdkörper in der Armee und mit ihren auffälligen Uniformen, Pelzen und Tigerfellen auch optisch Exoten.

Friedrich II. erkannte den Wert dieser Truppe und baute sie stetig aus. Als Zieten 1741 Chef des Leibhusarenregiments wurde, war Friedrich überzeugt von den militärischen Fähigkeiten seines Generals, der es verstand seine Truppen in jedem Gelände wirkungsvoll einzusetzen. So deckten seine Einheiten bei den Niederlagen von Kolin, Breslau und Hochkirch die abziehende preußische Armee und sorgten für einen geordneten Rückzug vom Schlachtfeld, der sonst schnell zur Panik und damit zur völligen Zerstreuung der Truppen führen konnte. Im Siebenjährigen Krieg griff Zieten mehrmals schlachtentscheidend ein, wie z.B. bei Liegnitz und Torgau. Bei der Schlacht von Liegnitz am 15. August 1760 hatte das Husarenregiment Zieten seine Stellungen erfolgreich verteidigen können und damit entscheidend zum preußischen Sieg beigetragen. In Anerkennung dieser Leistung wurde Zieten vom König noch auf dem Schlachtfeld zum General der Kavallerie ernannt. Nur wenige Monate später, am 3. November 1760, konnte Zieten in der Schlacht von Torgau wiederum sein militärisches Können unter Beweis stellen. Der von ihm geleitete Angriff entschied die Schlacht.

Friedrich schätzte Zieten sehr und sah ihn gern in seiner Nähe. Viele Einladungen nach Sanssouci sowie die Übertragung besonderer Aufgaben zeugen von dieser Wertschätzung. Für Zietens 1765 geborenen Sohn übernahm der König die Patenschaft. Auch der Neubau des Zieten'schen Herrenhauses in Wustrau wurde von ihm persönlich befördert. Er beurlaubte dafür mehrfach seinen General und stellte kostenlos Bauholz und Kalksteine zur Verfügung. Dennoch gehörte Zieten, obwohl nur 13 Jahre älter als der König, scheinbar in eine andere Zeit. Friedrichs Wertschätzung für Zieten entsprang wohl eher aus dessen militärischen Fähigkeiten und seiner großen Autorität im Heer, als persönlicher Zuneigung.

Immer wieder kritisierte Friedrich II. Zietens Führung der Truppen und deren mangelnde Disziplin. So wurde Zieten auch nicht, obwohl er einer der ältesten Generale war, nach dem Siebenjährigen Krieg zum Inspekteur ernannt. Jüngere übernahmen diese Aufgaben, die als Vertraute des Königs galten.

Und auch Zieten musste erfahren, dass Friedrich eigene Fehler gern seinen Generalen zur Last legte. Denn das beinahe Scheitern bei Torgau kreidete der König später Zieten an, obwohl der die Schlacht gewonnen hatte. Gegenüber Joseph II. stritt Friedrich das ab »und versicherte […], er selbst hätte mit drei Bataillonen die Höhen von Süpitz genommen«.[1]

Carmen Winkel

Literatur

Luise Johanne Leopoldine von Blumenthal: Lebensbeschreibung Hans Joachims von Zieten, Königlich-Preußischen Generals der Kavallerie, Ritters des schwarzen Adlerordens, Chefs des Regiments der Königlichen Leibhusaren, und Erbherrn auf Wustrau, Berlin 1797

Bernhard von Poten: Hans Joachim von Zieten, in: Allgemeine Deutsche Biographie, Bd. 45, Leipzig 1900, S. 214–220

1 Zit. nach Jürgen Luh: Der Große. Friedrich II. von Preußen, München 2011, S. 69.

Personenregister

Adam, Francois Gaspard (1710–1761) 64
Algarotti, Graf Francesco (1712–1764) 98, 155, 156, 157, 176
Amalie, Prinzessin von Preußen (1723–1787) 194
Antinoos (110/115–130) 97, 98
Argens, Jean Baptiste de Boyer Marquis d' (1704–1771) 129, 130, 176, 188
Arnold, Christian 17, 106, 108
Astrua, Giovanna († 1757) 170
August II., Kurfürst von Sachsen, König von Polen (1670–1733) 35, 96, 144
August III., Kurfürst von Sachsen, König von Polen (1696–1763) 35
August Ferdinand, Prinz von Preußen (1730–1813) 179
August Wilhelm, Prinz von Preußen (1722–1758) 19, 45, 48, 70, 109, 178, 197

Bach, Carl Philipp Emanuel (1714–1788) 170
Bach, Johann Sebastian (1685–1750) 84, 170
Barbarina oder La Barberina, siehe Campanini, Barbara
Baudesson, Daniel (1716–1785) 149
Baudouin, Henri 102
Baudouin, Jacques 102
Bayle, Pierre (1647–1706) 10, 54, 181
Belle-Isle, Louis Charles Auguste Fouquet de (1684–1761) 174
Benda, Franz (1709–1786) 145
Bevern, August Wilhelm von (1715–1781) 41, 42
Bielfeld, Jacob Friedrich von (1717–1770) 153
Bismarck, Levin-Friedrich von (1703–1774) 55
Bismarck, Otto von (1815–1898) 59
Boese, Carl (1887–1958) 57
Boumann, Jan (1706–1776) 63, 132, 138
Braddock, Edward (um 1695–1755) 142
Braunschweig, Ferdinand von (1721–1792) 52, 70, 178
Braunschweig, Karl Wilhelm Ferdinand von (1735–1806) 70
Brennessel, Franz 170
Brühl, Heinrich von (1700–1763) 35–37, 199
Büring, Johann Gottfried (1723–nach 1788) 112, 113, 132, 134, 164, 166
Bute, John Stuart Earl of (1713–1792) 199

Cäsar, Gaius Iulius (100–44 v. Chr.) 66, 157, 192
Camas, Sophie Charlotte von (1686–1766) 149
Camas, Paul Heinrich von (1688–1741) 188
Campanini, Barbara (1721–1799) 29–31, 170
Carlysle, Thomas (1795–1881) 105
Casanova, Giacomo (1725–1798) 30
Catena, Joseph 102
Catt, Henri de (1725–1795) 85, 131
Chasôt, Egmont von (1716–1797) 26, 152
Chodowiecki, Daniel Nikolaus (1726–1801) 20, 21, 61, 150, 204
Cicero, Marcus Tullius (106–43 v. Chr.) 64
Cocceji, Karl Ludwig von († 1808) 30
Cocceji Samuel von (1679–1755) 30, 54, 55
Condé, Louis II. de Bourbon, Prince de (1621–1686) 199
Cooper, James Fenimore (1789–1851) 142
Cothenius, Christian Andreas (1708–1789) 201
Croze, Maturin Veyssière de la (1661–1739) 194
Cserépy, Arzen von (1881–1946) 57
Daum, Caroline Marie Elisabeth (1730–1810) 201
Daum, Gottfried Adolf (1679–1743) 201
Dohm, Christian Wilhelm von (1751–1820) 83
Dubois, Charles Sylva (1663–1758) 64, 65
Dubuisson, Augustin (1700–1771) 153

Eichel, August Friedrich (1698–1768) 98
D'Elbech, David 100
Elisabeth Christine, Königin von Preußen (1715–1797) 26, 38, 48–50, 109, 152, 153, 178
Elisabeth Christine, Prinzessin von Preußen (1746–1840) 109
Elisabeth Friederike Sophie, Prinzessin von Bayreuth (1732–1748) 195
Elisabeth I., Zarin von Rußland (1709–1762) 104, 105, 112, 142
Elsholtz, Johann Sigismund (1623–1688) 87
Encke, Wilhelmine (Gräfin von Lichtenau) (1753–1820) 110
Ephraim, Veitel (1703–1775) 82, 83
Erman, Jean-Pierre (1733–1814) 151
Eugen, Franz, Prinz von Savoyen (1663–1736) 98, 156, 189, 190
Euler, Leonhard (1707–1783) 123

Feldmann, Christian Friedrich (1706–1765) 200
Fénelon, François de Salignac de la Motte (1651–1715) 10, 149
Finckenstein, Graf Karl Wilhelm von (1714–1800) 103
Förster, Friedrich Christoph (1791–1861) 20, 174
Fouqué, Heinrich August de la Motte (1698–1774) 149, 153

Francke, August Herrmann (1663–1727) 172
Franz I. Stephan von Lothringen (1708–1765) 157
Fredersdorff, Joachim 200
Fredersdorff, Michael Gabriel (1708–1758) 116, 117, 198, 200–202
Friederike Luise, Königin von Preußen (1751–1805) 110
Friedrich, Markgraf von Bayreuth (1711–1763) 195
Friedrich I., König in Preußen (1657–1713) 8, 172
Friedrich Wilhelm, Kurfürst von Brandenburg (1620–1688) 46, 87, 99, 109, 122
Friedrich Wilhelm I., König in Preußen (1688–1740) 8, 26, 32, 48, 60, 63, 65, 69, 72, 78, 81, 84, 91, 92, 97, 99, 122, 123, 133, 144, 149, 151, 158, 168, 172, 174, 178, 188–190, 194, 203
Friedrich Wilhelm II., König von Preußen (1744–1797) 65, 69, 70, 71, 86, 108, 109–111, 178
Friedrich Wilhelm III., König von Preußen (1770–1840) 21, 69, 148
Friedrich Wilhelm IV., König von Preußen (1795–1861) 20, 21, 34
Froelich, Carl (1875–1953) 43

Galli-Bibiena, Giuseppe (1696–1757) 196
Galli-Bibiena, Carlo (1728–1787) 196
Garve, Christian (1742–1798) 186
Gayette, Pierre de (1688–1747) 84
Gebühr, Otto (1877–1954) 43, 57–59, 105
Georg Friedrich Carl, Markgraf von Bayreuth (1688–1735) 194
Georg Wilhelm, Kurfürst von Brandenburg (1595–1640) 63
Gersdorff, Georg Samuel von 106
Gleditsch, Johann Gottlieb (1714–1786) 88
Gleim, Johann Wilhelm Ludwig (1719–1803) 93–95
Glume, Friedrich Christian (1714–1752) 153
Goebbels, Joseph (1897–1945) 57, 105
Goethe, Johann Wolfgang von (1749–1832) 20
Gontard, Karl von (1731–1791) 113, 114, 132, 196
Gotter, Graf Gustav Adolf (1692–1762) 157
Gotzkowsky, Johann Ernst (1710–1775) 129
Grävenitz, Johann Wilhelm (1703?–1774) 108
Grumbkow, Friedrich Wilhelm von (1678–1739) 96, 152, 174, 188

Hacke, Levin Friedrich von (1714–1785) 98
Hadrian (76–138) 98, 157
Haerlem, Simon Leonhard von (1701–1775) 123
Hardenberg, Karl August von (1750–1822) 148
Harlan, Veit (1899–1964) 43, 59, 105
Hartknoch, Christoph (1644–1687) 45
Heinrich, Prinz von Preußen (1726–1802) 19, 28, 52, 53, 69–71, 103, 104, 126, 152, 154, 178
Hildebrandt 132
Hindenburg, Paul (1847–1934) 44, 59
Hitler, Adolf (1889–1945) 44, 59, 105
Homer 157
Horaz (65–8 v. Chr.) 64, 157, 192

Itzig, Daniel (1723–1799) 82, 83

Jandun, Jacques Egide Duhan de (1685–1746) 8, 149
Joachim II. Kurfürst von Brandenburg (1505–1571) 63
Johann Sigismund, Kurfürst von Brandenburg (1572–1620) 87, 181
Jordan, Charles Étienne (1700–1745) 68, 98, 149, 153, 155, 157
Jordan, André (1708–1778) 149
Jordan, Jean Louis (1712–1759) 149
Joseph II. von Habsburg-Lothringen (1741–1790) 205

Karl, Prinz von Lothringen (1712–1780) 41, 42
Karl I., Herzog von Braunschweig-Wolfenbüttel (1713–1780) 180
Karl VI. von Habsburg, römisch-deutscher Kaiser (1685–1740) 156
Karl XII. von Schweden (1682–1718) 24
Katharina II., Zarin von Rußland (1729–1796) 125
Katte, Dorothea Sophie von (1684–1707) 90
Katte, Hans Heinrich von (1681–1741) 90
Katte, Hans Hermann von (1704–1730) 10, 67, 90–92, 174
Keith, Peter von (1711–1756) 91
Keith, George Lord Marschall von Schottland (1693–1778) 175
Keith, Jacob (1696–1758) 176
Kemmeter, Johann Gottfried (†1748) 153
Keyserling, Dietrich von (1698–1745) 26, 98, 152
Knobelsdorff, Hans Georg Wenzeslaus von (1699–1753) 26, 28, 64, 74, 97, 128, 131, 132, 135, 138, 153, 154, 158, 159, 160, 163, 200
Knöffel, Johann Christoph (1686–1752) 36
Kohl, Helmut (geb. 1930) 44

Krasicki, Ignacy (1735–1801) 127
Kühne (Leibjäger) 171
Kugler, Franz (1808–1858) 20, 175

Lancret, Nicolas (1690–1743) 27, 28, 153, 154
Laudo, Ernst Gideon von (1717–1790) 103
Lessing, Gotthold Ephraim (1729–1781) 83, 93–95
Lestwitz, Hans Sigismund von (1718–1788) 148
Leszczyński, Stanisław (1677–1766) 126
Lichtenau, Gräfin von, siehe Encke, Wilhelmine 110
Locke, John (1632–1704) 152
Lockelius, Elias (1621–1704) 45
Louis Ferdinand, Prinz von Preußen (1907–1994) 65
Lucchesini, Girolamo (1751–1825) 198
Ludwig XIV., König von Frankreich (1638–1715) 46, 191
Ludwig XV., König von Frankreich (1710–1774) 112
Luise Amalie, Prinzessin von Preußen (1722–1780) 109
Luise Dorothea, Herzogin von Sachsen-Gotha-Altenburg (1710–1765) 188

Mackenzie, James Stuart de 29
Manger, Heinrich Ludewig (1728–1790) 112, 115, 132, 158, 166
Mara, Johann (1744–1808) 31
Maria Theresia Kaiserin von Österreich (1717–1780) 12, 112, 157
Marc Aurel (121–180) 157
Martini zu Wasserberg, Karl Anton von (1726–1800) 152
Martini, Giuseppe 120, 148
Maupertuis, Pierre-Louis Moreau de (1698–1759) 93, 176, 193
Meil, Johann Wilhelm (1733–1805) 148
Mendelssohn, Moses (1729–1786) 83, 93
Menzel, Adolph von (1815–1905) 20, 34, 144, 145, 175-177
Mettrie, Julien Offray de la (1709–1751) 176
Meyerbeer, Giacomo (1791–1864) 146
Meyerinck, Dietrich Reichhard von 62
Milestone, Lewis 57
Mirabeau, Honoré Gabriel von 82
Montcalm-Gozon, Louis Joseph de (1712–1759) 142/143
Montesquieu, Charles de (1689–1755) 10, 17, 181
Mylius, Christlob (1722–1754) 93

Napoleon Bonaparte (1769–1821) 42
Nassau-Siegen, Johann Moritz von (1604–1679) 63
Natzmer, Karl Dubislav von († 1737) 11
Nicolai, Friedrich (1733–1811) 63, 93, 95

Orzelska, Anna Catherina von (1707–1769) 96

Palladio, Andrea (1508–1580) 113, 132
Pascal, Marthe de 99, 100
Pater, Jean-Baptiste (1695–1736) 28
Pedrozzi, Jean Baptiste (1710–1778) 196
Pesne, Antoine (1683–1757) 153, 154, 197
Peter III., Zar von Russland (1728–1762) 105
Peter I. Romanov, Zar von Russland (der Große) (1672–1725) 24
Piranesi, Giovanni Batista (1720–1778) 132
Pirch, Carl Friedrich von 198
Pitt (der Ältere), William (1707–1778) 140
Pompadour, Jeanne-Antoinette Poisson, Marquise de (1721–1764) 112
Poniatowski, Stanisław II. August (1732–1798) 126
Pott, Johann Heinrich (1692–1777) 128
Poussin, Nicolas (1594–1665) 65
Preuß, Johann David Erdmann (1785–1868) 188
Prittwitz, Joachim Bernhard von (1726–1793) 120, 147, 148
Pufendorf, Samuel von (1632–1694) 45

Quantz, Johann Joachim (1697–1773) 145-147, 169, 170

Racine, Jean Baptiste (1639–1699) 157
Räntz, Johann David (1729–1783) 196
Räntz, Lorenz Wilhelm (1733–1776) 196
Raffael da Urbino (1483–1520) 35
Rauch, Christian Daniel (1777–1857) 2, 20, 21, 97
Reclam, Pierre C. F. (1741–1789) 151
Reichardt, Johann Friedrich (1752–1814) 85
Remarque, Erich Maria (1898–1970) 57
Retzow, Friedrich August von (1729–1812) 41
Rinckart, Martin (1586–1649) 41, 42, 44
Ritter, Elisabeth Dorothea 96
Rocoulle, Marthe de (1669–1741) 149, 150
Rollin, Charles (1661–1741) 192
Roosevelt, Franklin Delano (1882–1945) 105
Rothenburg, Friedrich Rudolf Graf von (1710–1751) 176, 188, 197
Rousseau, Jean-Jacques (1712–1778) 25, 181
Rüdiger (Kammerhusar) 171

Saltykow, Peter von (1697–1772) 103
Scheffler, Johann Carl 153
Schimmelmann, Carl Heinrich (1724–1782) 129
Schmehling, Elisabeth (1749–1833) 31
Schmettau, Gottfried Heinrich Leopold von (1732–1812) 106
Schulenburg, Matthias von der (1661–1747) 24
Schulenburg, Melusine von der (1667–1743) 90
Seckendorff, Christoph Ludwig von († 1771) 38, 189
Seydlitz, Friedrich Wilhelm von (1721–1773) 19
Skórzewska, Marianna (1741–1773) 126, 127
Sophie Dorothea, Königin in Preußen (1687–1757) 9, 38, 63, 97, 194
Spindler, Heinrich Wilhelm (1738–1788)
Spindler, Johann Friedrich (1726–nach 1786) 196
Spitta, Philipp (1801–1859) 145
Stille, Christoph Ludwig von (1696–1752) 53, 175
Struensee, Johann Friedrich (1737–1772) 7
Superville, Daniel de (1696–1773) 196
Svarez, Carl Gottlieb (1746–1798) 182

Tauentzien, Friedrich Bogislav von (1710–1791) 94
Thiébault, Dieudonné (1733–1807) 49
Thomasius, Christian (1655–1728) 54
Tieck, Johann Ludwig (1773–1853) 34
Trachenberg, Johann Ferdinand von 202
Tschechowa, Olga (1897–1980) 43

Ucicky, Gustav (1899–1961) 57
Unger, Georg Christian (1743–1799) 132, 167, 196

Valory, Guy Louis Henry Marquis de (1692–1757) 25
Vergilius, Publius (70–19 v. Chr.) 64, 157
Vignes, Charles (1720/25–1751) 102
Voltaire, François-Marie Arouet de (1694–1778) 10, 23, 24, 25, 29, 45, 68, 93, 126, 132, 150, 151, 152, 157, 175, 176, 181, 191-193

Wartensleben, Alexander von (1650–1734) 90, 98
Washington, George (1732–1799) 141
Watteau, Antoine (1684–1721) 28, 154
Weber, Johann Jacob (1803–1880) 175
Wegely, Wilhelm Caspar (1714–1764) 128
Wilhelmine von Preußen, Kurfürstin von Bayreuth (1709–1758) 27, 91,98, 145, 190, 194–196, 197
Wittenhorst-Sonsfeld, Dorothea Henriette Louise von 195
Wöhner (Leibschneider) 171
Wolff, Christian (1679–1754) 152
Wolfe, James (1727–1759) 141, 143
Wreech, Luise Eleonore von (1707–1784) 96
Württemberg, Herzog Carl Eugen von (1728–1793) 195

Zedlitz, Karl Abraham von (1731–1793) 106
Zieten, Hans Joachim von (1699–1786) 19, 203–205
Zimmermann, Johann Georg (1728–1795) 40

Autorenverzeichnis

Frank Althoff
geb. 1963, Dr. phil., Archivoberrat, Referent im Geheimen Staatsarchiv Preußischer Kulturbesitz, Berlin

Iris Berndt
geb. 1968, Dr. phil., Kunsthistorikerin, Referentin beim Museumsverband des Landes Brandenburg

Vinzenz Czech
geb. 1966, Dr. phil., Historiker, Universität Potsdam

Annette Dorgerloh
geb. 1961, Dr. phil., Kunsthistorikerin, Privatdozentin am Institut für Kunst- und Bildgeschichte der Humboldt-Universität zu Berlin

Ines Elsner
geb. 1972, Dr. des. phil., Kunsthistorikerin und Historikerin, wissenschaftliche Volontärin, Potsdam Museum – Forum für Kunst und Geschichte/Ausstellungskuratorin »Friedrich und Potsdam – Die Erfindung (s)einer Stadt«

Nadja Geißler
geb. 1983, M.A., Historikerin und Kunsthistorikerin, wissenschaftliche Volontärin, Stiftung Preußische Schlösser und Gärten Berlin-Brandenburg

Stefan Gläser
geb. 1964, Historiker und Diplom-Finanzwirt, seit 1996 Gutachter und Lehrender bei der deutschen Zollverwaltung

Frank Göse
geb. 1957, Dr. phil., apl. Prof. am Historischen Institut der Universität Potsdam

Sylvia Habermann
geb. 1951, Dr. phil., Architektin und Kunsthistorikerin, Leiterin des Museums der Stadt Bayreuth

Alfred P. Hagemann
geb. 1975, Dr. phil., Kunsthistoriker, Mitarbeiter der Stiftung Preußische Schlösser und Gärten Berlin-Brandenburg

Robert Horzetzky
geb. 1980, Student der Geschichtswissenschaften an der Universität Potsdam; Stadtführer, Potsdam

Antonia Humm
geb. 1962, Dr. phil., Historikerin und freie Ausstellungskuratorin, Berlin

Michael Kaiser
geb. 1965, Dr. phil., Frühneuzeithistoriker, Referatsleiter bei der Stiftung DGIA, Bonn (verantwortlich für die Publikationsplattform perspectivia.net)

Silke Kamp
geb. 1973, Dr. phil., Historikerin, freie Autorin und Kuratorin, Potsdam

Sylke Kaufmann
geb. 1968, Dr. phil., Germanistin und Kunsthistorikerin, Leiterin des Lessing-Museums Kamenz und der Städtischen Sammlungen Kamenz

Jürgen Kloosterhuis
geb. 1950, Prof. Dr. phil., Archivar und Historiker, Direktor des Geheimen Staatsarchivs Preußischer Kulturbesitz, Berlin

Ute Christina Koch
geb. 1977, Dr. phil., freie Kunsthistorikerin, Potsdam

Frank-Lothar Kroll
geb. 1959, Prof. Dr. phil., Historiker, Professur für Europäische Geschichte des 19. und 20. Jahrhunderts an der Technischen Universität Chemnitz, Vorsitzender der Preußischen Historischen Kommission

Gisela Langfeldt
geb. 1936, Geschichtslehrerin i.R., unterstützt den Verein »Initiative Zernikow e.V.« bei der Erarbeitung der Dorfchronik

Jürgen Luh
geb. 1963, Dr. phil., Referent für Wissenschaft und Forschung in der Generaldirektion der Stiftung Preußische Schlösser und Gärten Berlin-Brandenburg

Bernd Maether
geb. 1955, Historiker und Autor, freiberuflich tätig, publizierte zahlreiche Bücher zur Kulturgeschichte Berlins und Brandenburgs

Thomas Miltschus
geb. 1978, M.A., Kunsthistoriker, Mitarbeiter im GRASSI Museum für Angewandte Kunst Leipzig

Daniela Morgenstern
geb. 1980, M.A., Historikerin, freie Mitarbeiterin im Militärgeschichtlichen Forschungsamt, Potsdam

Wolfgang Neugebauer
geb. 1953, Prof. Dr. phil., Historiker, Alfred Freiherr von Oppenheim-Professur für die Geschichte Preußens an der Humboldt-Universität zu Berlin, Mitglied der Berlin-Brandenburgischen Akademie der Wissenschaften, Berlin

Simone Neuhäuser
geb. 1972, Dr. phil., Kunsthistorikerin und Historikerin, Redakteurin und Kuratorin, Potsdam

Andreas Pečar
geb. 1972, Prof. Dr. phil., Lehrstuhlinhaber für die Geschichte der Frühen Neuzeit an der Martin Luther Universität Halle-Wittenberg

Agnieszka Pufelska
geb. 1973, Dr. phil., Kulturhistorikerin, wissenschaftliche Mitarbeiterin am Historischen Institut der Universität Potsdam

Janine Rischke
geb. 1982, M.A., wissenschaftliche Mitarbeiterin am Lehrstuhl für Militärgeschichte/Kulturgeschichte der Gewalt, Universität Potsdam

Ullrich Sachse
geb. 1975, Dr. phil., Historiker, wissenschaftlicher Mitarbeiter der Stiftung Preußische Schlösser und Gärten Berlin-Brandenburg

Tobias Schenk
geb. 1976, Dr. phil., Historiker und Archivar, wissenschaftlicher Mitarbeiter der Akademie der Wissenschaften zu Göttingen im Projekt zur Erschließung der Akten des kaiserlichen Reichshofrats im Haus-, Hof- und Staatsarchiv Wien (www.reichshofratsakten.de)

Reinhard Schmook
geb. 1951, Dr. phil., Volkskundler, Leiter des Oderlandmuseums und Schloss-Kastellan, Bad Freienwalde (Oder)

Claudia Terne
Kultur- und Literaturwissenschaftlerin, Humboldt-Universität zu Berlin

Carmen Winkel
geb. 1979, M.A., Historikerin, Projektmitarbeiterin am Militärgeschichtlichen Forschungsamt, Potsdam

Samuel Friedrich Wittwer
geb. 1967, Dr. phil., Direktor der Schlösser und Sammlungen, Stiftung Preußische Schlösser und Gärten Berlin-Brandenburg

Ralf Zimmer
geb. 1967, Historiker, Projektmitarbeiter der Stiftung Preußische Schlösser und Gärten Berlin-Brandenburg (u.a. Edition der Schatullrechnungen Friedrichs II.)

Bildnachweis

Jürgen Hohmuth/zeitort.de Alle Bildstrecken und S. 2

© bpk – Bildagentur für Kunst, Kultur und Geschichte 28 (Kupferstichkabinett, SMB), 101 (Staatsbibliothek Berlin, PK), 104 (Kupferstichkabinett, SMB), 132 (SBB_IIIC_Kart.Y 34822, Bl. 5), 141 (Foto: Hermann Buresch), 145 (Nationalgalerie, SMB, Foto: Jörg P. Anders), 176 (Nationalgalerie, SMB, Foto: Klaus Göken)

Brandenburgisches Landeshauptarchiv Potsdam 89 (Rep. 7 Amt Zechlin Nr. 463), 133 (Rep. 19 Steuerrat Potsdam – Karten Nr. 1 A)

Filmmuseum Potsdam 58

Geheimes Staatsarchiv Preußischer Kulturbesitz 24 (Bibliothek 14a 500, 463), 46, 47, 83 (II. HA Generaldirektorium, Abt. 14 Kurmark, Städtesachen, Tit. CLVI Sekt. B, Nr. 13, Bl. 40), 91, 92, 100 (VIII. HA Siegel, Wappen, Genealogie, D 2 Medaillensammlung Boldt, Harald, Nr. 108), 169 (Brandenburg-Preußisches Hausarchiv/BPH, Rep 47 König Friedrich II., Nr. 922, Bl. 5/6), 170 (BPH, Rep 47 König Friedrich II., Nr. 901, Blatt 12a), 185 (I. HA, Rep. 94A (M), Abt. V Nebenzahl II, Kg Friedrich II., Nr. 48, Bl. 12)

Initiative Zernikow e.V. 202
Kirchengemeinde Zernikow 201

Lessing-Museum Kamenz Fotos: Carsta Off: 93, 94

Potsdam Museum – Forum für Kunst und Geschichte, Sammlung Fotografie 33

Sächsische Landes-, Staats- und Universitätsbibliothek Dresden (SLUB)/Deutsche Fotothek Foto: Hans Loos: 36

Stiftung Preußische Schlösser und Gärten Berlin-Brandenburg 52, 53, 65, 67, 156, 189, 192; Foto: Jörg P. Anders: 9 re., 30, 97, 153, 195; Foto: Klaus G. Bergmann: 10, 13, 114, 198; Foto: Roland Handrick: 9 li., 11, 12, 14, 43, 110, 113, 150, 179, 196, 203; Foto: Hillert Ibbeken: 64; Foto: Daniel Lindner: 49, 129, 159, 160, 161; Foto: Gerhard Murza: 15; Foto Wolfgang Pfauder: 17, 21, 27, 70, 130; Foto: G. Schultz: 204

Stiftung Stadtmuseum Berlin Reproduktion: Hans-Joachim Bartsch, Berlin: 82; Reproduktion: Christel Lehmann, Berlin 39; Reproduktionen: Oliver Ziebe, Berlin: 19, 85, 107, 127

Reproduktionen 16 (Ingrid Mittenzwei: Friedrich II. von Preußen. Eine Biographie, Berlin 1980); 123 (W. Ratthey u.a. (Hg.): Heimatatlas für Berlin und die Kurmark. 10. Aufl. Leipzig 1937, S. 17); 124 (Historischer Handatlas von Brandenburg und Berlin, Abt. IV (1976): Neue Siedlungen. Bearbeitet von Hilmar Ruminski (= Veröffentlichungen der Historischen Kommission zu Berlin)); 126 (F. Dörr, W. Kerl und Osmipreß GmbH: Ostdeutschland und die deutschen Siedlungsgebiete in Ost- und Südeuropa in Karte, Bild und Wort; München 1991, S. 14); 61, 173 (Arnold Hildebrand: Das Bildnis Friedrichs des Großen, 1942, S. 49, 64)

Hohenwutzen im Oderbruch mit der friderizianischen Kolonie Neuglietzen, ganz links Altglietzen. Am Krummen Ort bei Hohenwutzen musste der unter Friedrich II. gegrabene »Neue Oder Canal« durch einen Höhenzug geführt werden. Die im linken Bildteil zu sehenden Gewässer sind abgedämmte Altarme der Oder, »Stille Oder«. Der in einem großen Bogen auf Neuglietzen zulaufende Deich aus friderizianischer Zeit stellt bei Hochwasser immer wieder eine Gefahrenquelle dar, weil die Oder fast frontal auf ihn zufließt. Die Brücke markiert heute den Grenzübergang nach Polen.

»Friedrich der Große«, Skulptur des Danziger Bildhauers Slawoj Ostrowski in Neuruppin.

Schaufenster in Letschin (Lkr. Märkisch-Oderland).

Herausgegeben von Kulturland Brandenburg e.V., Potsdam

Friedrich der Zweite von Preuszen
Kommt zur Vernunft!
Kulturland Brandenburg
MMXII

www.kulturland-brandenburg.de

Konzeption und Redaktion: Dr. Simone Neuhäuser
Redaktionskollegium: Dr. Heidrun Chmura und Brigitte Faber-Schmidt, Kulturland Brandenburg e.V., Frank Kober, Ministerium für Wissenschaft, Forschung und Kultur des Landes Brandenburg, Hans-Joachim Stricker, Ministerium für Infrastruktur und Landwirtschaft des Landes Brandenburg

LAND BRANDENBURG

Kulturland Brandenburg 2012 steht unter der Schirmherrschaft des Ministerpräsidenten Matthias Platzeck.

Kulturland Brandenburg 2012 wird gefördert durch das Ministerium für Wissenschaft, Forschung und Kultur sowie das Ministerium für Infrastruktur und Landwirtschaft des Landes Brandenburg.

Mit freundlicher Unterstützung der brandenburgischen Sparkassen gemeinsam mit der Ostdeutschen Sparkassenstiftung im Land Brandenburg.

für Brandenburg

Mit freundlicher Unterstützung
der Investitionsbank des Landes Brandenburg.

Investitionsbank des Landes Brandenburg ILB

Verlag: Koehler & Amelang GmbH, Leipzig
www.koehler-amelang.de
ISBN: 978-3-7338-0383-4

2. Auflage

Bibliografische Information der Deutschen Nationalbibliothek:
Die Deutsche Nationalbibliothek verzeichnet diese Publikation in der Deutschen Nationalbibliografie; detaillierte bibliografische Daten sind im Internet über http://dnb.d-nb.de abrufbar.

Umschlaggestaltung: Gudrun Hommers, Berlin
Abbildung: Denkmal Friedrichs II. auf dem Marktplatz in Kloster Zinna (Sockel von 1864, Figur Neuguss von 1994 – nach Demontage 1949)
Foto: Jürgen Hohmuth/zeitort.de

Projektmanagement und Lektorat: Kirsten Witte
Layout und Satz: Gudrun Hommers, Berlin
Reproduktionen: Bild1Druck, Berlin
Druck und Bindung: druckhaus köthen

Printed in Germany